西南联大部分师生抵达昆明

西南联大学生在昆明龙头街宣传演出

罗 庸

汤用彤

冯友兰

闻一多

蒋梦麟

编者的话

西南联大只存在了八年时间，却培育了两位诺贝尔奖得主、五位中国国家最高科技奖得主、八位"两弹一星"功勋奖章得主、一百七十多位中国科学院院士和中国工程院院士。这是教育史上的传奇。传奇的缔造并非偶然，而是源于强大的师资力量和自由的教学风气。

西南联大成立之时，虽然物资短缺，没有教室、宿舍、办公楼，但是大师云集。闻一多、朱自清、陈寅恪、张荫麟、冯友兰等大师用他们富足的精神、自由的灵魂、独特的人格魅力以及深厚的学识修养，为富有求知欲、好奇心的莘莘学子奉上了凝聚着自己心血的课程。

闻一多的唐诗课、陈寅恪的历史课、冯友兰的哲学课……无一不在民族危难的关头闪耀着智慧的光芒，照亮了求知学子前行的道路，为文化的继承保存下了一颗颗种子，也为民族的复兴带来了希望。

时代远去，我们无能为力；大师远去，我们却可以把他们留下的精神和文化财富以文字的形式永久留存。这既是大师们留下的宝贵财富，也是我们应该一直继承下去的文化宝藏。

为此，编者以西南联大为纽带，策划了一系列套书，以展现西南联大的教育精神和大师风貌，以及中华民族的文化与思想特点。已出版《西南联大文学课》《西南联大国史课》《西南联大哲学课》《西南联大文化课》《西南联大诗词课》《西南联大古文课》，本书主题是"国学课"。

本书所选各篇文章，在内容的侧重和表述方式上有很大的不同，这是各位先生在教学和写作风格上各有千秋的结果。这一点，不仅体现了先生们各自的写作特点，更体现了西南联大学术上的"自由"，以及教学上的"百花齐放"。

在整理文章时，编者秉持既忠实于西南联大课堂，又不拘泥于课堂的原则。有课堂讲义留存的，悉心收录；未留存有在西南联大任教时的讲义，而先生们在某一方面的卓有成就的研究成果亦予以收录；还有一部分文章是先生们在西南联大教授过的课程，只是内容不一定为在西南联大期间所写。

国学的范畴广泛，因体例受限，不能面面俱到。本书以"儒""释""道""法""名"为框架，整理出罗庸、汤用彤、冯友兰、闻一多的国学研究成果，编者以诸位教授现存作品中较为完整的全集类作品或较为权威的单本作品作为底本。这些底本不但能保证本书的权威性，也能将先生们的作品风貌原汁原味地呈现出来。同时，第六章选录的西南联大校长之一蒋梦麟先生的文章，取自《西潮》，讲述学生逃难以及西南联大在昆明成立时的诸多困难，非常有意义，以飨读者。

因时代不同，某些字词的使用与现今有所不同。同时，每个人的写作习惯以及每篇文章的体例、格式等亦有不同，为保证内容的可读性、连续性以及文字使用的规范性，我们在尊重并保持原著风格与面貌的基础上，进行了仔细编校，纠正讹误。此外，编者还对原文进行了统一体例的处理，具体如下：

1. 原文中作者自注均统一为随文注，以小字号进行区分；文中脚注均为编者所加注释，并以"编者注"加以区分。

2. 文中公元纪年皆改为阿拉伯数字。为保持全书体例一致，编者对随文注中表示公元纪年的方法进行了统一处理，皆以"公元×××年"表示，表示时间段的，则统一为"×××—×××"，正文则保留作者原文原貌。

3. 因时代语言习惯不同造成的差异，编者对引文外的文字做了统一，如冯友兰先生著作中多用"惟"字，编者均改为现今通用的"唯"字，"想像""工夫""其它""透澈""轮迴""涵义""修练"等词皆改为现今通用的"想象""功夫""其他""透彻""轮回""含义""修炼"等词。第二章中"浮屠""浮图"二词，历史上均指佛教，保留原文风貌。另外，编者按现今语法规范，修订了"的""地""得"，"做""作"，以及"绝""决"等字的用法。旧时所用异体字则绝大部分改为规范字。

4. 为保障现代读者的阅读体验，本系列丛书根据2012年开始实施的《标点符号用法》，对部分原文标点符号略作改动，以统一体例，如"《庄子》、《墨子》"，改为"《庄子》《墨子》"。

希望本书有助于读者们更好地认识中华文化和传统国学，并领略到几位先生的学术风采；同时，更希望本书能够唤起读者对西南联大的兴趣，更多地去了解这所在民族危亡之际仍然坚守教育、传播优秀文化思想的大学，将西南联大对中国传统文化的坚持与希望传承下去。

目 录

/ 第一章 /

罗庸讲儒学

儒家的根本精神 /003

周礼与鲁礼 /007

孔子与颜渊 /010

曾子、子思与孟轲 /016

七十子以后的儒学 /022

/ 第二章 /

汤用彤讲佛学

佛教入华诸传说 /029

永平求法传说之考证 /042

《四十二章经》考证 /055

汉代佛法之流布 /069

佛　道 /091

释道安 /116

鸠摩罗什及其门下 /134

/ 第三章 /

冯友兰、闻一多讲道家与道教

老　子 /179

庄　子 /184

道教的精神 /191

佛教、道教与道学 /201

/ 第四章 /

冯友兰讲法家

法家之学与当时社会政治经济各方面之趋势 /209

法家之历史观 /214

法家之三派 /216

三派与韩非 /218

法之重要 /220

正名实 /223

严赏罚 /225

性　恶 /227

无　为 /231

法家与当时贵族 /236

/ 第五章 /

冯友兰讲名家

辩者学说之大体倾向 /241

惠施与庄子 /245

《天下篇》所述惠施学说十事 /248

惠施与庄子之不同 /253

公孙龙之"白马论" /256

公孙龙所谓"指"之意义 /259

公孙龙之"坚白论" /261

公孙龙之"指物论" /264

公孙龙之"通变论" /267

"合同异"与"离坚白" /271

《天下篇》所述辩者学说二十一事 /273

/ 第六章 /

蒋梦麟谈抗战中的国学转折

大学逃难 /281

战时之昆明 /286

敌机轰炸中谈中国文化 /292

二次大战期间看现代文化 /320

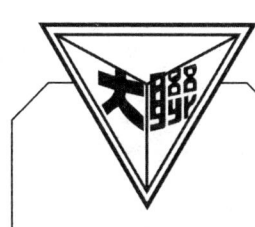

〈第一章〉
罗庸讲儒学

儒家的根本精神

一个民族的文化,必有其根本精神,否则这个民族便无法存在和延续。中国民族,两千多年以来,虽然经过许多文化上的变迁,但大体上是以儒家的精神为主。所以,中国民族的根本精神,便是儒家的根本精神。

儒家的根本精神,只有一个字,那就是"仁"。《说文解字》说:"仁,相人偶也。从二人。"[1]这个字在西周和春秋初年,还没人特别提出来当作为学做人的标目。到了孔子,才提出来教弟子。所以《论语》一部书里,弟子问仁的话特别多,孔子许多不同的答话,对仁的义蕴,也发挥得最透彻。仁就是孔子的全人格,两千多年以来,中国民族共同的蕲向,也便是这仁的实践。

---

[1] 《说文解字》无此表述,疑罗庸结合旧注作解。——编者注

《论语》里记孔子论仁的话，最简单扼要的莫如答颜渊的一句："克己复礼为仁。"克己就是克去一己之私，复礼就是恢复天理之公。因为人性本善，人格本全，只为一己的私欲所蔽，陷于偏小而不自知，便有许多恶行出现。有志好学之士，欲求恢复此本有之仁，便须时时刻刻做克己复礼的功夫。及至己私克尽，天理流行，自己的本然，也就是人心之所同然，自己的全体大用，也就是宇宙的全体大用。则天下不期同而自同，不期合而自合，所以说："一日克己复礼，天下归仁焉，为仁由己，而由人乎哉！"

但这为仁的功夫，只在日常的视听言动之中，并非在生活之外，别有所事。所以颜渊请问其目，孔子答他："非礼勿视，非礼勿听，非礼勿言，非礼勿动。"因为"闲邪存诚"，是克己的根本功夫；学而时习之，也便是实习此事。到了大段纯熟绵密，便可以"无终食之间违仁，造次必于是，颠沛必于是"，达于君子的境界了。颜渊在孔门是最纯粹的，所以孔子称赞他："好学，不迁怒，不贰过。""其心三月不违仁。""吾见其进，未见其止。"其实颜渊的得力处，只是让一息不懈地做收敛向里的功夫。这才真是"学问之道无他，求其放心而已矣"了。

克己的功夫，第一在寡欲，《孟子》"养心莫善于寡欲"一章，说得最亲切。因为一切的欲，都是由躯壳起念。心为物累，便会沾滞私小，计较打量，患得患失，无所不至，毁坏了自强不息的刚健之德。所以孔子批评申枨，说："枨也欲，焉得刚？"又说："刚毅木讷近仁。"盖不为物累，便能洒脱摆落，活泼新鲜，使生命成为天理之流行，与宇宙同其悠久。所以曾子说："士不可以不弘毅，任重而道远,仁以为己任,不亦重乎?死而后已,不亦远乎?"

能克去外诱之私,便能深根宁极,卓尔有立,所以木有似于仁。孔子称赞颜渊,说:"吾与回言终日,不违如愚;退而省其私,亦足以发,回也不愚。"盖心不外驰,自然有此气象。孔子和左丘明都是讨厌"巧言令色足恭"的,就因为他"鲜仁",所以仁者必讷。司马牛问仁,子曰:"仁者其言也。"曰:"其言也,斯谓之仁矣乎?"子曰:"为之难,言之得无乎?"因为仁是由力行得来的,所谓先难而后获,所以君子"先行其言,而后从之",到此才知一切言语,都是浮华了。

克己的最后境界是无我。《论语》说:"子绝四:毋意,毋必,毋固,毋我。"意是揣量,必是武断,固是固执,都是意识所行境界中的妄念,因为私欲作主,便尔执持不舍,攀缘转深,把一个活泼无碍的生命,弄得触处成障,而其总根源都由于有我。因为我是因人而有的,人我对立,便是自己浑全之体的割裂,缩小,割裂缩小,便是不仁。所以克己不但要克去外诱之私,而且要克去意念的妄执;不但要克去意念的妄执,而且要克去人我共起的分别见。到了用力之久,而一旦豁然贯通,则大用现前,人我双泯,体用不二,天理流行,这才真是复礼,真是得仁了。

孟子教人在怵惕恻隐之发见处识仁,因为仁以感为体,他是寂然不动、感而遂通的。寂然不动便是静虚,感而遂通便是动直。内外无隔,有感斯应,如水就下,如箭在弦,所以仁者必有勇,仁者必敏。静虚之极至于无我,则死生得失不介于怀。动直之极至于自他不二,则不达于得仁不止。所以君子无求生以害仁,有杀身以成仁,是极从容自然的事。到此境界，只有内省不疚，是唯一大事，此外都无忧惧，心境自然坦荡平愉了。

无忧无惧，便是知命乐天，孔、颜乐处在此。到此境界，岂但富贵不能淫，贫贱不能移，威武不能屈；直是素位而行，无人而不自得，圣人之从容中道盖如此。然究其极，亦只是做到了尽心率性，并非于人生本分外有所增加，极高明亦不过道中庸而已。

这便是儒家的根本精神。我民族二千年来涵濡于这精神之中，养成了一种大国民的风度。那便是寡欲知足、自强不息、爱人如己、敏事慎言的美德。我民族所以出生入死，百折不回，屹然立于不败之地，全靠了这一副哲人精神为其自信力。发扬这一种精神，便成为全人类共同的信念，是我民族的责任，应该当仁不让的。

周礼与鲁礼

我们平常读《论语》，常常见到孔子对于周公是非常地赞美。他说："甚矣吾衰也！久矣吾不复梦见周公。"又说："周监于二代，郁郁乎文哉！吾从周。"为什么孔子要盛赞周朝呢？因为周的文化，实际上就是儒家的理想。中国的文化，自夏以来，一向是以农业为根据的，大禹会治水，便是一个说明。孔子说："夏礼，吾能言之，杞不足征也；殷礼，吾能言之，宋不足征也。文献不足故也。足，则吾能征之矣。"夏朝的文化，是以农业为主的。殷朝的文化，特点是工商业，所以现在一般人，还称经商的人为"商人"。不过到了商的末叶，农业也很发达。周本来不是农业民族，但到了周变为农业民族。从历史的眼光看来，一个民族，从游牧变为农业民族，这实在是文化上一大进步。中国自周起，奠定了农业社会的基础，这对以后文化的发展有莫大的贡献。大概说来，凡是农业社会，其特点有四：（1）地址固定；（2）有家庭组织；（3）有宗法制度；（4）实行封建制度。

政治方面，自君主以至诸侯，多为血统关系。社会组织的伦理，便是封建社会的基础，有人曾把西洋的封建制度，来比中国的封建制度，这是很大的错误。因为中国的社会，大体上说，是以伦理为中心的，家庭亦然。所以中国的社会，不能以法治，只可以礼治。因为这种制度，系建立在人与人的情感之上的。中国的文化与西洋的文化不同便在于此，维系中国社会的，并不是法，而是礼。周代的社会组织，是以此为根据的。根据这一点，便将一切制度，建立在宗法伦礼的"礼"上。我们知道，周代的婚礼，是非常隆重的，说中国不重视女权，从过去看，实属不然。例如男子当娶，必须到女家亲迎，并且还要替女子赶车，这些都是尊重女子的表征。现在也有人说，这是掠夺婚姻的遗迹。倘若论周朝文化的伟大，就在于能熔各代文化于一炉，给予新的意识。这是周的特点。而且礼乐相联，造成一个统整的社会制度，这实在可以代表中国文化的特点，也便是奠定以后各代文化的基础。直到周东迁以后，周朝文化的熔合性的光辉，才逐渐减退。其中只有鲁国，尚能保持周代文化的整体。周以后，鲁人保留周代文化为最多。春秋以后，人们仰周之余威，便视鲁为具体而微的"周朝"。故后人常以周公和孔子相提并论，实因孔子与周，有文化上的共鸣的缘故。

周朝的文化，到了春秋战国，从重礼义一变而为重利害。这个时候，人的本性，日趋于下。孔子当日看到此种情形，甚为担忧。因为当时的社会，存在三大危机：（1）统一的政权崩溃；（2）国内社会组织的混乱；（3）文化的变化和变质。

孔子大声疾呼，希望能够力挽狂澜而谋安定，是因为过去周礼所表现的是人类正常的心理，此后即变为反常的发展。那么，人的精神上的礼法，便要从动摇而至于崩溃。这种情形在孔子时代极为显著，这便是孔子急于作《春秋》的动机[1]，以为文化既已逆转，则人类将恢复到历史兽性的时代。为了扭转此种丑恶现象，唯有恢复周朝的礼乐。但这不过是一个理想。因之退一步主张恢复人性，认为人性可以恢复，则天下尚有可救，所以孔子晚年的思想，多从哲学上发展，尤以读《易》为主。所以孔子说："加我数年，五十以学《易》，可以无大过矣。"孔子晚年研究哲学，启发人性，即以"仁"为中心。到了孟子，主性善，不唯把孔子的哲学发扬光大，而且除"仁"字之外，更加"义"字，便成了"孔曰成仁，孟曰取义"的儒学，于是中国文化从"礼乐"而为"仁义"了。孔子以前，学在官守，孔子以后，学在私门。学在官守时，提倡礼乐尚有依据；学在私门时，既无以兴礼乐，则唯有讲"仁义"而已矣。这便是由周公到孔子的这一段变迁。

---

[1] 孔子只是对鲁史《春秋》加以删修，并未创作。——编者注

孔子与颜渊

孔子是最不容易讲的伟大人物，他在中国历史上及中国文化上的地位，是非常重要的。历代人对孔子就有各种不同的看法，反对孔子也由来很久，在《庄子》《墨子》书里，就有反对孔子的学说。一个伟大的哲人，看的人所取的角度不同，认识也就不同。比如讲孔子就可以有：（1）孔子与周公；（2）孔子与颜渊；（3）孔子与孟子；（4）老子与孔子。四种讲法，我取第（2）种。

宋人程、朱，喜欢谈"寻孔颜乐处"。孔子说："饭疏食，饮水，曲肱而枕之，乐亦在其中矣。不义而富且贵，于我如浮云。"孔子又说："贤哉，回也！一箪食，一瓢饮，在陋巷，人不堪其忧，回也不改其乐。贤哉，回也！"宋朝以后的人，喜欢将孔、颜连在一齐来讲，这是很可注意的。

孔子一生的志愿，是使周公的事业发扬光大，所以非常重视鲁国。他全部学问的中心问题，注重在礼。我们只要读《礼记》的《曲礼》《檀弓》，便可见礼的条目很繁琐，尤其是丧礼，墨子就是反对孔子的礼。司马迁《太史公自序》云："累世不能通其学，当年不能究其礼。"也是说礼的繁琐。孔子处在当时的环境里，政治理想不能实现，便想用一种教育方法，实现政治的理想。孔子在六十岁以前，是从事政治，注意教育，六十岁以后，整个献身在教育事业上。弟子三千，成名就有七十二贤。在弟子中，只有颜渊是孔子最得意的，其他弟子不如颜渊那样被孔子赞叹不已，所以孔、颜合看，是很能得到真相的。

我们上次讲周代文化，同农业自然是非常地接近。就好似工业文化同机器是接近的。农民终日在田里，人与自然来比，自然太伟大，人太渺小了，所以人没有力量同自然争衡。中国人靠天吃饭的观念便来于此。愈觉得自然伟大，愈觉得个人渺小，这样就产生宗教，宗教观念再演变，就成为后来的哲学。老子的思想也是这样产生的，照道家的思想来看，自己既然渺小，就该一事不做，任天而行，这样自然就是我，我就是自然，自然与我合而为一。儒家则不然，是扩大自己的人格以求同天，而《易经》所讲的"天行健，君子以自强不息"，这种自强不息的精神，便是孔、颜的共同点。

庄子对孔子批评得最厉害，他也是反对孔子最激烈的人物，另一面却赞美颜渊，庄子在《人间世》讲颜渊的心斋那一段文字，非常重要。在这里，孔、颜同天的精神，又是道家所承认的。

先讲孔子。要认识孔子，应该由历史着手。那时，国际变迁非常激烈，孔子便生在这恶劣的社会环境里。他不是鲁国人，他的父亲叔梁纥，母亲颜氏。以我的推算，他是从宋国迁到鲁国，不过已有七十多年。只要读《礼记》的《檀弓》就知道孔子对宋国的感情比鲁国还深。孔子一直到死也没有忘却他是殷人之后，却微服而过故乡，因为他的观念同当时人不同。孔子着眼在整个人类的文化，他最高的理想是"仁"，在《论语》里，孔子对"仁"发挥的意义最多。孔子自述："吾少也贱，故多能鄙事。"孔子早年的生活是很苦的，他四十岁开始收弟子，曾和鲁昭公到齐国避难；五十岁时，定公任命孔子为中都宰，后做到司空，再升为大司寇，有夹谷之会摄相事。孔子在政治上、外交上成绩是卓越的。又派子路为季孙氏家臣，隳三都，借此削弱三家的力量。鲁定公对孔子言听计从，其后齐人归女乐，孔子便周游列国。在卫国住得最久，因为卫国保存着周文化，在礼乐方面的收获很大。陈国是很小的国家，但接近楚文化，孔子到陈后，又想到晋国而未成。他的旅行可以说是文化的考察。由五十岁一直到六十岁都是在外边游历，回国以后，七十三岁卒于家。《论语》这部书，是孔子的弟子或再传弟子记载孔子最主要的著述，是儒家最重要的经典。欲明孔子各方面的成就，非细心研究《论语》不可。

在《论语》里，有一段孔子的自述："吾十有五而志于学，三十而立，四十而不惑，五十而知天命，六十而耳顺，七十而从心所欲，不逾矩。"这一段话道理精深博大，不容易讲，他给我们清清楚楚的启示：做学问的功夫，要自己向内，才能有所成就，不应向外驰求。在孔门弟子中，能拳拳服膺于"仁"的只有一个颜渊，他只管自己教育自己，充实自己。孔子赞扬他道："回也，其心三月不违仁，其余则日月至焉而已矣。"另一个弟子子张，他的精神是向外发展的。曾子这样批评他:"堂堂乎张也,难与并仁矣。"孔门的教育是自己照顾自己,自己完成自己。孔子说:"吾十有五而志于学。"学什么呢?即是立于礼。孔子说:"不知命,无以为君子也;不知礼,无以立也;不知言,无以知人也。""四十而不惑",于事物之所当然,皆无所疑。即是判别事物的力量,已经通透于事理,无所疑惑。"五十而知天命",此天命即《中庸》所谓"天命之谓性",知天命即宋儒所谓"见性"。"六十而耳顺",朱注谓:"声入心通,无所违逆,知之之至,不思而得也。"这种境界是很不容易达到的。"七十而从心所欲,不逾矩",矩亦礼也。这种境界很高,很不容易达到。圣人达到了这种境界,人的生活同自然合而为一,到了这种境界,时间与空间都没有了。圣人的生命,虽然不能永远存世,而大地一日不绝灭,圣人之道就永存于世。孔子说:"朝闻道,夕死可矣。"如果你一天得道,就是你一天没有死。同宇宙一样地不会消灭,这种最高境界,不是渺小、自私的人所能达到的。可见圣学之不容易学,就在于此。怎样才能达到"仁"的境界?只有好学。孔子说:"十室之邑,必有忠信如丘者焉,不如丘之好学也。"又说:"三人行必有我师焉,择其善者而从之,其不善者而改之。"再说:"发愤忘食,乐以忘忧,不知老之将至。"这是孔子终日不息的好学精神。

宋儒训学为效,王阳明则训为觉,程朱、陆王的异同就在于此。朱子一生的学问,就是在格物穷理,即"人心之灵,莫不有知,天下之物莫不有理"。孔子好学,没有一分钟、一秒钟的放掉,这便是自强不息。不息的意义是自然宇宙本来具有,生命流行本来没有一分钟、一秒钟停息的。譬如电灯片刻性熄灭，我们就感觉不方便。人的身体也是片刻不停息，人应该这样教育自己，假如以为力量不够就不努力向学，这便是生命的哀息。为学如逆水行舟，不进则退。克服自己的懒惰，发愤自强自立，这样就是君子自强不息的功夫。孔子不许人有一秒钟的偷懒，在孔子眼中不允许有丝毫的夹带，在光天化日之下，一切都要透明、透亮，没有一分隐藏。在孔子弟子中，也只有颜渊深知孔子的伟大，师生彼此心心相印，最为默契。有一天，颜渊感慨地叹了一声："仰之弥高，钻之弥坚；瞻之在前，忽焉在后。夫子循循然，善诱人，博我以文，约我以礼。欲罢不能，既竭吾才，如有所立卓尔。虽欲从之，末由也已。"这是颜渊赞扬孔子的话，很不好懂。按照文意的次序，应该分为三段来讲——

第一段："夫子循循然，善诱人，博我以文，约我以礼。"

第二段："仰之弥高，钻之弥坚；瞻之在前，忽焉在后。"

第三段："欲罢不能，既竭吾才，如有所立卓尔。虽欲从之，末由也已。"

孔子深知每个弟子的程度，因材施教，慢慢地引导上路。弟子在未做学问之先，心量并不开阔，故先教以博之。这里的"文"是指"六艺"，教人最先尽量去博学，在博学方面已做过功夫，再继续做的功夫。就是把所学的消化，变成自己的能力，应用在日常生活上。孔子全部学问，只有颜渊懂得最透彻，也只有颜渊身体力行，颜渊会用功，愈用功而愈知道孔子的哲理是圆的，上下四方都照顾得到。他的学问是绝对的，也就是博大精深，丝毫不能苟且。颜渊日夜不息地用功，也没有达到孔子的境界，可是他的学问真有所得。真正会用功的人，才能体会到颜渊说的道理。他这一段话是立体的，而不是平面的，立体的观念是向上的。孔子是这样赞叹他的："语之而不惰者，其回也与！"孔子对颜渊说："惜乎吾见其进也，未见其止也。"孔子真正认识颜渊，也只有颜渊真正认识孔子，宋儒程朱理学家喜谈"寻孔颜之乐"，就在这种师弟[1]契合的地方。

一个富人，他没有人生乐趣，住的高楼大厦，吃的山珍海味，坐的豪华汽车，仍终日怅怅不乐，因为他的乐是向外的。真正懂得乐的人，要深刻了解生命是不息的。不息是靠好学入手。颜渊问"仁"，孔子回答他："克己复礼为仁。一日克己复礼，天下归仁焉。"你要每天改过自新，随时随地把自己改变成尽善尽美的完人。由这里看颜渊的学问进步真是飞跃的。一个人修养到这种境界，是永远不会衰老的。可以这样说，孔子活到七十三岁，他还是一个赤子。孟子说："大人者，不失其赤子之心者也。"孔子和颜渊正是如此。

---

[1] 这里的师弟指老师和弟子。——编者注

曾子、子思与孟轲

中国近八百多年以来，民间思想受四书的影响很大。四书里的《大学》《中庸》，本是《礼记》里的两篇，宋儒认为《大学》是曾子作的，《中庸》是子思作的，现在我就根据《大学》《中庸》来讲曾子与子思。可以这样说：曾子是孔门最笃实的学生；颜子是孔门最聪明而又最笃实的学生。假如孔子有两个学生，一个聪明而不笃实，一个笃实而不聪明，孔子宁取笃实而不聪明的学生。在孔门弟子中，曾子的天资最愚鲁。孔子说："参也鲁。"而曾子成就最大，得夫子一贯之道。有一天孔子对曾子说："参乎，吾道一以贯之。"曾子曰："唯。"子出，门人问曰："何谓也？"曾子曰："夫子之道，忠恕而已矣。"曾子的学问是身体力行出来的，同时也是亲身体验出来的。曾子的天资并不高明，而传夫子之道的就是他。《汉书·艺文志》著录《曾子》十八篇，在《大戴礼记》有《曾子本孝》等十篇，疑即《汉书·艺文志》所录。还有一部《孝经》也是曾子作的，或者是曾子的弟子记的。可见大、小戴《礼记》当中，包括曾子的书很多。《大学》这篇是在《小戴礼记》里，其价值在其他各篇之上。朱子以为经一章是孔子之言，传十章是曾子所述，以经合传，大体相符，只少了"格物致知"一段，于是加上格物补传，就是现在"四书"分的本子。

宋以后很多人，认为《大学》没有脱文错简，就有《大学》古本之说，阳明就是主张《大学》古本的，因为本子之不同，就影响到程朱、陆王学派之不同。朱子和阳明的学问是绝对相反的，我们念《大学》首先应该注意这一点。《大学》是教人如何用功，因解说不同，效果也就不同。《大学》有三纲八目：三纲即明德、新民、止于至善；八目即格物、致知、诚意、正心、修身、齐家、治国、平天下，简称为格、致、诚、正、修、齐、治、平。这一套功夫，由修身到齐家、治国、平天下的道理是容易懂的。由修身以上必须说明，《大学》说："欲修其身者，先正其心。"原来"正"字和"止"字同义，正字下面的止是像人的足，上面一横，表所止之处。古人学射，必须在地上画表，人的足便停止在那里，这是正字的本义。在古音上来说，正与"定"同音，正心就是定心，也就是安住其心。要一切行为都对，必须在定心上才能分别出来。怎样才能正心呢？我们要把心意弄得绝对诚实，自己不欺骗自己，一切念头都放在诚上，如饥之于食，渴之于饮，如此才不会妄想。但如何能诚实呢？那就必先格物致知才行。

格物致知，按照朱子的讲法，就是即物穷理，遇一物即穷一物之理，用力之久，一旦豁然贯通，便物理大明，那就是致知。用现在的话来说，物就是事物，格就是研究，就是透彻的研究，把每件事物的道理都要格到家，今天格一物，明天格一物，久之物物都能格，便是致知。朱子用功的方法，很接近于现代科学家治学的精神。象山则认为今天格一物，明天格一物，天下之物那样多，永远也没有办法格完。阳明也做过朱子格物的功夫，今天格一物，明天格一物。他格竹子之理，格了七天，格不出所以然，人也弄病了。他对朱子的格物说法，也就不相信了。照阳明讲格物，格者拒也，这物是不对之物，格物就是格其不正，以归于正，总的说来，就是把一切不正的都把它格出去。良知不为物蔽，这就是致知了。这种讲法很近于颜渊的寡过、孟子的集义，但《大学》的本意是否如此，很成问题。朱子说格物穷理，不要以为物是格不完的。人之用功，只要一路通了，则路路都通，照推理的方法知道了甲，就可以知道乙，所以颜渊闻一知十，就是这个道理。如果天下之物，样样都用功夫去研究，以有限之生命，追求无穷的学问，真是用功到死，也弄不清楚多少。我们对朱子的格物，千万不要产生这样的误解。

现在提出《大学》三纲："大学之道，在明明德，在亲民（程子曰：'亲'当作'新'），在止于至善。"明德是什么？人类和其他动物之不同，就是人类有明白道理的性格，其他动物没有。人类就应该把其生命特别明白道理的那一部分，尽量让他发挥出来。假如他不明白这种明道的道理，可以用教育使他明白，这种叫明明德。人类与其他动物不相同的地方，中国人和外国人说法不同，外国人说：人类是高等动物，这话是不对的。在中国很早儒家就有分别：人之所以异于禽兽者几希。人类的文化与猪狗的文化不同，人类有精神文化，能创造物质文化，猪狗就没有这些，只求生存而已。人类生活的目的不仅为求生存，还有超出生存的意义。在国家危急存亡之秋，可以杀身成仁、舍生取义，人之可贵就在这里。人可以教育自己，同时可以教育别人，一切文化都是帮助人在做人，每一个中国人，读了古先圣贤遗言，就应该懂得这一点。这是教育第一义，这就是在明明德。明德以后，就可以新民，就要"苟日新，日日新，又日新"，天天过他的新生活，一切懒惰、苟且都可以一扫而空，努力改造，大家能过恰到好处的生活。就如孔子答鲁定公所说，"君君臣臣，父父子子"。各人都尽各人的责任，就把国家弄好了，这就是止于至善。《大学》的大意是这样，比《论语》更进一步，把孔子的学问体系化了。

《中庸》是子思作的，在《荀子·非十二子篇》和两戴《礼记》里都提到子思，宋儒很重视子思之学。《中庸》照朱子分为三十三章，可分为几个纲领条目来讲，率性修道，自明诚，自诚明，最后条目是致中和。庸之本义是"用"，《中庸》即"中用"。怎样才使人中用，必须懂得率性、修道这一套功夫。孔子不肯定地讲性善或性恶，孔子只讲"性相近，习相远"，一个四五岁以下的小孩子，将来是好是坏，我们不可得知，人类是靠教育来改造人生，不必肯定说人性是善是恶。孟、荀分别主张性善、性恶，是他们立言如此。《中庸》第一章讲："天命之谓性，率性之谓道，修道之谓教。"天命是自然所赋予人或物的性。譬如茶杯不能写字，而粉笔能写字，因为粉笔有写字的性。人不用耳朵讲话，只能用口讲话，因为口有讲话的性。一个人生下来，能尽量发挥他的本性，不要中途停顿，或偏畸，这样便是完人。这在孟子叫作尽性，在《中庸》叫作率性。孟子常说"人皆可以为尧舜"，就是任何一个人，都可以把自己做成一个完满的人。我们本来都可成圣人、贤人。不能成为这样的人，儒家认为是自己毁灭自己。所以要把率性的道理常常修明，这就是教育了。这率性的起手功夫，就是做每一件事情都不要自欺，把每一件事情都弄得确实明白，这就是明诚。不论做任何事情，都要恰到好处，这就是致中和。这些话很不容易理解。在《论语》里，孔子的弟子常问孝问仁，孔子的答复各人不同，这便是时中之用。《中庸》最高的目的，就是中用，把坏环境弄好，才是中用。"致中和，天地位焉，万物育焉。"小人就相反，小人只是自私，自私就毁灭了自己，同时也毁灭了宇宙人生。

孟子的道理是根据曾子、子思的学问而来的。孟子说："人之所以异于禽兽者几希。"人类与禽兽的不同，在上面略略讲过。在战国时代，在那非人的社会里，孟子就拼命地讲人性是善的，言必称尧舜。《孟子》全书的纲领，即"仁心""仁政"。仁心是孟子自己的修养，所谓知言养气。孟子讲不动心，即《大学》里所讲的"正心"。孟子曰："我知言，我善养吾浩然之气。"孟子的养气，就是颜渊的改过功夫，也就是"不迁怒，不贰过"的功夫。今天做一件善事，明天又做一件善事，由此心安理得，理直气壮，这就是孟子的集义功夫。孟子的学问，就是要做到心安理得、理直气壮的境地，这是孟子的气象，知言养气的功夫不是外来的。

有一句名言说："三折肱为良医。"这话很有深意。由孔子到颜子、曾子、子思、孟子，儒家这一套学问，都是由克己入手，以恢复人类的本性，人性一复，天下自然太平，世界立刻成为一个理想的乐园。反之，人心愈乱，天下就愈乱。在这里，顺便谈到学国文的问题，学国文也要知道孟子知言养气的功夫，韩退之《答李翊书》就是受孟子知言养气功夫的影响，每一个国文教师都应该知道这套功夫：大家能够在知言养气上下功夫，不仅是对修养上有帮助，就是对作文章也有很大的帮助。下次继续讲七十子以后的儒学。[1]

---

[1] 本书为选本，在尊重并保持原著风格与面貌的基础上，编校时没有删除或改动具有前后互现、互证的语句。后文中如"上见""上详""见下文""下详""见下章""文见下引""已详上章""上文已详""前面""详下章"等表述，多数都有对照的内容，只有极少数因选文或统一体例等原因导致没有对照的内容，请读者谅解。——编者注

七十子以后的儒学

现在用很简单的演讲,将七十子以后的儒学讲到近代。荀子在《非十二子篇》反对许多儒家,此外还有韩非的《显学》篇,说孔子以后,儒分为八。在《显学》篇可以看出儒学在战国很盛行,儒家学派可分为八派:"有子张之儒、有子思之儒、有颜氏之儒、有孟氏之儒、有漆雕氏之儒、有仲良氏之儒、有孙氏之儒、有乐正氏之儒。"孔孟弟子皆包括在里面,班固著《汉书·艺文志》,著录《子思子》二十三篇,《礼记》的《中庸》《坊记》《缁衣》《表记》等篇,都出于《子思子》,从文体上来看很像《论语》。另外曾子所著十八篇,《大学》一篇,宋儒认为曾子所作,他篇已经失传。在孟子、荀卿以后,《小戴礼记》包括了许多儒学。《礼记》之所以称为记,本是《仪礼》的记,两戴《礼记》关于冠、婚、丧、祭等礼是《礼记》的本身。此外记载古代的制度,如明堂位,其他还有历史上的材料,同《论语》性质相近的，有《哀公问》等篇。关于学派的分别相当麻烦，要知道各篇的时代比较容易，就是要从文体来看，孔子时代的文体很短，《论语·季氏》首章，文字比较长，据清朝考据家的考证，认为是伪托的。像《礼记·礼运》篇那样文字很长又有体系，足见是很晚的。十三经中的《礼记》，没有好的注疏，因为《礼记》比较难读，全书的内容复杂，直到今日还未能透彻整理出来。现在从《易传》《荀子》来讲，《易经》的内容同《中庸》很相近，是讲天道。《荀子》这书不是讲天道而是讲人道，他认为人道讲得好，天道亦包括在里面。孟子也是讲人道的，同荀子所讲的人道不同。荀卿有两个大弟子，一个是韩非，一个是李斯。这两个人都是法家。那时是礼坏乐崩，儒家没有办法来教人，只有根据人伦来讲孔子的礼。孟子没有具体的材料讲礼，所以孔子讲仁，孟子讲仁义。因为礼没有了，便用义来代礼，孟子讲义，等于孔子讲礼，当时是礼坏乐崩，风俗荡然。子思作《中庸》，开始就讲："天命之谓性，率性之谓道，修道之谓教。道也者，不可须臾离也；可离非道也。"这一段完全是讲人生哲学的本体论。

荀子学问的规模是保有儒家原来的真面目的，他的重心是在讲周公与孔子，荀子的《礼论篇》《乐论篇》《天论篇》最为重要。子思、孟子是推崇孔子的学问，荀子是发扬周公与孔子的礼乐。荀子的天论为他最重要的理论。照荀子的意思，天对人并不苛待，而是人自己对不起自己，你只要自尊自贵，为圣人不求知命，只管人事，不管天命。《中庸》所讲非知天命不可，荀子的看法恰恰相反，他在《性恶篇》主张人性是恶的，可用教育的力量由恶改为善。因为孟子主张人性是善的，荀子就主张人性是恶的，他希望人努力克服人的恶性。在中国古代学术史里很少有人讨论性的问题，只有孔子说过："性相近，习相远。"也没有说到人性一定是善，或人性一定是恶。到了孟、荀，对性的看法，就各走极端。荀子是主张戡天主义，在《荀子·劝学篇》教人要拼命地努力，这种好学的态度，仍是发挥孔子守近的精神，不要管得太远，把目前的事弄得尽善尽美。荀子是主张法后王之说，真正好的圣人，不一定考虑夏、商、周，一定有能应付现实的才干，才是理想中的圣人。孟子则反是，开口必谈尧舜、圣君贤王，他是主张法先王。荀子法后王的精神很接近孔子的本来面目。就荀子的学问来说，他是比孟子还好，不过荀子太注意现实，因为时代的关系，到了坏的时候，有一种人就特别注意现实，如伊尹，必须要有他那种魄力，那种担当，假若你有伊尹的志向，就可以那样做，反之就不可能。荀子的学问没有注意到这一点，所以由荀子就一直变到韩非、李斯。另外一种人，感觉社会紊乱，自己就站远一点，保持自己独立的人格，效法"先王之道，以待来者"，有点像伯夷之清。因此之故，孟子的学说大倡于后世。除《荀子》以外，还有一部《易经》——这部书的《十翼》相传是孔子所作的。根据最近历史考证，不一定是孔子所作的。《易传》不管是谁作的，而与儒学有关。《易经》这部书在中国哲学上达到登峰造极的境界，明天道，知人事。"易"有三种意思：第一是不易，即是永远不变动。第二是变动之易，宇宙不停地在那里变化，所谓"天行健，君子以自强不息"。第三是简单之意，人生的问题，看起来是很复杂，其实是很简单。《易经》本于太极，太极生两仪，两仪生四象，四象生八卦，八八即六十四卦。宇宙的本体是不容易知道的，由表面来看，是一个相对的现象。如好恶、东西，我们可以这样说宇宙是互相对待，一切的事情都是对待变化，你认得了天道，人道的变化也就认得了。《易经》同《中庸》的道理很接近，与荀子的学问离得很远了。

自从秦焚书以后，一直到西汉的儒学，汉武帝罢黜百家，表彰六经，受阴阳五行思想影响很深。两汉四百多年以来，《论语》《易经》这两部书，没有人特别注意，两汉的经学，没有了不起的贡献，那时的社会，也非常平静。到了三国，天下大乱，人民的生活非常困难。佛教传入中国，在三国末年，大家都认为佛学的哲理比中国的哲理要高明得多。乱极思静，就来潜心学佛学。中国原来没有这样的学问，只有《老子》《庄子》《论语》《易经》，简称易老庄"三玄"之学，又名魏晋玄学。都是把儒、道混合而谈，这就是清谈家，一切面对的现实让它毁灭了。这种现象正是荀子所怕、所反对的。一直到了隋唐之际，比较高明之士，都投到佛教禅宗里去，隋唐的《传灯录》，儒家的道理在当时不能与之相比。到了王通，他是北朝旧派儒家，是隋末唐初了不起的人物。唐朝开国最著名的人物，都是他的弟子。文中子死了以后，唐朝第二人就是韩退之，他是承继孟子的道统，他最有名的弟子是李习之，作有《复性书》。他讲义理之学比他的先生高明得多，以《中庸》为基础，发挥他高深的学理，开后来宋明理学的先河。

到了宋朝初年，出来陈抟、邵康节、周濂溪，而儒学一变。濂溪作有《太极图说》，把《易经》道家化，但《通书》却恢复了儒家高深的面目。除了以上几位外，有程明道、程伊川、朱熹、张载，宋明理学，受禅宗的影响很大，就是把禅宗的最高境界同孔颜之学合而为一。程朱主敬，是奠定理学的基础，就是要把孔孟的精神表现出来，因为中国后来礼坏乐崩，要想做居敬的功夫是不容易的。西洋人办公就专心办公，下公后就不管公家事。中国人讲孔孟之学，而行为恰恰相反；西洋人不讲孔孟之学，人家到处合孔孟的精神。中国人受了老庄的影响很深，中国的社会是礼坏乐崩，中国人做事就是马马虎虎。两程子就是做主敬功夫，时时照顾自己的本心之明，仁就表现，同时明德也就表现。伊川主敬就是随时随地专心把自己弄好，如走路就专心在走路上，如读书就专心在书本上，如写字就专心在写字上。陆象山偏于禅学，提出主静，就是静坐、动与静相互为用。一天只有静没有动，也是不大好，或有一天只有动没有静，也是不大好。一天有时候静一下是很好的，静观喜怒哀乐之未发，人愈静，心愈灵，人愈乱，心愈不灵。

朱子是讲格物致知，即一事之两方面。实际说来，朱陆之学合起来，才是学问的真面目，元明以后把陆象山的学问看成别派，王阳明的学问就是由象山那里来的。致良知之学是阳明学问的全部，可以说受禅学的影响很深。王门的弟子，都能够带兵打仗，到了明末，理学就衰。清代的朴学发达，清朝开山大师有顾炎武、黄梨洲、王船山，就是讲新的理学，经学即理学。清代中叶以后，讲经世致用之学，真正得到经世致用的真髓，在政治、军事修养上毫无毛病一洗空洞的弊病的，恐怕是曾文正公了。最近几十年，西洋学传入中国，康南海、梁任公主张变法。最近有两位大师，一位是马一浮先生，一位是熊十力先生。马先生的学问近于象山、慈湖，熊先生的学问近于阳明、船山。马先生著有《复性书院讲录》，熊先生著有《新唯识论》《读经示要》等，都是不可不读的。

/第二章/
汤用彤讲佛学

佛教入华诸传说

佛教入华，果在何时？传说纷歧，实难确定。盖佛教自魏晋以后，在中国文化思想上，虽有重大影响，方其初来，中夏人士仅视为异族之信仰，细微已甚，殊未能料印度佛教思想所起之作用，为之详记也。汉明求法，见之于牟子《理惑论》，然上距永平之世，已过百年。其后乃转相滋益，揣测附会，种种传说，与时俱增。考其原因盖有三端。一者，后世佛法兴隆，释氏信徒以及博物好奇之士，自不免取书卷中之异闻，影射附益。二者，佛法传播，至为广泛，影响所及，自不能限于天竺，而遗弃华夏。因之信佛者乃不得不援引上古逸史、周秦寓言，俾证三五以来，已知有佛（参看《弘明集》宗炳《明佛论》）。三者，化胡说出，佛道争先。信佛者乃大造伪书，自张其军。如《汉法本内传》，谓汉明之世释老优劣，即已判明。《周书异记》，谓西周之世，佛陀应迹，即已震动中华。由此三端，佛教始入汉土诸传说，遂少可信。然吾人治史，书卷阙载，原不宜强为之解。而治佛教史，尤当致意于其变迁兴衰之迹，入华年代之确定，固非首要问题矣。兹仅略叙入华诸传说，而加以考定如下。

伯益知有佛

刘宋宗少文《明佛论》曰：

> 伯益述《山海》，天毒之国偎人而爱人。郭璞传，古谓天毒即天竺，浮图所兴。偎爱之义，亦如来大慈之训矣。固亦既闻于三五之世也。

《山海经》为禹、益时书，刘歆、王充、颜之推虽传其说，兹姑不论。但天毒偎人爱人之语，见于《海内经》。而刘歆进《山海经》，初只十八篇，其《海内经》及《大荒经》皆进在外，世人早疑其伪。且《海内经》原文曰：

> 东海之内、北海之隅，有国名曰朝鲜、天毒，其人水居，偎人爱人。

朝鲜、天毒同谓在东海之内、北海之隅，其荒诞无稽，盖亦可知也。

周世佛法已来

三国时谢承《后汉书》记佛以癸丑七月十五日寄生于净住国摩耶夫人腹中，至周庄王十年甲寅四月八日生（见《岁华记丽》卷三），盖以春秋是年，恒星不见，系应化之瑞相也。实则庄王十年，岁非甲寅。而依今日考证，佛之出世，或更在此后。然佛陀生年，谢承之说或为最早。迨其后释老因化胡之说，互争先后，释迦、老子之生年,乃各愈推愈远,而其瑞应益为神奇。《穆天子别传》(《三宝记》谓齐法上引之)、《汉法本内传》、《周书异记》(《续高僧传·魏县无最传》所引),均上推佛陀生于周昭王之世。唐法琳于武德五年上《破邪论》,中引《周书异记》甚详。其文略曰:

> 周昭王即位二十四年甲寅岁四月八日,江河泉池,忽然泛涨,井水并皆溢出。宫殿人舍,山川大地,咸悉震动。其夜五色光气入贯太微,遍于西方,尽作青红色。周昭王问太史苏由曰:是何祥也?苏由对曰:有大圣人生于西方,故现此瑞。……一千年外,声教被及此土。昭王即遣镌石记之,埋在南郊天祠前。……穆王即位三十二年,见西方数有光气,先闻苏由所记,知西方有圣人处世。……至穆王五十三年壬申岁二月十五日,平旦暴风忽起,发损人舍,伤折树木,山川大地,皆悉震动。午后天阴云黑,西方有白虹十二道,南北通过,连夜不灭。穆王问太史扈多曰:是何征也?扈多对曰:西方有圣人灭度,衰相现耳。……

《周书异记》自系伪书。而至唐初,乃有所谓道宣律师《感应记》,中载天人陆玄畅来谒律师,言及秦穆公时获一石佛。穆公因污像感疾,以问由余。由余谓周穆王时,有化人来,云是佛神。穆王为筑高台作道场。穆公后烧香礼拜,造像立台云云。此所谓穆王时有化人来,乃抄袭《列子》伪书之言,而秦穆、由余与周穆王、苏由相对,其作伪之迹,盖极显然也。又按唐法琳上书驳傅奕有曰:

> 周世佛法久来,生盲人云,有佛祚短,良可悼矣。(见《广弘明集》十一)

第二章　汤用彤讲佛学　031

我国反对释教咸以其能短祚为言。如佛果生于周初，而且已行于中国，则周祚八百岁，可以塞反对者之口。此虽不必为僧人言佛生周初之唯一原因，而后来释子之所以坚执此说，其故想在此也。

孔子与佛

《列子》载太宰嚭问孔子，孰为圣人。

> 夫子动容有间曰：丘闻西方有圣者焉，不治而不乱，不言而自信，不化而自行，荡荡乎民无能名焉。

后世佛徒，常据此以谓孔子亦知有佛（《弘明集·后序》，及《广弘明集》卷一）。《列子》一书，乃魏晋时人所伪造。而其孔子所称之西方圣者，以至周穆王时之西极化人，亦或指西出关之老子。故六朝人士多不引《列子》以证孔子之尊佛。如元魏之世道士姜斌与昙无最争论，斌问孔子既是制法圣人，当时于佛迥无文记何耶。昙无答言固未引及《列子》也。刘宋宗炳《答何承天书》，称周孔于佛所未尝言。而牟子《理惑论》亦有尧舜周孔何以不修佛道之问，牟子答辩，固亦未援用《列子》一书也。

燕昭王

《拾遗记》载战国时燕昭王即位七年，"沐胥之国来朝，则申毒国之一名也。有道术人名尸罗，问其年云，百三十岁，荷锡持瓶，云发其国五年乃至燕都，善炫惑之术，于其指端出浮屠，十层高三尺"，云云。按王子年《拾遗记》，文原多亡佚，经梁萧绮搜检残遗，合为一部。其所记燕昭王事，不悉是晋代原文，抑梁时改窜。但其所记，《晋书》已称其事多诡怪。所谓沐胥之国，印度无此名称。燕昭王时佛化未出天竺。所谓尸罗荷锡持瓶指出浮屠，隐射佛徒已来中国，诚属荒唐不经。按《史记·世家》谓燕昭王卑身厚币以招贤者。《封禅书》则谓其信方士，《水经注》亦谓昭王礼宾广延方士，此均由招贤事附会而来，因是而起种种诡怪不实之故事也。

古阿育王寺

《弘明集》宗炳《明佛论》，谓佛图澄言临淄城中有阿育王寺遗址，犹有形像承露盘在深林巨树之下，石虎依言求之，皆如言得。又姚略叔父为晋王（即姚绪，见《僧传·法和传》），于河东蒲坂古老所谓古阿育王寺处凿得佛遗骨于石函银匣之中。因是宗炳论曰："有佛事于秦晋地久矣哉。"阿育王者威力广被于印土，宣传佛法，至为尽力。其后佛书中载阿育王神迹甚多。释教入华，王之声威，当与之俱至。《开元录》载后汉支谶译有《阿育王太子坏目因缘经》一卷，西晋安法钦译有《阿育王传》五卷，晋宋之间，中夏此项传说之记载，当亦不少。东晋释昙翼以育王造像，布在四方，何其无感不能招致。乃专精恳恻，请求诚应。又释慧达，本名刘萨阿，发愿觅阿育王塔像，礼拜忏悔，自并州南游建业，礼长干阿育王故舍利塔。又至鄮县拜阿育王塔。东西觐礼，屡表征验。（上见《高僧传》。刘萨阿事亦见《珠林》卷十三及三十八，均多怪异不可信。）可见尊崇阿育，至为热烈。而阿育立八万四千塔于宇内之说，亦必风传当世。故临淄蒲坂地下所得，皆指为阿育神迹。其他如吴孙皓于建业得育王金像（见《珠林》卷十三），晋犍陀勒知洛阳山中有古寺基墌（《弘明集·后序》）。因宗教之热诚，经好事者之附会，此等故事在社会中流传蔓演，固甚易易。按魏晋佛塔，或原系中国式建筑。（见《营造学社汇刊》第四卷第一期刘敦桢复艾克教授书）掘出墓塸，认为古塔，原无足怪。至若金像，秦始皇已有制作，地下枯骨，所在皆有，不必即其所传故事，尽属虚构也。不过阿育造塔八万四千，按诸史实，并无其事。而佛陀造像在育王时，印度尚无其事（说见下）。则指为古寺，必出于教徒迷信，其失实自不待多辨也。

秦始皇与佛教

唐法琳上书驳傅奕（见《广弘明集》卷十一），引释道安、朱士行等《经录》目曰：

> 始皇之时，有外国沙门释利防等一十八贤者，赍持佛经来化始皇。始皇弗从，乃囚防等。夜有金刚丈六人来，破狱出之。始皇惊怖，稽首谢焉。

按此事南北朝前，无人道及。隋费长房《历代三宝记》卷一始载之，然未言其出于释道安及朱士行《经录》。按道安《经录》如载此事，则僧祐、慧皎等必有称述。至如朱士行《经录》，亦首见《房录》，此前罕有所闻。费长房自言亦未见其书。《三宝记》芜杂凌乱，谓朱士行曾作录，实不可信。其言出道安、朱士行录云云，乃为佛徒伪造。至若释利防来华，梁任公则以为可信，盖谓始皇与阿育王同时，阿育派遣宣教师二百五十六人于各地，或有人至中国。（见梁氏近著第一辑中卷第二页）但阿育王传教虽远及西北，而东北方面，则绝无文记。至谓阿育曾派人至缅甸传教，则据今日所知，缅甸距此三百年后乃有佛教（参看V.A.Smith ASOKA.P.44）。梁氏意似谓佛教在当时经缅甸由海道以传入我国，则亦太远于事实也。又《史记·始皇本纪》三十三年有曰：

  又使蒙恬渡河，取高阙、陶山、北假中，筑亭障以逐胡人，徙谪实之初县。禁不得祠明星出西方。（按此文句读颇多异说。一谓"禁不得祠"为一句，"明星出西方"另为一事，但语似不可通。二谓县字与悬字通，而其句读应为"初县禁：不得祠明星出西方"。但《汉书·匈奴传》引此文，谓徙谪实三十四县，则初县系初立之县，而县字非悬字也。）

日人某谓"不得"为"佛陀"之对音，所禁者乃佛祠也。（似系藤田丰八之说，但余未见原书。）按"不得"为虚字，非实字，乌能指为佛陀。据近人研究，始皇盖禁人民私祠出西方之明星。徐广曰：皇甫谧云彗星见，今按谧说非也。《汉书·地理志》，陈仓有上公明星祠，钱坫曰："《说文解字》《甘氏星经》曰：太白上公妻曰女媊，居南斗，食厉，天下祭之，曰明星。《史记·始皇本纪》三十三年，禁不得祠明星。"又按《诗·大东》毛传："日且出，谓明星为启明。日既入，谓明星为长庚。"然则《史》言明星出西方，正指日既入之长庚言，其为太白无疑。据《天官书》，太白主兵事，故秦人禁民间私祀。段玉裁注《说文》，谓"天下祭之，盖祀女媊"，亦失之。由此言之，禁不得祠，实与佛教无关也。

又宋宗少文谓三五以来，佛法早已流行，但或散没于史策，或绝灭于焚坑。（见《弘明集·明佛论》）其后佛徒多用其说。即《隋书·经籍志》亦曰，佛书久已流布，遭秦之世，所以湮灭，此均更荒诞无据，不可信也。

东方朔

释子又常谓东方朔言及劫火,已知佛法。按《汉书·朔传赞》,谓后世好事者,因取奇言怪语,附著之朔。则在东方朔死后,已多恢奇不可信之故事。且《高僧传》载此事曰:

又昔汉武穿昆明池,底得黑灰,问东方朔。朔曰,不知。可问西域胡人。后法兰既至,众人追以问之。兰云:世界终尽,劫火洞烧,此灰是也。朔言有征,信者甚众。

然在刘宋时,宗少文乃言东方朔对汉武劫烧之说,是言劫烧者,非法兰而为朔。然据《僧传》所言,朔并未识劫灰也。

张 骞

《魏书·释老志》言汉武帝时佛法始通中国。并曰:

及开西域,遣张骞使大夏还,传其旁有身毒国,一名天竺,始闻浮屠之教。

查《史记·大宛传》张博望虽言及身毒,然于浮图,则《史》《汉》均未记其有所称述。且《后汉书·西域传》曰:

至于佛道神化,兴自身毒,而二汉方志,莫有称焉。张骞但著地多暑湿,乘象而战。

据此始闻"浮屠之教"云云,系魏收依通西域事而臆测之辞,并非述骞所言也。唐时《广弘明集》引《释老志》,而改窜此文曰:

及开西域,遣张骞使大夏,还云身毒天竺国有浮图之教。

是以魏氏臆断之词,改为张骞所说。所改虽微,然道宣引书,往往点窜原文，以证实其所信。名僧如此，则无聊僧人之作伪可知。而其所流传之故事虚妄不实，盖亦可知矣。

休屠王金人

《世说·文学篇注》有曰：

《汉武故事》曰："昆邪王杀休屠王，以其众来降。得其金人之神，置之甘泉宫。金人皆长丈余，其祭不用牛羊，唯烧香礼拜。上（汉武帝）使依其国俗事之。"此神全类于佛。岂当汉武之时，其经未行于中土，而但神明事之耶？

《汉武故事》题班固撰。然与《汉书》绝不同，一览可辨。《郡斋读书志》，引唐张柬之《书洞冥记后》云，《汉武故事》王俭造，所记多出入《史》《汉》，而更益之以妖妄之言。故此书或为南北朝作品。其记帝礼金人，显暗指佛教。故刘孝标谓其时经典未行而神明事之。《魏书·释老志》亦有云：

案汉武元狩中遣霍去病讨匈奴，至皋兰，过居延，斩首大获，昆邪王杀休屠王，将其众五万来降，获其金人，帝以为大神，列于甘泉宫，金人率长丈余，不祭祀，但烧香礼拜而已，此则佛道流通之渐也。

所谓金人为大神，率长丈余，但烧香礼拜云，均隐射金人之为佛像。但《史记》《汉书》所载，均无此语。如《史记·匈奴列传》仅曰：

其明年（元狩三年）春，汉使骠骑将军去病将万骑出陇西，过焉支山千余里，击匈奴，得胡首虏骑万八千余级，破得休屠王祭天金人。

又如《卫将军骠骑列传》，亦只曰：

> 转战六日，过焉支山千有余里，合短兵，杀折兰王，斩卢胡王，诛全甲，执浑邪王子，及相国都尉首虏八千余级，收休屠祭天金人。

《魏书》谓昆邪王杀休屠王来降，获其金人，案《史记》《汉书》，获金人在元狩三年春。及秋，昆邪王始来降。则魏收所记，已有错误。而列之甘泉宫，烧香礼拜，则全不见于《史记》《汉书》。又按匈奴俗祭天为大事。《史记·匈奴列传》曰：

> 岁正月，诸长小会单于庭祠。五月大会茏城，祭其先、天地、鬼神。秋，马肥，大会蹛林，课校人畜。

《后汉书·南匈奴传》曰：

> 匈奴俗岁有三龙祠，常以正月、五月、九月戊日祭天。（中略）因会诸部议国事。

据此则霍去病所获之金人，并非佛像而为祭天神主。《史记》谓匈奴单于尝自称天所立大单于，或天地所立，日月所生大单于。其称号虽拟配中国之天子，但亦见其俗之敬天也。《前汉书·金日䃅传赞》曰："休屠作金人，为祭天主。"其后《史》《汉》诸家注解，多以休屠王金人为祭天之主。故裴骃《集解》引三国如淳曰："祭天为主。"《集解》又有曰："骃案《汉书音义》（三国孟康撰）曰，匈奴祭天处本在云阳甘泉山下，秦夺其地，后徙之休屠王右地，故休屠有祭天金人像，祭天主也。"《史记索隐》引吴韦昭之言亦同。韦昭云："作金人以为祭天主。"是盖皆以金人为祭天之神主。然三国时张晏乃云，佛徒祠金人也。而后魏崔浩亦同此说。如《史记索隐》

曰："崔浩云，胡祭以金人为主，今浮图金人也。孟说（指孟康《汉书音义》）恐不然。案得浮图金人后置之于甘泉也。"考汉末魏初，笮融作佛像，以黄金涂之，必颇为当时人所传说。张晏之言，或因此而误断。崔浩则去汉已远，其时佛法兴隆，更易联想及之，其言更不可据。日人羽溪了谛，在大正七年十月发刊之《史林》中，曾著文论及，谓当武帝时代，印度尚未有佛像之制作，休屠金人，决非佛像，此实为最有力之证明。又案金日䃅本休屠王太子，降汉后，因其国祭金人，故赐姓金（见《汉书·日䃅传》）。如金人为佛像，则日䃅或奉释教，史书不致全无记载。又甘泉山金人，似有二处，一在甘泉宫，扬子云《甘泉宫赋》有曰：

　　　金人仡仡，其承钟虡兮，嵌岩岩其龙鳞。扬光耀之燎烛兮，垂景炎之炘炘。配帝居之县圃兮，象太一之威神。

盖秦汉宫殿取象天帝之居。故班孟坚《西都赋》曰："其宫室也，体象乎天地，经纬乎阴阳，据坤灵之正位，仿太紫之圜方。"按天上紫微宫有十二藩，故宫中又常列金人十二，以取则之。（《西都赋》又有曰："立金人于端闱。"李善注云，《史记》始皇铸十二金人置宫中，又引《三辅黄图》曰，秦营宫殿，端门四达，以则紫宫。）观子云赋中所言，甘泉亦效法太一紫宫，且立金人，想亦数为十二，以象十二星宿也。仡仡者，孔安国《尚书传》曰，壮勇之貌也。甘泉金人想顶载钟虡，故称为仡仡。又《太平御览·礼仪部》引《汉旧仪》："汉法三岁一祭天于云阳宫甘泉坛。"则甘泉更应象天帝之居。据此，金人乃象太一之威神，其非西方之佛也又审矣。又甘泉或亦另有匈奴祭天金人，与径路祠在一地。考《括地志》（孙星衍辑本），谓汉甘泉宫在雍州云阳县西北八十里（一作八十一里）。径路神祠，在雍州云阳县西北九十里甘泉山下，本匈奴祭天处，秦夺其地，后徙休屠右地。而《汉书·地理志》云阳县下注曰，有休屠金人及径路神祠三所。此休屠金人，无论为霍骠骑所获，或秦朝匈奴故址，然当与径路神祠在一处，距县九十里，与县西北八十里之甘泉宫当无关也。（参看《三宅博士纪念论文集》，白鸟库吉关于休屠故地一文。）

综上所言：（甲）《史记》《汉书》并未言及武帝列休屠丈余金人于甘泉，烧香礼拜。（乙）《汉书·金日磾传赞》，有立金人为祭天主之言，其后注解多有从之者。（丙）汉武帝时，印度未有造佛像之事。（丁）金日磾乃休屠太子，无奉佛传说。（戊）甘泉宫乃象紫微宫之十二星。而休屠金人与径路祠则同另在一地。由此五证，《释老志》所言之虚妄可知也。

刘向叙列仙

《世说·文学篇注》曰：

> 刘子政《列仙传》曰，历观百家之中以相检验，得仙者百四十六人。其七十四人，已在佛经。故撰得七十，可以多闻博识者遐观焉。如此即汉成哀之间，已有经矣。

据清王照圆校《列仙传》有七十二人，上文"撰得七十"乃"撰得七十二"也。又上文谓乃自《列仙传序》略出。故刘宋宗炳《明佛论》有曰：

> 刘向《列仙》叙，七十四人在佛经。

此序又称为赞，《颜氏家训·书证篇》有云："《列仙传》刘向所造,而《赞》云七十四人出佛经。盖由后人所羼,非本文也。"南宋时志磐谓其所见之传,犹有此语。但佛经已改为仙经(详《佛祖统纪》卷三十四)。而现在通行版本,则已无七十四人出于佛经或仙经之语。盖此书曾历经道士改窜也。

永平求法传说之考证

永平求法之传说

汉明帝永平年中，遣使往西域求法，是为我国向所公认佛教入中国之始。兹据南朝前之记载，先分疏其事迹，再详论此传说之真伪。

依今日所知永平求法，最早见于牟子《理惑论》（载于《弘明集》），《四十二章经序》（《祐录》六载六），及《老子化胡经》（《广弘明集·笑道论》第十四）。此外石赵时王度《奏疏》（《高僧传·佛图澄传》），东晋袁宏《后汉纪》（卷十），刘宋宗炳《明佛论》（《弘明集》），范晔《后汉书》（卷百十八），南齐王琰《冥祥记》（《珠林》卷十三），萧梁时僧祐《出三藏记集》（卷二），慧皎《高僧传》（卷一），陶弘景《真诰》（卷九），北魏郦道元《水经·谷水注》，杨衒之《洛阳伽蓝记》（卷四），《魏书·释老志》，以及元魏僧徒所伪造之汉《法本内传》（见《法苑珠林》《广弘明集》及《佛道论衡》等，《续论衡》广引其文）。其余六朝人士言及之者，尚不乏人。

东汉末牟子作《理惑论》，凡三十七章。其第二十章，述汉地始闻佛道。兹录其全文，并附以他书所载异说。

　　昔孝明皇帝。

按各项记载均不载年月。仅《化胡经》谓永平七年遣使，十八年还。《法本内传》作三年感梦。而《广弘明集》卷一所引之《吴书》，谓在十年。隋费长房《三宝记》作七年感梦，十年还汉。并引陶弘景《帝王年谱》（《隋志》著录）称十一年梦金人遣使。

　　梦见神人，身有日光，飞在殿前。

按《四十二章经序》作身体有金色，项有日光。《化胡经》：长丈六尺，项有日光。袁宏：梦见金人长大，项有日月光。范晔：金人长大，顶有光明。王琰：形垂二丈，身黄金色，顶佩日光。慧皎：夜梦金人，飞空而至。郦道元：梦见大人，金色，顶佩白光。杨衒之：帝梦金人，长丈六，项背日月光明。《释老志》：顶有白光，飞行殿庭。

　　欣然悦之。明日，博问群臣，此为何神。

按《真诰》略同。《经序》有"意中欣然，甚悦之"。余均无此句。有通人傅毅曰。

按《经序》《化胡经》《高僧传》《释老志》均同。余仅作"或曰"。

臣闻天竺有得道者，号之曰"佛"，飞行虚空，身有日光，殆将其神也。

按《化胡经》，毅对曰，西方胡王太子成道佛号。（一本号下有佛字，此处疑有脱误。）王浮盖虚构事实，谓释迦于汉代乃成道也。其余各书，均略同牟子所记。

于是上悟，遣使者张骞（丽本据晚出传说改此四字为中郎蔡愔。此依宋元明宫本。《世说》注引《牟子》无张骞名）、羽林郎中秦景、博士弟子王遵等十二人，于大月支写佛经四十二章。

按《经序》《真诰》略同。惟"羽林郎中"，《序》作"羽林中郎将"。余多仅言遣使，不书人名。南齐王琰，谓使者只蔡愔一人。《祐录》七，王僧孺《慧印经序》曰："王遵之得《四十二章》[1]。"《僧传》，求法者为郎中蔡愔、博士弟子秦景，《释老志》从之。《真诰》原注有曰，遣侍中张堪，或郎中张愔，并往天竺，写致经像，并沙门来，云云。至若《后汉纪》，则不言遣使，仅谓明帝问其道术。（《御览》引《袁纪》则言遣使天竺，问其道术，恐系后人增加。）《后汉书》，则谓遣使天竺，问佛道法。《化胡经》所载独不同。其言曰，明帝即遣张骞等穷河源，经三十六国，至舍卫，佛已涅槃，写经六十万五千言，至永平十八年乃还。盖谓佛在汉时成道，于明帝世入灭。因浮图既后于老子，则化胡之说有根据也。

藏在兰台石室第十四间。

---

[1] 《四十二章》即《四十二章经》。——编者注

按牟子不记迦叶摩腾等随蔡愔来华事。《四十二章经序》《化胡经》《后汉纪》均同。至南齐王琰《冥祥记》，始记蔡愔将西域沙门迦叶摩腾等赍优填王画佛像至。《高僧传》从之，唯作摄摩腾，《释老志》同。

又有可注意者，牟子言于大月支写佛经归，藏在兰台第十四间。《经序》略同。又《祐录》二，首言张骞远使西域于月氏写经四十二章，次又言于月支遇沙门竺摩腾，译写此经还洛阳。均谓经系译于月氏。《水经注》曰："发使天竺，写致经像，始以榆栌盛经，白马负图，表之中夏。故以白马为寺名。此榆栌后移在城内愍怀太子浮图中。近世复迁此寺。"《伽蓝记》曰："寺上经函，至今犹存，常烧香供养之，经函时放光明，耀于堂宇，是以道俗礼敬之，如仰真容。"

时于洛阳城西雍门外起佛寺。

按《经序》作起立塔寺，亦未言及寺名。王琰乃言及白马寺。《僧传》则更言外国有白马，绕塔悲鸣，故寺多以白马为名。《水经注》《伽蓝记》均谓白马寺在西阳门外。西阳一名雍门，乃洛阳西门之一也。又按白马寺之名，始见于西晋竺法护译经诸记中。太康十年（公元289年）四月译《文殊师利净律经》，十二月出《魔逆经》，均在洛阳城西白马寺。（均见《祐录》七）永熙元年（公元290年）译《正法华》，亦在洛阳白马寺。（祐录八）上距汉永平之世，已二百余年。牟子虽未载寺名，然地望恰合，则应亦指白马寺。又按竺法护译经，常于长安青门内白马寺。（《须真天子经记》见《祐录》七）东晋时支道林常在建业白马寺。则汉晋间寺名白马，或实不少。《名僧传》目录称摩腾等住兰台寺，则显由藏书石室之说而来。

于其壁画千乘万骑绕塔三匝。

按《经序》无此句。《僧传》白马绕塔悲鸣，或与此传说有关。

又于南宫清凉台及开阳城门上作佛像。明帝存时，预修造寿陵，陵曰显节，亦于其上作佛图像，时国丰民宁，远夷慕义，学者由此而滋。

按《经序》无此段。后汉书纪均仅有于中国图其形像之语。《冥祥记》《高僧传》均有之。并谓原来佛像是优填王所作。（《高僧传》作倚像，《魏书》立像。）

又按《高僧传》一《竺法兰传》，谓竺法兰与摩腾俱至洛阳："译《十地断结》《佛本生》《法海藏》《僧本行》《四十二章》等五部，移都寇乱，四部失本，不传江左，唯《四十二章经》今见在，可二千余言，汉地见存诸经，唯此为始也。"至若《祐录》卷二则不载竺法兰之名，并未著录其所译之经。

综上所述，永平求法传说，盖可分为三系：（一）牟子系。此以牟子《理惑论》所言为最早。（《四十二章经序》或更早，说见后。）《四十二章经序》与之大同。晋袁宏、宋范晔或采此说。梁陶弘景之《真诰》，则直抄《经序》之文。此系记载谓汉明感梦遣使，于月氏写经而归，并图佛像。考《水经注》《伽蓝记》均未载摩腾等在洛阳译经之事，二书均详叙赍经回华之榆樷，似亦谓经译于西域，故亦可入此系。（二）《化胡经》系。此据求法之说，屡入佛陀成道涅槃之年，以证其远在老子之后。（三）《冥祥记》系。此于原说又增记摩腾等来华译经，使者为蔡愔一人，而非张骞等三人。《真诰》子注中亦引同类记载。《高僧传》乃不仅详记摩腾事，并益以竺法兰之传说。《汉法本内传》者当系南北朝末伪造之书，且复于求法译经之外，更加与道士斗力之怪事。至若僧祐《出三藏记集》卷二则既言经译于月氏，而又言及摩腾（不载竺法兰），则依违一、三两说之间，态度实颇模棱也。

求法传说之考证

考证求法传说之真伪，当分七端说之：一、佛法不始于明帝；二、《四十二章经》之早出；三、明帝求法之真伪；四、蔡愔摩腾事之迟见；五、竺法兰事之无征；六、求法说非王浮所假造；七、余论。

（一）西晋王度上石季龙奏议曰，汉明感梦，初传其道。（《高僧传·佛图澄传》）其后历代人士，多从此说。唐韩文公奏议，亦言汉明帝时始有佛法。而谏迎佛骨一文，既为后人所传诵，故此说更认为定案。然使永平年前，未传佛法，则不但哀帝时伊存已授佛经（见鱼豢《魏略·西戎传》，下详），明帝时，楚王英已为桑门伊蒲塞设盛馔（见《后汉书·楚王英传》，下详），其时已有奉佛者在。且即就此传说本身言之，傅毅已知天竺有佛陀之教，即可证当时朝堂已闻有佛法。此则不但宋人范镇《东斋记事》已有此疑，即六朝人士，早持斯论。（僧祐《弘明集后序》即有此意）

（二）按《四十二章经序》，大藏经常刊之于本经首端。梁僧祐《出三藏记集》卷六载其全文。其所记与牟子所载事实仅略有出入，文字亦且大同小异。此必非偶然之相同，或其一为底本，而其他系抄袭。依今考之，则牟子所记，实本于《经序》。其证有二：一曰，牟子之文较整洁，而其事迹则较增多也。《经序》"意中欣然悦之"牟子无"意中"二字。《经序》称所梦神人"身体有金色，项有日光，飞在殿前"，后傅毅对曰："佛轻举能飞，殆将其神也。"牟子于神人仅言"身有日光飞在殿前"，而傅毅之对，则为"飞行虚空，身有日光，殆将其神也"。以二文相比校，则牟子前后照应周到，较之《经序》为文，整饬多矣。又《经序》末仅言起立寺塔。至若塔在雍门外，及于南宫开阳门显节陵上画像，则只牟子载之，似系抄袭原文，而又为之增益也。二曰，牟子作《理惑论》时，盖常引及《四十二章经》。如论第四曰：

立事不失道德，犹调弦不失宫商。

此引经沙门夜诵经甚悲之文也。论第十一曰：

有道虽死，神归福堂。

此似取《经》中浊水喻章之言（此据丽本）。论第二十五曰：

吾自闻道以来，如开云见白日，炬火入冥室也。

经中亦有"夫为道者，譬如炬火入冥室中"之言。夫《理惑论》，篇幅颇短，其中所用典故，出《庄》《老》诸书者较多，援用佛经者实颇少，而其中乃引《四十二章经》三次，其曾熟读此《经》可知也。意者牟子作论时，箧中或有此经，而其所言汉明故事，则就《经序》修改增益者也。

（三）吾前分求法记载为三系。兹先就牟子系传说先论之。汉明帝求法之说，实有可疑。感梦遣使，事颇神怪，一也。永平八年，楚王英已为沙门伊蒲塞设盛馔，则其奉佛应更早，或竟在光武之世。明帝为太子时，英独归附太子，甚相亲爱。（见《后汉书·楚王英传》）英于光武世如已与释氏游，明帝或已知之。则感梦始问，应是谰言，二也。遣使三人中，有张骞最为可异，《真诰》原注中解之曰："按张骞非前汉者，或姓名同耳。"然姓名既同，西游又同，似非偶合，此可疑者三也。

求法故事，虽有疑问。但历史上事实常附有可疑传说，传说固妄，然事实不必即须根本推翻。释迦垂迹，神话繁多。素王御世，谶纬叠出。然吾人不能因神话谶纬，而根本否认乔答摩曾行化天竺，孔仲尼曾宣教华夏也。谓求法故事附会妄谬为一事，谓全系向壁虚造，则另为一事。吾人不可执其疑点，以根本否认其故事之全体也。（甲）按牟子汉末作《理惑论》（说详下），上距永平不过百余年。《四十二章经》则桓帝以前亦已译出（说亦详下），《经序》或已早附入，上距永平更近，或且不及百年。此推证若确，则其记载出于佛徒，虽或有虚饰，然不应全属无稽，无中生有也。（乙）且牟子称立寺于城西雍门外，此即北魏郦善长所指为白马寺之地址。而西晋竺法护译经于洛阳白马寺，其出经记亦谓在洛阳城西。（《祐录·文殊净律经记》《魔逆经记》）则牟子虽未记寺名，而汉末或已以白马名此寺。考寺院固辄妄取往昔高僧为开山祖，后世信之不疑。然此概因年代已远，叠经变迁之故。至于汉末去中兴不远，京师又未遭浩劫，牟子如知有白马寺，则东汉初造，创立此寺，亦非不可能。（丙）世人又据《后汉书·西域传》谓永平十六年以前，汉与西域交通中绝者六十五载，故永平十六年前，遣使求法为必无之事。（详梁任公近著第一辑中卷）然《牟子》《经序》本不书年岁。其年岁则出于《化胡经》《法本内传》等，皆系晚出，且为伪书。依《牟子》诸书所载，则不能谓其必在十六年前。且西域交通中绝一语，系指汉不置都护而言。考王莽建国元年，至永平十六年，六十五载间，中国国际交通，并未断绝。如王莽天凤三年李崇等出西域，其时西域诸国尚郊迎送兵谷。光武建武十四年，莎车国鄯善国遣使奉献。二十一年鄯善等十八国遣子入侍。凡此可证王莽光武时，中华西域仍有信使往还。即在永平三年，休莫霸与汉人韩融等杀都末兄弟，自立为于寘王，则永平间西域与汉人犹有交通。（上详《学衡》第二期柳诒徵《评梁任公中国佛教史》）按《后汉书·西域传》原文略曰：

  武帝时，西域内属。……王莽篡位，贬易侯王。由是西域怨叛，与中国遂绝，并复役属匈奴。

是则绝者为役属之关系。又传中谓交通中绝，及西域三绝三通等，按其全文均不能指为汉人不能西游，是则明帝遣使求法，又可知非绝对不可能之举矣。

  综上所言求法故事，虽有可疑，然不能因此即斥《牟子》《经序》所传说，毫无根据。至若果何所据，而加以附会，杂以误传，则书阙有间，非二千年后人所应妄度。凡治史者，就事推证，应有分际，不可作一往论断，以快心目。求法故事，虽有可疑，而是否断定即全无其事，则更当慎重。昔者王仲任著《论衡》，《书虚》《语增》分为二事。汉明求法之说，毋宁谓语多增饰，不可即断其全属子虚乌有也。

（四）牟子《理惑论》作于汉末，《四十二章经序》出世，或更早。此中仅言四十二章写于月氏。至若袁彦伯仅言明帝问其道术。范蔚宗亦只谓遣使天竺，问其道法。盖均未载蔡愔将佛像与沙门还国之事。依今日所知，摩腾东来，首见于北齐太原王琰之《冥祥记》。此书所志诡异，本不可尽信。而求法一条显系抄录三种旧记而成。其全文曰：

> 汉明皇帝梦见神人，形垂二丈，身黄金色，项佩日光，以问群臣。或对曰，西方有神，其号曰佛，形如陛下所梦，得无是乎。于是发使天竺，写致经像，表之中夏。

此段文字，颇与《水经注》相同，仍大体循《经序》《牟子》之最初传说。《冥祥记》续曰：

> 自天子王侯咸敬事之，闻人死精神不灭，莫不惧然自失。

此段见于《后汉纪》，仍为晋人所传。然《冥祥记》又曰：

> 初使者蔡愔将西域迦叶摩腾等赍优填王画释迦佛像，帝重之，如梦所见也。乃遣画工图之数本于南宫清凉台及高（应作开字）阳门显节寿陵上供养。又于白马寺壁画千乘万骑，绕塔三匝之像，如诸传备载。

图像画壁均见《牟子》。然所述蔡愔摩腾一段，则不见于向日叙述。去张骞、秦景、王遵三人，而易以蔡愔，复加一摩腾故事，构成后世公认求法之史实。然王琰既言如诸传备载，则此条可证为抄集而成。蔡愔摩腾故事，显更为晚出之事实。刘宋以前既不见于正史，又为佛家所未称述，则其说之不可信，盖可知矣。

复次，蔡愔一事疑本另出一源。查《四十二章经序》并未言画像。牟子虽言及而不言来自西域。《高僧传·兴福篇》论曰，"蔡愔秦景自西域还至，始传画甄释迦，于是凉台寿陵并图其像"，可知蔡愔原与优填王画像有密切关系。明帝遣使，最初所得者为经，是认为传法之始。笮融以后，造像供养，成为风气。立塔则称道阿育，画像必本诸优填。阿育之塔既相传遗迹遍布神州。优填之像亦自不能不称其早已来中夏。既信其早传东土，则须明述原委，以起信心，蔡愔故事想由此创始。其后复因信佛法始于汉明，因而于传经之外，复增赍像之文。又两晋以后经像俱常随外国僧人俱至，或因此而更附会蔡愔赍像，摩腾偕来欤？

（五）摩腾译经，刘宋以前所不知，已难置信。然《高僧传》复于摩腾之外，叙及竺法兰，则更为可怪。《冥祥记》无法兰之名。《祐录》著录《四十二章经》，并系之于竺摩腾，而于竺法兰所译经，概不列入。夫僧祐与慧皎先后同时，僧祐独不采取竺法兰出经事，则其怀疑可推而知。《高僧传》谓兰译经五部，有《十地断结》。按罗什以前十地通译十住，此曰十地，其伪可知。又兰所译书，不见两晋南北朝各家经录。至隋《长房录》始著录，并言见朱士行《汉录》及《名僧传》（一本无名字）。士行作录，本属无稽。而《三宝记》卷十五末，自言未见朱士行《汉录》。长房之书，采集至为芜杂。其言见于《汉录》，想亦妄据一种伪书（疑如《汉法本内传》之类）。由此可证，长房以前，法兰所出，概不为谱录家所信也。又《僧传》兰所出五部之内，有《四十二章经》，而《房录》仅列之摩腾录中，而别谓兰译有《二百五十戒合异》二卷（注见别录）。实则

《合异》造自东晋竺昙无兰，今其书虽佚，然其自序，固赫然载入《祐录》卷十一中也。

（六）世人考证永平求法之说，多不知其有各种不同之传说，又不先推究其先后。梁任公著论（见《梁任公近著》第一辑中卷）详定各说之先后，谓《四十二章经》，实吴晋间伪作。其序又在其后。《牟子》则晋宋作品。此外东晋有王度奏疏，袁宏《后汉纪》。而《老子化胡经》作于西晋，年代则特早。故梁氏谓《化胡经》所载，为各说之根据。而求法故事，乃此经作者道士王浮所伪造。但《四十二章经》乃汉代所出，《理惑论》亦汉末著作。（待下详）《化胡经》实采取佛书，以为释迦死于汉明帝之世，以成就老子化胡之说，是求法之说，非王浮所伪造，一也。若道士造求法之事，而释子乃因袭其说，愚谬至此，殊不可解，二也。王浮与帛远同在晋惠帝末年（《高僧传》卷一），而王度为石虎著作郎，袁宏为桓温记室，其年代相差不远。使永平求法事，为王浮伪造，何至一则掇入奏牍，一则载于史书。况袁宏之作《后汉纪》，自谓集前史数百卷，正其错误异同，更何能采集之荒妄若是，永平求法事，非创自王浮，观此益信，三也。

（七）依上所论，汉明求法，吾人现虽不能明当时事实之真相。但其传说，应有相当根据，非向壁虚造。至若佛教之流传，自不始于东汉初叶。明帝虽曾奖励此新来之教，然其重要，亦自不如后日所推尊之甚。至若后世必定以作始之功归之明帝，则亦有说。盖释迦在世，波斯匿王信奉三宝，经卷传为美谈。其后孔雀朝之阿输迦，贵霜朝之迦腻色迦，光大教化，释子推为盛事。东晋弥天释法师亦曾曰，不依国主，则法事不立。汉明为一代名君，当时远人伏化，国内清宁（《四十二章经序》中语），若谓大法滥觞于兹，大可为僧迦增色也。

南北朝时，佛与道相争先后，佛徒谓释迦于周昭王二十四年出世，穆王五十二年涅槃，初视似无理由。但亦或亦与永平求法有关。查《周书异记》有曰：

> 周昭王时有圣人出在西方。太史苏由对曰，所记一千年时，声教被及此土。

查自穆王五十二年至汉光武二十三年恰约一千岁。按晋慧叡《喻疑论》（《祐录》五），"孝明之世，当是像法之初"。佛典传说，常谓正法五百年（昙摩谶之说也，见《文选·头陀寺碑文》李善注中，慧叡《喻疑论》从之）。但亦有谓正法一千者，依此则明帝求法，正当像法之初。佛徒捏造事实，谓佛生于周昭王时，或亦因此种关系欤。

《四十二章经》考证

《四十二章经》译出传说

梁《高僧传》引记曰，腾（摄摩腾）译《四十二章经》一卷。又谓竺法兰译经五部，唯《四十二章经》尚行江左。是则《四十二章经》依慧皎言，乃摩腾法兰二人共译也。隋《开皇三宝记》（《历代三宝记》之原名）引梁宝唱曰，是经竺法兰所译。而梁僧祐作录则不著竺法兰之名，谓经乃竺摩腾译。是梁时于本经译出之人，本无定说也。又《僧传》谓经在洛阳出，而僧祐谓于大月氏译讫还国。是梁时于本经译出之地，亦无定说也。盖汉明求法故事，牟子系传说较早，亦较可信。《冥祥记》系出世晚，而事益荒诞。梁时诸师，兼取诸说，互有异同，故其言亦复互异也。依上章所论，牟子所传，虽有疑义，但绝非全诬。若据其所言，斯经译于月氏，送至中夏也。又《经序》及牟子均言译经四十二章。而《祐录》有曰，《旧录》云："《孝明皇帝四十二章》。"则此经旧名，或本未称为经，而首加孝明皇帝四字也。（隋二种众经目录，原均无经字。）

今考证《四十二章经》，当分四段述之。一、经之早出。二、刘宋时经有二本。三、此书叠经历代之改窜。四、经之性质。

《四十二章经》出世甚早

《四十二章经》世颇有疑其出世甚晚，而为中国人所自著者。梁任公（近著第一辑中卷）论之曰：

隋费长房《历代三宝记》本经条下云：

"《旧录》云，本是外国经抄，元出大部，撮要引俗，似此《孝经》十八章。"

此言经之性质最明了。盖并非根据梵文原本，比照翻译，实撮取群经精要，摹仿此土《孝经》《老子》，别撰成篇，质言之，则乃撰本而非译本也。

按长房所引《旧录》，不知为何人之书。但其言经系"外国经抄"，自非中土编撰，实可了然。查今日所存巴利佛经，亦不乏此种类似《孝经》之文体。如 Suttanipāta 集合佛说多章而成。其中诸章恒甚短且往往见于《阿含》及其他大部中。则 Suttanipāta 者，亦实可谓为外国之经抄也。又魏晋诸师，言外国常抄集大经以为要略，固有其人。三国时失名之《法句经序》（《祐录》七），谓佛说原有十二部经，四部《阿含》：

是后五部沙门，各自钞采经中四句六句之偈，比次其义，条别为品。于十二部经靡不斟酌，无所适名，故曰《法句》。

晋道安《道行经序》（同书卷七）有曰：

佛泥曰后，外国高士钞九十章为《道行品》。

又其《道地经序》（同书卷九）曰：

于是有三藏沙门，厥名众护，仰惟诸行，布在群籍，俯愍发进，不能悉洽，祖述众经，撰要约行，目其次序，以为一部二十七章。

孝明皇帝时书亦系从大部中，撮要抄为一部、四十二章，不得因其类似《孝经》，而谓为中国所撰也。

汉明求法事，因年代久远，书史缺失，难断其真相。但东汉时，本经之已出世，盖无可疑。东晋时，郗超撰《奉法要》（《弘明集》），三国时，《法句经序》（《祐录》七），已引本经（详下文）。汉末牟子作《理惑论》，似亦曾援用（已详上章）。是汉晋间固有经四十二章，为佛学界所得诵读。而最早引用本经者，则为后汉之襄楷（参看观古堂刻宋真宗注《四十二章经》叶德辉序）。襄楷延熹九年（公元166年）上书桓帝（《后汉书》六十下）曰：

浮屠不三宿桑下，不欲久，生恩爱，精之至也。天神遗以好女，浮屠曰，此但革囊盛血，遂不盼之。其守一如此。

此中不三宿桑下，即本经树下一宿之言。革囊盛血云云，系引经革囊众秽一章。则后汉时，已有此经，实无可疑。桓帝延熹九年（公元166年）至明帝时（公元58年至公元75年）约百余年。明帝时于大月氏写译此经，或亦可能之事也。

按现存经录，以僧祐《出三藏记集》为最早，《四十二章》已

见著录。其言曰:

> 《四十二章经》一卷,《旧录》云,《孝明皇帝四十二章》,安法师所撰录阙此经。

安法师者,谓释道安。道安于东晋宁康二年(公元374年)撰《综理众经目录》。僧祐谓安公"始述名录,铨品译才,标列岁月,妙典可征,实赖伊人"。(上均见《祐录》二)道安乃一代名师,与各地广通声气。其作录时,已离河北,南居襄阳将十年。其在河北时,竺道护送以《大十二门经》。及至襄阳,慧常自北鄙之凉州送《光赞》等经展转到达。竺法汰在杨都,安公曾托其造露盘。又常与法汰问答往复。(上杂见《祐录》,参看《僧传》道安法汰及竺僧敷传。)江南河北,如有此经,安公应可知及。

查三国时《法句经序》,及晋郗超《奉法要》,均引《四十二章》(下详)。又在晋成帝时,沙门支愍度作有佛经目录。《祐录》载其《合首楞严经记》,内谓汉支谶译有《小品》《阿阇贳》《屯真》《般舟》四经。而《祐录》支谶录下有此二条(小注均出自原书):

> 《伅真陀罗经》二卷。(旧录云,《屯真陀罗王经》。别录所载,安录无,今阙。)

> 《阿阇世王经》二卷。(安公云,出《长阿含》。旧录,《阿阇贳经》。)

此云伅旧录作屯,世旧录作贳。均与支愍度《合首楞严经记》所载相符。可见僧祐所指之旧录,为愍度所作。其录在安录之前,或且作于江南。僧祐谓《四十二章》见于《旧录》。则安公时已有斯经,断可知也。

郗超愍度均约与安公同时。而安公经录，竟缺此经，其故极难解索。然大凡翻译，后出者胜。吾人今于读西洋典籍，已不必求明清二代之所译。而前代所译，因渐澌灭。今日求之，常最难得。东晋去东汉已三百年，古人传抄，流传已难。安公草创，智者千虑，究有遗失。又安公自序其经录曰（《祐录》五）：

> 此土众经，出不一时。自孝灵光和以来，迄今晋康宁（应是宁康）二年，近二百载。值残出残，遇全出全，非是一人，难卒综理，为之录一卷。

今按此文所谓值残出残云云，疑谓安公就所亲见之经，无论残简全篇，均著于录。安公治学精严，非亲过眼，则不著录。故自知遗漏者不少。故谓若欲综理已出一切经典，自知非一人所能为。夫安公之世，《方等》风行，经出更多。《四十二章》，为常日所不备。安公固未见之，遂未著录，或亦意中之事也（又据上文安录断自汉灵之世，《四十二章》出于灵帝之前，故未录也）。

《四十二章经》译本有二

梁任公疑《四十二章经》为伪书。盖因其不似汉译文体，其文字优美，谓应于三国两晋时求之。梁先生此说亦非确论。

第一汉代称佛为浮屠（或浮图），沙门为桑门，旧译须陀洹、斯陀含、阿那含及阿罗汉，为沟港（一作道迹）频来（一作往来）不还及无著（或应真，或应仪，此见《祐录》一）。按现存本经已曰佛，曰沙门，曰须陀洹等，则其经之非古可知。但旧日典籍，唯藉抄传。浮屠等名，或嫌失真，或含贬辞。后世展转相录，渐易旧名为新语。即出《祐录》称天竺字为胡文，元明刻经，乃改为梵，可以为证。（参看《开元录》安清条下。又后汉末译经已用佛与沙门二译名。但僧会《法镜经序》，严佛调作浮调，仍用汉时浮图旧译。须陀洹四名亦见于安世高译之《七处三观经》。）

第二现存经本，文辞优美，不似汉译人所能。则疑旧日此经，固有二译。其一汉译，文极朴质，早已亡失。其一吴支谦译，行文优美，因得流传。按《大周经录》卷八曰：

《四十二章经》一卷（初译六纸），

右后汉明帝代永平十年迦叶摩腾共竺法兰于白马寺译，出《长房录》。

《四十二章经》一卷（第二出），

右吴支谦译，与摩腾译者少异。

《四十二章经》（第三出），

右见《长房录》。

上三经同本别译。

查《长房录》本经仅有第一第二出，更无第三出。但别又著录《五十二章经》一卷。《周录》之第三出，或系五十二章之讹误。至于支谦所译，则长房所记如下：

《四十二章经》一卷，第二出，与摩腾译者小异，文义允正，辞句可观，见《别录》。

按《长房录》卷十载搜寻所得前代经目六家，及未尝见之二十四家。《别录》者在长房所目见之六家中。长房言此录有二卷十篇，上卷三录，下卷七录（但缺其第五）。并各详其部卷数目。《三宝记》中广引用之。但至宋朝为止。因此而长房曰，未详作者，似宋时述（梁任公谓为支愍度所撰非也）。据此则刘宋时，《四十二章》犹存二译。一者汉代所译，一者吴支谦所出。《别录》作者谓此二本少异。汉译文句，想极朴质。而支谦所译，"则文义允正，辞句可观"。刘宋以后，汉译辞劣，因少读者，或即亡佚。支谦所出，则以文章优美，而得长存。但古人写经，往往不著译人。（参看《祐录·失译经录》序）而摩腾译经为一大事，因遂误以支谦所出，即是汉译，流传至今，因袭未改。故今存之经，梁任公读之，谓其文字优美，不似汉代译人所能办也。

以上推论，似涉武断。但合汉晋所引本经考之。则有二古本，实无可疑。后汉襄楷疏曰：

浮屠不三宿桑下。

高丽藏经本曰：

日中一食，树下一宿，慎不再矣。使人愚蔽者，爱与欲也。

襄疏曰：

天神遗（浮屠）以好女。浮屠曰，此但革囊盛血，遂不盼之。

宋藏曰：

天神献玉女于佛，欲以试佛意，观佛道。佛言，革囊众秽，尔来何为。……去，吾不用汝。（下略）

三国时《法句经序》云：

唯值佛难，其文难闻。

宋板经曰：

得睹佛经难，生值佛世难。

西晋郗超《奉法要》引经云：

  佛问诸弟子，何谓无常。一人曰，一日不可保，是为无常。佛言，非佛弟子。一人曰，食顷不可保，是为无常。佛言，非佛弟子。一人曰，出息不报，便就后世，是为无常。佛言，真佛弟子。（此段或出汉译，佛字或原系浮屠，经后人改正。）

丽本经曰：

  佛问诸沙门，人命在几间。对曰，在数日间。佛言，子未能为道。复问一沙门，人命在几间。对曰，在饭食间。去，子未能为道。复问一沙门，人命在几间。对曰，在呼吸间。佛言，善哉，子可谓为道者矣。

《四十二章经》，汉晋间有不同之译本，观上所列，甚可置信。译出既不只一次，则其源出西土，非中华所造，益了然矣。

《四十二章经》之叠经改窜

梁任公又谓《四十二章》，颇含大乘教理，其伪作者，深通老庄之学，怀抱调和释道思想。此则未稽考本书版本之历史，而率尔立言。盖此经历经改窜，其大乘教理，与梁氏所指之老庄玄学，乃后世所妄增，非唐以前之旧文也。

《四十二章经》之版本有十数种，文字出入，多寡不等。但可析为三系。一曰丽本。宋元宫诸本大同。一曰宋真宗注本。明南藏始用之。唯仅录其经文，及其序，至若小注，则未刊入。明正统五年僧德经等刻本，亦遵南藏，只载其师马鞍山万寿禅寺僧道孚之序，及僧道深之跋，而未刊注本之序。至乾隆四十六年辛丑，诏译为满文，后又命翻为藏文、蒙文。（《四体合璧四十二章经跋》及质郡王府本之跋）亦均用真宗之本。一曰宋守遂注本。明僧智旭之《解》，了童之《补注》，道霈之《指南》，清僧续法之《疏抄》，均用之。而道霈《三经指南凡例》，谓云栖大师言，藏经之本未妥，宜用守遂注本。盖自明以来，藏经所载为宋真宗注本正文。其全本则光绪乙巳观古堂曾刊之。而世俗久已流行者，为守遂注本，金陵刻经处印行者，亦是也。二者皆失真，经后人所改窜者。而守遂注本为尤甚。

何以知守遂注本之大失本真耶。盖丽本者，出于北宋初蜀版。而蜀版必系采唐以来所公认之一切经。按《初学记》卷二十三引本经曰："僧行道，如牛负行（原文夺行字）深泥中，疲极不敢左右顾"，此文与丽本同。而守遂注本则改为"如牛负重行深泥中，疲极不敢左右顾视"。又唐初玄应本经《音义》，载"输敬"及"棨筭"二语。输敬丽宋元官四本均有之。而守遂乃改为愈敬。"棨筭"二字当即四本"深弃去垢"句中之深弃二字（明本作深垂）之原文。而守遂本，必因见其文难通，而改为"去滓成器"。《法苑珠林》亦唐初之作，其卷四十九，引饭凡人章，文与丽宋元诸本同。而与真宗注本及守遂本异。是则守遂之本，非唐人所见之旧也。又梁陶隐居《真诰·甄命授篇》，颇窃取《四十二章经》文，纳之于真人诰语。取此与宋丽本与守遂本对勘，则其真伪了然。如丽宋经本及真宗注本均有人为道亦苦章。《真诰》袭取全文，而守遂本割去此章。又丽宋本在牛行深泥章之前，有摘悬珠章。《真诰》抄合为一章。守遂本则仅存后一章。又水归海，磨镜垢，爱生忧诸章，《真诰》与丽宋本同，而与守遂注本异。据此则丽宋古本，为南朝旧文，而守遂本之伪妄立见。

且《四十二章经》乃撮取群经而成，其中各章，颇有见于巴利文各经及中国佛典者，但常较为简略耳。今略取其数条对照之，则丽本常合乎原文，而守遂本则依意妄造。（一）礼从人章丽本有以恶来以善往之言，而守遂本全删之。然此章，实见于《杂阿含》四十二卷，及巴利文杂部七之一之二，均有恶来善往之意。（二）木在水喻章，守遂本改丽本之"不左触岸，亦不右触岸"为"不触两岸"，然此章见于《杂阿含》四十三卷，则有"不著此岸，不著彼岸"之句。（三）慎勿视女章，二本不同。此章在巴利长部《涅槃经》《长阿含游行经》，均载之。然按其文，则丽本实近于原文也。（四）丽本之莲花喻章之末，有"唯盛恶露，诸不净种"云云一句。而守遂本全删之。唯《杂阿含》四十三载有类此之经，则实有诸不净云云。凡此数端，均可确证原译《四十二章》，实根据印度原文。但或因译经之始，常易繁复为略简。至若守遂本，则不悉原文，妄加臆测，所改治遂常不合本原也。

守遂本与丽本《真诰》不同之最可异者，不在文字之删改，而在新义之增加，其最要者如下：

（甲）守遂本之首，多转四谛法轮之章。

（乙）多"内无所得，外无所求，无念无作，非修非证"一全章。

（丙）饭凡人章中，又加"无念无住，无修无证"之言。

（丁）人有二十难，丽本只言五难，而守遂本加"心行平等，见性学道"等之十五难。

（戊）丽本原为"吾何念，念道，吾何行，行道，吾何言，言道"等语，改为"吾法念无念念，行无行行，言无言言，修无修修"等语。

（己）丽本之"睹万物，形体丰炽，念非常"，改为观灵觉，即菩提。

（庚）牢狱章末加"凡夫透得此门"二语。

（辛）得为人难章之末，经增改后，有"发菩提心，无修无证"之语。

（壬）牛行深泥章，前加磨牛章，中言"心道若行，何用行道"。

（癸）末章多"视大千世界，如一诃子"等十一句。

观上列诸条，可知《四十二章经》之修加，必是唐以后宗门教下之妄人，依据当日流行之旨趣，以彰大其服膺之宗义。而此经亦不只增改一次，不必即出于一派一人之手也。何以言之？盖宋真宗注本，文句同于丽本。而于上列守遂本增加之甲、乙、丁、癸诸条，则有之。可见真宗注本，为中间修改者。（真宗本不知何时始出世。近中华书局影印唐大历十三年怀素草书之经文，与真宗所用者同，若果为怀素所书，则唐代宗时，已有此本矣。）而守遂本，则最后妄改之书也。夫吾人既确证丽本，至少为南北朝之旧，又合乎印度原文。则宋真宗注本，增删处之妄，可知。且也此宋代二注本同有二十难一章，而丽本只叙五难。按凉译《三慧经》中，述五难三次。丽本五难，略同其第二次。可见印度原文初只五难。丽本之文，确然有据。唐初《法苑珠林》二十三引此段，亦只五难。则二注本，于其后所加之十五难，直伪也。又按宋真宗注本首五难中，有"判命不死难"（宋元本作利命，宫本作判命），文句极费解。注者遂谓"不"字当为"必"字之讹（守遂本亦改为弃命必死）。丽本于此作"制命不死难"。《真诰》，及《珠林》（宋丽本）所引，"判"均作"制"，证之以《三慧经》之"制人命不得伤害者难"，则文义昭然，丽本得原来真面目，于此益信矣。

古本《四十二章经》，说理平易，既未申大乘之圆义，更不涉老庄之玄致。"见性学道""无修无证"为大乘所有，而固此经所无也。汉代佛法，典籍颇少，《四十二章》远出桓帝以前。为研求最初释教之至要资料。但叠为妄人改窜，失其本真。吾所以不惮辞费，详为论列者，盖因此下二章，取汲于斯典者颇多也。

最近山西赵城，发现金刻藏经，中有《宝林传》。其第一卷中，载有《四十二章经》（原卷首残缺六页）。此本最可注意之点有二：（一）其行文常用韵语，如仰天唾章云。

佛言，恶人害贤者，犹如仰天唾。唾不至天公，还从己身堕。逆风扬恶尘（原夺尘字），不能污上人。贤者不可毁，祸必降凶身。

此段在巴利文中，虽为偈言。（见其杂部一之三之二，及七之一之四，与经集六六二，及法句经一二五。）但在《真诰》中，此并非韵语。可见中华原译，于此并无偈语也。（二）《宝林传》本，除文字稍有出入外，与守遂注本几全相同。举凡守遂本所增加之新义，如"无念无住""见性学道"诸语，均原见于《宝林传》本。（上文所列之十条，甲条《宝林传》残缺，余九条均与守遂本相同。）按此诸新义，固为禅宗口头所常用。则《四十二章经》现今流行之本，原为禅宗人所伪造。《宝林传》晚唐僧智炬所撰，为造谣作伪之宝库。则斯经之窜改，即谓宝林系僧人，或智炬本身所妄改，亦非过言也。按禅宗典籍，好作偈语，则宝林本之间有韵文，或亦循宗门之结习也。

杭州六合塔现存宋绍兴二十九年石刻《四十二章经》。其末西蜀武翃跋文有曰："迦叶竺法译于前，智圆训于中，骆偃序于后。"石刻经文与守遂注本大体相同。孤山智圆之注已佚。但《释门正统》五载其序有曰："古者能仁氏之王天下也，象无象之象，言无言之言，以复群生之性。"此自系引用守遂本"言无言言"语。可证彼确已用禅宗所传之本。智圆虽为天台教僧。然固深受禅门之影响也。又武氏跋文，谓此经"与《太易》《老》《庄》相表里"，可见此新改之本，不仅加入大乘教义，而其言可与玄理相符会，则宋人已先梁任公先生言之矣。但此本既非其真，则据此而言《四十二章经》为魏晋人伪作，必不可也。

《四十二章经》之性质

《四十二章经》，虽不含大乘教义，老庄玄理，虽其所陈，朴质平实，原出小乘经典，但取其所言，与汉代流行之道术比较，则均可相通。一方面本经诸章，互见于巴利文及汉译佛典者（几全为小乘）极多，可知其非出汉人伪造。一方面诸章如细研之，实在与汉代道术相合。而其相合之故，有二。首因人心相同，其所信之理每相似。次则汉代道术，必渐受佛教之影响，致采用其教义，如《太平经》，其一例也（下详）。吾人不必于此二方面详为逐条论之。然因经义与道术可相附会，而佛教在汉代已列入道术之林。此经因而为社会中最流行之经典。故桓帝时，襄楷精于术数之学，得读此经。而其上书谈道术，并引此与《太平经》及谶纬之说杂陈，且于西来之法与中夏之学，未尝加以区分也。

汉代佛法之流布

（节选）

开辟西域与佛教

释迦牟尼世尊生于天竺北方，其教化始仅流行于中印度恒河上游。至阿育王时代，即当中国秦朝，声教已渐西被，雪山边鄙当已闻法。至若中亚，即有佛化，或未深广。其后希腊种族弥兰王，占有高附及西印度，曾问法于名僧龙军。（巴利文之《弥兰问经》，中文之《那先比丘经》，即纪其时问答。）而其泉币镌文曰"弘法大王弥兰"。此则在西汉文景之世，佛化可知早已盛于印度之西北。《汉书》所述之西域各国，何时始行佛化。现存史料，多系神话，少可置信。而中西学者考证之所得，亦尚分歧无定论。于阗、龟兹之建国，均传在阿育王时。教泽广被，亦谓始于此。但此种记载，怪诞不经，常不可信。又一切溯源于传教最力之名君，亦颇可疑。但在西汉，佛法当已由北天竺传布中亚各国。其时汉武锐意开辟西域,远谋与乌孙、大宛、大夏交通。此事不但在政治上非常重要,而自印度传播之佛法必因是而益得东侵之便利。中印文化之结合,即系于此。故元狩之得金人,虽非佛法流通之渐,但武帝之雄图,实与佛法东来以极大之助力。依史实言,释教固非来自与我国接壤之匈奴,而乃传自武帝所谋与交通之各国也。盖匈奴种族向未以信佛著称。而传译经典于中国[1]者,初为安息、康居、于阗、龟兹。但其于传法最初有关系者,为大月氏族。

盖在西汉文景帝时,佛法早已盛行于印度西北。其教继向中亚传播,自意中事。约在文帝时,月氏族为匈奴所迫,自中国之西北,向西迁徙。至武帝时或已臣服大夏。大夏君主,原亦属希腊遗民。其与弘法之弥兰王,政法民情,本极密切。大夏在吐火罗地,与弥兰辖境相接,佛化在汉初当已流行。及大月氏占领此土后,并取高附地,灭濮达罽宾,侵入印度,建立贵霜王朝。而其王迦腻色迦,后世释子推为护法名王之一。汉通天竺,以其地为枢纽(张骞在大夏始闻有身毒)。佛法之传布于西域,东及中国,月氏领地实至重要也。

迦腻色迦之祖父为丘就却。其货币上尝刻佛像,又曾刻文曰"正法之保护者"。丘就却之信释教,实无可疑。此王在位,要在西汉之末,或东汉之初。印度佛教历史传记,可信者少。但阿育王弘法见于石刻,弥兰信佛,刻于泉币,皆据最可信之材料。月氏国王之奉佛法,据上所言,则至迟亦在丘就却时。而此民族之始被化,必更在此前或即西汉中叶。永平求法传说,谓在大月氏写取佛经四十二章,

---

[1] 作者文中所提"中国",常沿用旧时用法,指中原地区。——编者注

可知大月氏固东汉时所认为佛教之重镇也。

伊存授经

最初佛教传入中国之记载，其可无疑者，即为大月氏王使伊存授《浮屠经》事。此事见于鱼豢《魏略·西戎传》，《三国志》裴注引之。（《世说·文学篇注》、《魏书·释老志》、《隋志》、法琳《辨正论》五、《太平御览四夷部》，均载之。《史记·大宛传》正义、《通典》一九三、《通志》一九六、所引晋宋间《浮屠经》、宋董逌《广川画跋》卷二引《晋中经》，可参考。）今先引其文，略加校释次乃于伊存授经详为论列也。

罽宾国，大夏国，高附国，天竺国，皆并属大月氏。临儿国（《正义》作临毗国），《浮屠经》云，其国王生浮屠。浮屠太子也。父曰屑头邪。母曰莫邪。浮屠身服色黄，发青如青丝，乳青毛蛉（按螟蛉色青，疑谓乳青如蛉，《世说注》等均缺此四字），赤（《世说注》作爪）如铜。（《正义》作乳有青色，爪赤如铜。《御览》作乳有青色，毛冬赤。按爪如铜，乃八十种好之一。）始莫邪梦白象而孕。及生，从母左（《世说注》《辨正论》《正义》《御览》，作右。余作左。依释典应作右字）胁出。生而有结（《世说注》作髻。佛典称菩萨顶有肉髻）。堕地能行七步。此国在天竺城（《通典》《通志》，城均作域）中。天竺又有神人名沙律。昔汉哀帝元寿元年（即公元前2年）博士弟子景卢（《世说注》作景虑。《释老志》作秦景宪。《通典》作秦景。《通志》作景匿），受大月氏王使伊存口授《浮屠经》〔《通典》作秦景馆受大月氏使王（疑有脱误）伊存口授浮屠。《通志》作景匿受大月氏使王使伊存口授《浮图经》。《画跋》作秦景宪使大月氏，王使伊存口授《浮图经》。《辨正论》作秦景至月氏国，其王令太子授《浮屠经》。《隋志》文难明〕，曰（《通典》曰上多一国字，疑衍）复立（《世说注》等均作复豆。《酉阳杂俎》卷二，汉所获大月氏复立经）者，其人也。《浮屠》所载临蒲塞、桑门、伯闻、疏问、白疏闻、比丘、晨门（《通典》桑门下作伯开、疏间、白间、比邱、桑门。《画跋》作白开、疏间、白间、比邱、桑门），皆弟子号也。《浮屠》所载，与中国《老子经》相出入。盖以为老子西出关，过西域，之天竺，教胡浮屠属弟子别号二十有九（《画跋》作教胡为浮图。徒属弟子，其名二十有九），不能详载，故略之如此。

伊存授经，各书所记，微有不同。《裴注》《世说注》似谓景卢在中国受大月氏使者伊存口授之《浮屠经》。《通志》《通典》《画跋》《辨正论》（法琳所引非原文，并就鱼书加以增改，不可据），则似言秦景使大月氏，而得受经。按《汉书·西域传》，谓大月氏共禀汉使者。颜师古言同受节度也。王鸣盛解，为供给汉使者。是则张骞之后，汉颇有使者至大月氏，秦景其一也。但据《汉书·西域传》，及《哀帝本纪》，谓元寿二年匈奴单于，乌孙大昆弥，来朝。伊存是否实以此年中曾至中国，不能妄断。但自张骞通使以来，葱岭以西诸国皆颇有使者东来，则大月氏是时有使人至中国，亦可信也。《裴注》与《世说注》所引相同，而年代又较早。则谓伊存使汉，博士弟子景卢受经，或较为确实也。

诸书于授经地点人名虽不相同，但受者为中国博士弟子，口授者为大月氏人，则按之当时情形，并无不合。盖（一）大月氏为天竺佛化东被之枢纽，在哀帝时，其族当已归依三宝。（二）我国早期译经，多以口授。（三）考《魏略》，该段原文意谓天竺有神人曰"沙律"，而此沙律者，则伊存所授经中所言"复立"者或即其人。按《广川画跋》引此文，谓出《晋中经》。《广弘明集》载阮孝绪《七录序》，谓《晋中经簿》有佛经书簿十六卷。则晋室秘府，原藏佛经。又《晋中经簿》源出《魏中经》（如《隋志序》）。是魏世朝廷，当已颇收集佛经。疑其作簿录时，伊存之经或尚在，并已著录。而作录者，且比较前后翻译之不同，谓他处所言之"沙律"，实即伊存经中之"复立"。鱼豢所记，或用《魏中经》文。（如《魏略》成书在《中经簿》之后，则系《中经》采鱼书之文。）与《画跋》《晋中经》语，同出一源。故文若是之相同也。是则鱼氏即未目睹伊存之经，而《魏中经》作者，则必经过目。且其所见《浮屠经》，当不只此一部。据此则伊存授经，更为确然有据之事也。

依上所言，可注意者，盖有三事。（一）汉武帝开辟西域，大月氏西侵大夏，均为佛教来华史上重要事件。（二）大月氏信佛在西汉时，佛法入华或由彼土。（三）译经并非始于《四十二章》，传法之始当上推至西汉末叶。

鬼神方术

伊存授经之后六十六年（明帝永平八年，公元65年），东汉明帝诏楚王英，言及佛徒。按光武诸子，类好鬼神方术。济南王康在国不循法度，交通宾客，招来州郡奸猾渔阳颜忠刘子产等。阜陵王延与姬兄谢弇及姊馆主婿驸马都尉韩光招奸猾，作图谶，祠祭祝诅事。广陵王荆信星者。王充曰，广陵王荆迷于嬖巫。葛洪云，广陵敬奉李颂，倾竭府库。荆又常使巫祭祀祝诅。按济南、阜陵、广陵以及楚国，壤地相接，声气相通。而所交纳，似多燕齐方士。渔阳颜忠为楚王英及济南王康所先后招致。王充《论衡》云，道士刘春荧惑楚王英，使食不清。惠栋谓疑即济南王交结之刘子产。则诸王为兄弟同气，不但常相闻问（如永平年中诸王来朝。六年十月诸王会于鲁），且信仰亦多同。至若光武及明帝，虽一代明君，均信谶纬。沛王辅亦善图谶。楚王、济南王，均谓常造作图书。当时皇室风尚若此。楚王英祀黄老浮图，明帝诏中言及释教，并以班示诸国中傅，固不足异之事也。

王充生于光武建武三年（公元27年）。据其《论衡》所批斥，当时俗情儒术均重阴阳五行之说。鬼神方术，厌胜避忌，甚嚣尘上。其《论死篇》曰："世信祭祀，以为祭祀者，必有福，不祭祀者，必有祸。"《祭意篇》曰："况不著篇籍，世间淫祀，非鬼之祭，信有其神，为祸福矣。"是则汉代天地山川诸大祀外，尚有多种之祭祀。而自先秦以来，感召鬼神，须遵一定方术。汉武帝时，方士李少君有祠灶之方，可致物（谓召鬼神也）。方士谬忌奏祠太一方。方士栾大常夜祠，欲以下神。少翁以方见武帝，为夜招致李夫人（《史记》作王夫人），及灶鬼。故方士求仙捷径，最初厥为礼祠鬼神，期由感召，而得接引（参看《燕京学报》十一期中载《周官著作年代考》四章五节）。按佛教在汉代纯为一种祭祀。其特殊学说，为鬼神报应。王充所谓不著篇籍，世间淫祀，非鬼之祭，佛教或其一也。祭祀既为方术，则佛徒与方士最初当常并行也。

楚王英为浮屠斋戒祭祀

楚王英建武十五年为王。二十八年就国。少时好游侠，交通宾客。晚节更喜黄老学，为浮屠斋戒祭祀。永平八年，诏令天下死罪皆入缣赎。英遣郎中令奉黄缣白纨三十匹诣国相曰："托在藩辅，过恶累积，欢喜天恩，奉送缣帛，以赎愆罪。"国相以闻。诏报曰："楚王诵黄老之微言，尚浮屠之仁祠（《资治通鉴》祠作慈，《后汉书纪》均作祠）。洁斋三月，与神为誓，何嫌何疑，当有悔吝，其还赎以助伊蒲塞桑门之盛馔。"因以班示诸国中傅。英后遂大交通方士，作金龟玉鹤，刻文字以为符瑞。十三年（公元70年）男子燕广，告英与渔阳王平颜忠等造作图书，有逆谋事。下案验，有司奏英招聚奸猾，造作图谶，擅相官秩，置诸侯王公将军二千石，大逆不道，请诛之。帝以亲亲不忍，乃废英徙丹阳泾县，仍加优遇。明年（公元71年）英至丹阳自杀（《后汉书》本传）。

浮屠之教既为斋戒祭祀，因附庸于鬼神方术。西汉武帝好神仙方士。王莽特尊图谶。及东汉谶纬占候，帝王奉为圣言（光武对桓谭语）。异术方技，尤为时人所乐尚。（参看《后汉书·方技传》及王充《论衡》）楚王英之信方术，在光武诸王中，并非特出。而明帝诏书中，称"仁祠"言"与神为誓"，可证佛教当时只为祠祀之一种。楚王英交通方士，造作图谶，则佛教祠祀，亦仅为方术之一。盖在当时国中人士，对于释教无甚深之了解，而羼以神仙道术之言。教旨在精灵不灭（下详），斋谶则法祠祀（语见《高僧传》《昙柯迦罗传》）。浮屠方士，本为一气。即至汉之末叶，安清（字世高）译经最多，为一代大师。但

《高僧传》，谓其七曜五行，医方异术，以至鸟兽之声，无不综达，故俊异之声早被。吴时康僧会，恰在世高之后。其《安般守意经序》有曰：

> 有菩萨者安清字世高，……博学多识，贯综神模，七正盈缩，风气吉凶，山崩地动，针脉诸术，睹色知病，鸟兽鸣啼，无音不照。

降及三国，北之巨子昙柯迦罗，则向善星术。南之领袖康僧会，则多知图谶。由此言之，则最初佛教势力之推广，不能不谓因其为一种祭祀方术，而恰投一时风尚也。

康僧会谓安世高善针脉诸术，睹色知病。牟子亦言佛家有病而进针药，则西域来人有传针药者。后汉时针脉诸术盛行。如涪翁著《针经诊脉法》传于世。又传华陀善针脉术。又见严昕而谓其有急病（《后汉书·方技传》《三国志·华佗传》），则系睹色知病也。《黄帝素问》依阴阳五行叙针脉诸术，颇疑其为汉时所作。（《古今伪书考》）牟子曰，黄帝稽首受针于岐伯，即出于《素问》。此又西域沙门与中夏道术可以相通之又一事也。（康僧会序所谓七正风气之名，参看《后汉书·方技传》。山崩地动，据《续汉·五行志》，时人亦多有论列。）

桓帝并祭二氏

《汉书·艺文志》道家者流，载《老子》四家五十一篇，《黄帝》四家六十八篇，《神仙》共十家，托名《黄帝》者四家，而阴阳、五行、天文、医经、房中均溯源于黄帝。《隋志》曰：

> 汉时诸子道书之流有三十七家，大旨皆去健羡，处冲虚而已，

无上天官符录之事。其《黄帝》四篇，《老子》二篇，最得深旨。西汉黄老之学，主清净无为，《班志》所谓独任清虚，可以为治是也。《隋志》所言盖即指此。然史迁《封禅书》中，已载鼎湖仙去之说。而《老庄申韩列传》，谓老子百有余岁，以其修道而养寿也。然则道家者流，早由独任清虚之教，而与神仙方术混同。阴阳五行，神仙方技，既均托名于黄帝。而其后方仙道，更益以老子。于是黄老之学，遂成为黄老之术。降及东汉，而老子尤为道家方士所推崇。长生久视之术，祠祀辟谷之方，均言出于老子。周之史官，擢升而为教主，其事迹奇诞，益不可究诘矣。

汉桓帝即位十八年好神仙事(《续汉书·祭祀志》)。延熹八年(公元165年)春正月，遣中常侍左悺之苦县，祠老子。十一月使中常侍管霸之苦县，祠老子。(《后汉纪》作十二月。)据边韶《老子铭》，是年八月皇帝梦见老子，尊而祀之。韶时为陈相，乃演而铭之。又《水经·汳水注》，载蒙城有王子乔冢，其侧有碑，延熹八年八月帝遣使致祠，国相王璋乃纪铭遗烈。(碑文载《蔡中郎集》中)而《孔氏谱》曰，桓帝位老子庙于苦县之赖乡，画孔子像于壁。孔畴为陈相，乃立孔子碑于像前。盖是时帝方修神仙之事，故一时竞作铭表。(上据《后汉书集解》。据上文，则是年正、八、十一月曾三次遣人致祭老子。八月并祭王子乔。)画壁必援用孔子适周见李老故事，益见老氏之崇高。

不特此也，浮屠之教，当时既附于方术以推行。释迦自亦为李老之法裔。《续汉志》云："延熹九年，亲祠老子于濯龙，文罽为坛饰，淳金釦器，设华盖之坐，用郊天乐。"(《后汉书·本纪》谓在七月庚午。《后汉纪》作六月。)《东观汉记》曰："以文罽为坛饰，淳金银器，彩色眩耀，祠用三牲，大官饰珍馔作倡乐，以求福祥也。"据《后汉书·本纪》论曰："饰芳林而考濯龙（濯龙，宫名，或曰殿名。或曰濯龙祠也。在洛阳西北角）之宫，设华盖以祠浮图老子。"《西域传》论佛教，亦言"楚英始盛斋戒大祀，桓帝又修华盖之饰"，襄楷上书，亦言"闻宫中立黄老浮屠之祠"。是老子之祠，不但以孔子像饰庙壁，而濯龙之祭，浮屠似亦陪祀。盖神仙方技之士，自谓出于黄老。最初除服食修炼之术以外，尚讲求祠祀之方。而浮屠本行斋戒祭祀，故亦早为方士之附庸。史称楚王英交通方士。王充云，道士刘春荧感楚王英。则方士亦称道士。两汉之世，鬼神祭祀，服食修炼，托始于黄帝老子。采用阴阳五行之说，成一大综合，而渐演为后来之道教。浮屠虽外来之宗教，而亦容纳，为此大综合之一部分。自楚王英至桓帝，约一百年，始终以黄老浮屠并称，其时佛教之性质可推想也。考伊存授经，明帝求法以后，佛教寂然无所闻见。然实则其时，仅为方术之一，流行民间，独与异族有接触（如博士弟子景卢），及好奇之士（如楚王英、襄楷），乃有称述。其本来面目，原未显著。当世人士不过知其为夷狄之法，且视为道术之支流。其细已甚。后世佛徒，尤耻其教之因人成立。虽知之，而不愿详记。岂真佛教在桓灵以前未行中国耶。盖亦因其傍依道术而其迹不显耳。晋释道安《注经录序》（《祐录》五）云：

  佛之著教，真人发起，大行于外国，有自来矣。延及此土，当汉之末世，晋之盛德也。

若果据此言，则非唯元狩水平诸传说，悉为伪妄。即明帝与楚王英之诏令，安公亦行抹杀。此其故因汉末以前，佛道未分，浮屠且自附于老子。安公博洽精审,知之甚悉,而为佛教讳之耳。(安公《经录》不载《四十二章经》,或亦因其书为道士所利用。)

《太平经》与化胡说

佛教最初为道术之附庸,读桓帝延熹九年(公元166年)襄楷所上之书,益得明征。其疏中曰:

> 又闻宫中立黄老浮屠之祠。此道清虚,贵尚无为,好生恶杀,省欲去奢。今陛下嗜欲不去,杀罚过理,既乖其道,岂获其祚哉。

疏中曰"此道",曰"其道",又以清虚无为、好生去欲并提。在襄楷心目中,黄老浮屠同属一"道",亦已甚明。其疏杂引《四十二章经》《老子》,及《太平经》义(详下章),以证成道必须去欲。其末复继云:

> 今陛下淫女艳妇,杜天下之丽,甘肥美饮,单天下之味,奈何欲如黄老乎。

上引佛书,而下言奈何欲如黄老乎。则浮屠为道教之一部分,确然无疑也。

黄老之道,盛于汉初。其旨在清净无为,乃君人南面之术。《汉志》著录之《泰阶六符经》,谓天之三阶平,则阴阳和,风雨时,社稷神祇咸获其宜,天下大安,是为太平。(见《汉书·东方朔传》注)则是黄帝之道,已有太平之义。而黄老道术,亦与阴阳历数有关。成帝时,齐人甘忠可,陈赤精子下教之道,诈造《包元太平经》。至顺帝时,琅琊宫崇,上其师于吉所得神书百七十卷,号《太平清领书》。现《正统道藏》所载《太平经》残本共五十七卷，是也。其旨以为天地万物受之元气，元气即虚无无为之自然。阴阳之交感，五行之配合，俱顺乎自然。人之行事，不当逆天，须事事顺乎阴阳五行之理。又屡言太平气将至，大德之君将出，神人因以下降。其所陈多教诫之辞，治国之道。谓人君当法天，行仁道，无为而治。其所言上接黄老，推尊谶纬。而其流行之地，则在山东及东海诸地，与汉代佛教流行之地域相同。其道术亦有受之于佛教者（详下章）。而佛教似亦与其并行，或且借其势力以张其军，二者之关系实极密切也（参看《国学季刊》五卷一号拙著《读〈太平经〉书所见》）。

汉代佛教依附道术，中国人士，如襄楷辈，因而视之与黄老为一家。但外族之神，何以能为中华所信奉，而以之与固有道术并重。则吾疑此因有化胡之说，为之解释，以为中外之学术，本出一源，殊途同归，实无根本之差异，而可兼奉并祠也。《太平经》虽反对佛教，而抄袭其学说。佛教徒所奉者虽非老子，而不免有人以之与黄老道术相附会。二方既渐接近，因而有人伪造化胡故事。此故事之产生，自必在《太平经》与佛教已流行之区域也。襄楷疏中曰：

或言老子入夷狄为浮屠。

东汉佛陀之教，与于吉之经，并行于东海齐楚地域，则兼习二者之襄公矩首述此说，固极自然之事也。按《三洞珠囊》卷九，《老子化西胡品》首云：

《太平经》云，老子往西越八十年，生殷周之际也。

据此《太平经》未叙化胡之事。襄楷亦仅曰或言，可以相证。但《珠囊》又有云：

>《化胡经》云,老子(中略)幽王时,……为柱下史。……复与尹喜至西国,作佛,《化胡经》六十四万言,与胡王,后还中国,作《太平经》。

《化胡经》相传为西晋道士王浮所造,当系摭拾旧闻而成。上文谓老子化胡作六十四万言之佛经后,返而作《太平经》,此言如实出于晋世旧书,则其时人士固认《太平经》与佛教有特殊之关系也。

鱼豢《魏略·西戎传》曰:

>《浮屠》所载,与中国《老子经》相出入。盖以为老子西出关,过西域,之天竺,教胡浮屠属弟子别号二十有九。

依今日所知,汉代佛经,与道家五千文差别甚大。而此所谓二者相出入者,盖一方道教常抄袭释氏之言,一方浮屠亦必颇多伪造。(《祐录》五云《道安录》载有伪经二十六部。又谓汉末丁氏伪造佛经。)而且佛教如《四十二章》,及道教之《太平经》,义理确可相附会(详下章)。因而可谓为相出入也。鱼豢又谓老子西出关,过西域,之天竺。按后世《化胡经》历叙老子西行,经各国教化情形,则魏时化胡故事已甚成熟。鱼氏所云"之天竺,教胡浮屠属弟子别号二十有九",《御览》"教胡"下有"为"字。《广川画跋》引《晋中经》,作"之天竺,教胡为浮屠,属弟子其名二十有九"。襄楷亦谓"入夷狄为浮屠"。则《魏略》教胡下原有"为"字。按边韶《老子铭》,谓老子自牺农以来,为圣者作师,则疑教胡为浮屠者,谓老子乃佛陀圣者之师。故胡人所行实老子之教化。汉世佛法初来,道教亦方萌芽,纷歧则势弱,相得则益彰。故佛道均借老子化胡之说,会通两方教理,遂至帝王列二氏而并祭,臣下亦合黄老浮屠为一,固毫不可怪也。

安世高之译经

佛教自西汉来华之后，自已有经典。唯翻译甚少，又与道流牵合附益，遂不显其真面目。故襄楷引佛经，而以与黄老并谈也。及至桓灵之世，安清支谶等，相继来华，出经较多，释迦之教，乃有所据。此中安清尤为卓著，自汉末讫西晋，其学当甚昌明。今缀拾魏晋旧文，略考其事实于下。（《高僧传》所载多怪诞。不录。）

安清，字世高，安息王嫡后之子。让国于叔，驰避本土，翔而后进，遂处京师。（谓洛阳。上见《祐录》六，康僧会《安般守意经序》。）以汉桓帝建和二年（公元148年）至灵帝建宁（公元168年至公元171年）中二十余年，译出三十余部经（《僧传》引《安录》），数百万言（《祐录》十严浮调《十慧章句序》），或曰百余万言（《祐录》六谢敷《安般序》）。其《修行道地经》，乃译于永康元年（公元167年）。（《房录》三引《支愍度录》之言，又同书卷四言支曾为此经作序。）其余经部数及时地，均不可考。安息者，即西洋史中之帕提亚国（Parthia）。由阿尔沙克斯（Arsakes）建立国家。安息，王名之对音也。西汉武帝时始通汉使。东汉章和元年（公元87年）、二年（公元88年），永元十三年（公元101年）均叠来贡献。其后四十七年，安世高乃至中华。其路程当经过西域诸国。晋谢敷《安般守意经序》云，高博综殊俗，善众国音（《祐录》六），或非虚语也。又严浮调云凡厥所出，或以口解，或以文传。（《祐录》十）其所出经，有《阿含口解》《四谛经》《十四意经》《九十八结经》《安录》曰似均世高所撰。（见《祐录》二）则其于译经之外，常以口解。安侯盖亦善华语也。《安录》中列其所译，似只三十五部四十卷。（参见《祐录》二）但旧译本常缺人名，安尝依据文体审定译人。（参看《僧传·道安传》）如《十二门经》，安公即只谓似其所出。（《祐录》六）因此不但《长房录》著录一百七十六部，《开元录》载九十五部，实系臆造，即《高僧传》谓其译三十九部亦不可信也。

但世高所出之数，虽不可考，而其学则幸犹可得知。释道安云，其所宣敷，专务禅观。（《阴持入经序》，《祐录》六）又曰博学稽古，特专《阿毗昙》学。其所出经，禅数最悉。（《安般序》，《祐录》六）又曰，安世高善开禅数。（《十二门经序》，《祐录》六）数者即指《阿毗达磨》之事数。印度佛徒，对佛之教法，综合解释，合诸门分析，或法数分类，如《长阿含经》中之《众集》《十上》《增一》，诸经已具后来对法藏之形式。其后敷宣佛法，为听者方便，分门记数，以相发明。安公谓世高，似撰《四谛》《十四意》《九十八结》诸经。已见其对汉人说经，即依法数。严浮调曰："物非数不定。"又曰："唯《沙弥十慧》，未闻深说。"（《祐录》十）是则安侯讲经，以数为纲，但《十慧》则未详释也。而依此形式以讲说，则所讲者必多《阿毗达磨》。（《祐录》二安世高译有《阿毗昙五法经》《阿毗昙九十八结经》。凡法数之经，均冠以阿毗昙三字。则似说法数之契经，或可作如是称。）故安公曰世高特专《阿毗昙》学也。而因其于《阿毗昙》中，特说禅定法数，故曰善开禅数也。

安世高译出，多关于禅数。其在中华佛教之影响，亦在禅法。此当于下章述之。而稽考自元寿以来，佛学在我国独立而为道法之一大宗，则在桓灵之世。延熹八年，桓帝亲祠。九年襄楷上疏。而支谶、朔佛、安玄、支曜、康巨、严浮调在洛阳译经。（康孟详、竺大力,昙果,在献帝时译经。)但支谶译《般若》,实至魏晋乃风行。其余诸人所译,虽或亦行于世。但在当时,安侯实为佛学界巨擘。世高于桓帝建和二年(公元148年)到洛阳,在桓帝祀佛(公元165年)前十七年。(同时译人若此之多,桓帝襄楷祀佛读书,亦受风尚之影响。)晋谢敷《安般守意经序》(《祐录》六)曰:

> 于时俊乂归宗,释华崇实者,若禽兽之从麟凤,鳞介之赴虬蔡矣。

而汉末魏初《阴持入经注序》有曰:

> 安侯世高者,普见菩萨也。捐王位之荣,安贫乐道,夙兴夜寐,忧济涂炭,宣敷三宝,光于京师。于是俊乂云集,遂致滋盛,明哲之士,靡不羡甘。……密睹其流,禀玩忘饥。

"密"当为注经人名。其注文中,尝称"师曰",当即指安侯。似作者亲预讲次,禀玩忘饥。迨后复撮取师说,而为此注。世高出经,听者云集,乃目睹者所记,应颇可信也。

当时在洛译经之安息人,又有优婆塞安玄。安息原为东西诸国贸易之中心。《史记·大宛传》云,安息有市民商贾用车及船行旁国,或数千里。安玄者,盖于灵帝末游贾洛邑。以有功号曰骑都尉。性虚静温恭,常以法事为己任。渐练汉言,志宣经典。常与沙门讲论道义,世谓之都尉玄。(上均见《祐录》十三)玄尝共严浮调译《法镜经》。三国初康僧会为之注。其序曰:

> 骑都尉安玄,临淮严浮调,二贤者,年在龆龀,弘志圣业,钩深志远,穷神达幽。愍世蒙惑,不睹大雅,竭思译传斯经景模。都尉口陈,严调笔受。言既稽古,义又微妙。

安玄译经，盖年甚少。而其所讲说，义又微妙。时人至称其议论为都尉玄。则其人聪慧可知。《祐录》亦称浮调绮年颖悟，敏而好学，信慧自然，遂出家修道。《祐录·沙弥十慧章句序》，题曰严阿祇梨浮调所造。是浮调乃汉人出家之最早者。据此王度奏疏，谓汉朝不听汉人出家，实不确也（或桓灵时佛教势盛已弛此禁也）。《沙弥十慧章句》，乃浮调所撰。此亦中国撰述之最早者。据其序，谓安侯传教，唯《沙弥十慧》未闻深说。

> 调以不敏，得与贤次。学未浃闻，行未中四，凤雅殂殁，遘和上忧。长无过庭善诱之教，悲穷自潜，无所系心。于是发愤忘食，因闲历思，遂作《十慧章句》。

浮调既学佛（学佛二字首见于《法镜经后序》）于世高，听讲禅数，唯十慧则未详闻，故此撰书。（《祐录》著录一卷）其序中又谓"十慧之文，广弥三界，近观诸身"，则乃禅观之书也。考谢敷《安般守意经序》，有"建十慧以入微"之句，该经世高所出，中有十黠，谓数息、相随、止、观、还、静、四谛也。十慧似即十黠。浮调所撰，即在申明世高之遗旨。（世高译之《阿毗昙五法行经》别有十黠，按其内容，当非浮调之十慧。）

《法镜经》者，调所笔受。《十慧章句》，调所自撰。现存南北朝以前记载未言其自行译经。吴时《法句经序》，谓"昔蓝调，安侯世高，都尉，佛调，译胡为汉，审得其体"。（见《祐录》七《僧传》作安侯都尉佛调三人，蓝调二字疑衍。）晋道安称其出经"省而不烦，全本巧妙"。（《祐录》十三）此均据其共译《法镜经》而言，未言其曾独自出经也。至隋费长房始著录其所译《古维摩经》等六部（合《十慧》为七部），其中《内习六波罗蜜经》《安录》入于失译中，不知长房何因知其为调所译，余五部多大乘经，不似安侯都尉风味，且早佚失，疑长房所言只系悬揣。（其中一部乃据古录及《朱士行录》，然长房自言未亲见二录。）然古时译经，仅由口授，译人类用胡言，笔受者译为汉言，笔之于纸。故笔受者须通胡语。浮调，时人称为善译，则或擅长胡语，巧于传译，而为中华译经助手之最早者。夫调能译，且以佛理著书，又为发心出家之最早者，则严氏者，真中国佛教徒之第一人矣。

支娄迦谶之译经

与安侯同时来洛阳译经者，以支谶为最有关系。支谶乃支娄迦谶之简称，本月支国人也。《祐录》称其操行淳深，性度开敏，禀持法戒，以精勤著称。讽诵群经，志存宣法。汉桓帝末，游于洛阳，以灵帝光和中平之间传译胡文，出《般若道行品》《首楞严》《般舟三昧》等经。又有《阿阇世王》《宝积》等十部经，以岁久无录。安公校练古今，精寻文体，云似谶所出。（《祐录》十三）晋支愍度《合首楞严经》记（《祐录》七）有曰：

> 此经本有记云，支谶所译出。谶，月支人也。汉桓灵之世，来在中国。其博学渊妙，才思测微。凡所出经，类多深玄，贵尚实中，不存文饰。今之《小品》（指《道行经》）、《阿阇贳》（《阿阇世王经》）、《屯真》（《伅真陀罗王经》）、《般舟》（《般舟三昧经》）悉谶所出也。

此中以《小品》为最要，亦云《摩诃般若波罗蜜经》，凡十卷（或八卷），三十品。其第一品为《道行品》，故亦称为《道行经》或《道行品经》。晋时《放光经》出，凡二十卷，九十品，二者均是《般若经》，但广略不同。据道安《道行经序》（《祐录》七）曰：

> 佛泥曰后，外国高士抄九十章（指《放光》）。为《道行品》，桓灵之世，朔佛赍诣京师，译为汉文。

安公《注经录序》（《祐录》五）曰：

> 《道行品》者，《般若》抄也。佛去世后，外国高明者撰也。辞句复质，首尾互隐，为集异注一卷。

则是道安闻《道行》乃从九十章《放光经》抄出，故曰《般若》抄也。又因而《放光》称为《大品》，《道行》称为《小品》。

安公《道行序》所言朔佛者，天竺人，故姓竺。《祐录》二云，汉桓帝时到中夏，赍来《道行经》胡本。（按延熹二年、四年，天竺均来贡献。）于灵帝时在洛阳译出，为一卷。但《祐录》卷七载有《道行经后记》曰：

> 光和二年（灵帝即位十二年，公元179年）十月八日，河南洛阳孟元士口授天竺菩萨竺朔佛。时传言译者（一本作者译），月支菩萨支谶。时侍者南阳张少安，南海子碧。劝助者孙和，周提立。
>
> 正光二年（汉末无正光，魏有正元，公元255年）九月十五日，洛阳城西菩萨寺中沙门佛大写之。

灵帝时朔佛于洛阳译《道行》两次，实不可解。今按一卷本《安录》实未著录（此据僧祐所言），则其《道行序》中所谓赍来洛阳，正指十卷本。据《后记》，十卷《道行》似系竺朔佛口授，支谶传译，而孟元士笔受者。朔佛赍胡本来，故由彼口授。支谶善传译，故彼转胡为汉。而汉人孟元士则笔书其文。《道行经》本朔佛所出，支谶所译，故安公于《道行序》则言及朔佛，而作录则归之支谶。二人共译，故所记不同。僧祐但见二处所记不同，又未见安公《道行注》。（《祐录》于安公之《十二门经注》等，均有注云"今有"。《道行注》下未言今有，故知梁时此书已佚失。）仅据录知注为一卷，故误以为支谶光和二年译十卷本，而同时朔佛又译有一卷本也。

《祐录》卷七，又载《般舟三昧经记》曰：

《般舟三昧经》光和二年十月八日，天竺菩萨竺朔佛于洛阳出，菩萨法护（此四字疑衍文）时传言者，月支菩萨支谶。授与河南洛阳孟福字元士，随侍菩萨张莲字少安笔受。令后普著。在建安十三年（献帝即位十九年，公元208年）于佛寺中校定悉具足。后有写者皆得南无佛。又言建安三年，岁在戊子（应为戊寅，公元198年）八月八日，于许昌寺校定。（献帝迁都许县在建安元年。《续汉志》注云，徙都改许昌。但据《魏志》，改名在黄初二年。《魏志》如不误，则此记应作于魏时。）

合上二记，《道行》《般舟》，盖同时译出。出经及传译者人相同。唯《般舟》笔受者孟元士外，多一张少安。按古时译经，或由记忆诵出，或有胡本可读。善诵读者，须于义理善巧，但不必即通华言。故出经者之外，类有传译者。《道行》《般舟》，均朔佛所出，而谶所译也。但至写经时，因系出经者所传授，故常题为其所译。（盖出者不但须能讽诵，且于经有深了解。译时能解释其义。传译者仅须善方言，地位较不重要。）因此《般舟》经本，或亦只题朔佛之名。故后世依录则谶译，依经本则朔佛译，实亦只一本，二人共出也。《长房录》于此言二人同在光和中各译一部，其失考与《祐录》之于《道行》相同也。

又按汉三公碑侧文有曰：

处士房子孟□卿，

处士河□□元士。

白石神君碑阴第一列第十行文曰：

祭酒郭稚子碧。

三公碑立于光和四年，神君碑立于六年，俱在元氏县。三公与白石神君均元氏名山。三公碑侧，河字下或渤南孟二字。而《般舟经记》南海子碧或即郭稚。二人或在二年后自豫境同到元氏也。按三公碑云："或有隐遁辟语言兮，或有恬淡养浩然兮，或有呼吸求长存兮。"白石神君祠祀之立，由于巫人盖高之请求。（参看《曝书亭集跋语》）此项祭祀，均涉于神仙家言。元士子碧如为《般舟》译时助手，则汉末佛教信徒，仍兼好道术方技，汉代佛教之特性，于此又可窥见也。

大乘空宗教史，书阙难言。然空宗或出于大众部，而起于印度南方。大众部，在南方流行，有案达罗各部。据西藏所传，案达罗派已有大乘经。《般若经》中有云："佛涅槃后，此经至于南方，由此转至西方，更转至北方。"（见《小品般若》，《放光经》则略去西方。）空宗自西传至北方，或在迦腻色迦时。盖《大毗婆沙》者，在其后撰出。中似引及大乘教。如说佛灭后，伪三藏出世，应指大乘教之三藏。而我国向以马鸣为最初宣弘大乘教者，相传深为迦腻色迦王所器重。此王在东汉时，又属月氏种族。或在东汉中叶，其领土渐行大乘经。至汉之末运，《般若》《方等》诸经，始由此流至中夏。支谶，月氏人也。与朔佛共译《道行品》。实为中国《般若经》之第一译。《般舟三昧》，重无量寿佛观。在此三昧中，弥陀佛现前。故该经记中谓后有写者，皆得南无佛也。此与《首楞严》，均为大乘禅观，与安世高所出之小乘禅不同。而《首楞严》《三昧经》，亦以支谶所译为初出也。(《祐录》七《首楞严注序》末尾小注引《安录》曰，支谶于中平二年十二月八日出，此经首略如是我闻云云。)同时有支曜者(姓支，或亦月支人)译有《成具光明三昧经》，与谶出之《光明三昧》谓为同本异译。(《祐录》二)此亦大乘禅经，魏晋颇流行者。据支愍度《合首楞严经记》，汉末支亮字纪明，资学于谶，其后支越(即支谦)字恭明，又受业于亮。支恭明谓亦译《首楞严》。至两晋时，支法护亦曾出之。《首楞严》为魏晋最盛行经典。其来源似均出于大月氏。支谶所译，僧祐谓《安录》载十四部。(丽本作十三，误。)中多大乘经典。而《般若》《首楞严》，特为重要，此亦可知月氏佛教之影响于中土如何也。

　　康居国人，以营商著称。汉成帝时，都护郭舜谓康居骄黠，遣子入侍，乃欲贾市。《祐录》卷十三言，献帝时康孟详于洛阳译《中本起经》。安公谓孟详出经，奕奕流便，足腾玄趣。而同时有康巨(亦作臣)者，在灵帝时出《问地狱事经》，言直理质，不加润饰。(《高僧传》一)盖与孟详所译有文质之分也。《祐录》言孟详之先，为康居国人，或因游贾洛阳，因而著籍者也。

佛 道
（节选）

《庄子·天下篇》举儒、墨、阴阳、名、法诸学，总名之为道术。汉初司马谈《论六家要指》，以黄老之清净无为曰道家。《汉书·艺文志》从之。然《史记·封禅书》，已称方士为方仙道。汉末乃有太平道。而东汉王充《论衡·道虚篇》，以辟谷养气神仙不死之术为道家。此皆后世天师道教之始基。而当时渐行流布之佛教，亦附于此种道术。《牟子》称释教曰"佛道"。《四十二章》自称佛教为释道，为道法。而学佛则曰：为道，行道，学道。盖汉代佛教道家，本可相通，而时人则亦往往并为一谈也。

精灵起灭

汉代佛教，最重要之信条，为神灵不灭，轮转报应之说。袁彦伯《后汉纪》曰：

又以为人死精神不灭，随复受形。生时所行善恶，皆有报应。故所贵行善修道，以炼精神而不已，以至无为，而得为佛也。

又曰：

然归于玄微深远，难得而测，故王公大人，观生死报应之际，莫不瞿然自失。

范蔚宗《后汉书》亦曰：

又精灵起灭，因报相寻，若晓而昧者，故通人多惑焉。

《牟子》书谓世俗非难佛道者曰：

孔子曰，未能事人，焉能事鬼，未知生，焉知死，此圣人之所纪也。今佛家辄说生死之事，鬼神之务，此殆非圣哲之言也。

夫既谓佛家辄说生死鬼神，可见此为当世佛徒所常言。《理惑论》又云：

问佛道言人死当复更生，仆不信此言之审也。

牟子答辞，谓灭者身体，而神则不死。

魂神固不灭矣。但身自朽烂耳。身譬如五谷之根叶，魂神如五谷之种实。根叶生必当死，种实岂有终亡。得道身灭耳。《老子》曰，吾所以有大患，以吾有身也，若吾无身，吾有何患。又曰，功成，名遂，身退，天之道也。

惑者复问：

为道亦死，不为道亦死，有何异乎。（《四十二章》有云，人为道亦苦，不为道亦苦。）

牟子答言：

有道虽死，神归福堂。为恶既死，神当其殃。

此乃报应之说。《四十二章经》有曰：

> 恶心垢尽，乃知魂灵所从来，生死所趣向，诸佛国土道德所在耳。

经中涉及轮回报应，其言非一。至若无我一义，则仅见于下列一章。

> 佛言，熟自念身中四大，名（疑是各字）自有名，都为无吾，我者寄生亦不久，其事如幻耳。

"无我"此译"无吾"。汉魏经典又称"非身"。盖无我仅认为精灵起灭，寄生不久，形尽神传，其事如幻。释迦教义，自始即不为华人所了解。当东汉之世鬼神之说至为炽盛。佛教谈三世因果。遂亦误认为鬼道之一，内教外道，遂并行不悖矣。

《史记·封禅书》，武帝初即位，尤敬鬼神之祀。于是李少君言上曰，祠灶则致物云云。（《汉书》如淳注曰，物，谓鬼物也。）而方士少翁亦能致鬼。东汉王充《论衡》尤多辩世俗鬼神之说。《论死篇》云，世谓死人为鬼，有知能害人。又曰"世间死者今生人殄，而用其言，及巫叩元弦，下死人魂，因巫口谈"，则时人固信鬼可据巫之形体也。王充又谓"死人不能生人之形以见"。又言"未有以死身化为生象者也"。此皆指鬼魂具人之形状而言。未尝论及轮回之说。其《福虚篇》曰："世论行善者福至，为恶者祸来"，此亦仅谓祸福降于本身，或至子嗣，而非及身行善，来生受报也。《论死篇》又有曰：

> 或曰，鬼神阴阳之名也。阴气逆物而归，故谓之鬼。阳气导物而生，故谓之神。神者伸也。申复无已，终而复始，人用神气生，其死复归神气。

鬼神盖阴阳二气之别名。王充据此，破斥世俗之所谓鬼神。但桓帝时边韶作《老子铭》中有曰：

> 厥初生民，遗体相续，其死生之义可知也。或有浴神不死，是谓玄牝之言，由是世之好道者，触类而长之。以老子离合于混沌之气，与三光为终始，观天作谶，（缺）降什（斗字）星，随日九变，与时消息，规矩三光，四灵在旁，存想丹田，太一紫房，道成身化，蝉蜕渡世，自羲农以来，（缺）为圣者作师。

王充谓人禀神气以生，其死复归神气。虽无轮回之说，然元气永存，引申之则谓精神不灭。边韶言，老子离合于混沌之气，与三光为终始。固不但好道者根据浴神不死之句，且亦用阴阳二气之义，触类而长之。因谓老子即先天之道，遗体要续，蝉蜕渡世。（《论死篇》亦用蝉蜕喻生死）形体虽聚散代兴，而精神则入玄牝而不死。佛家谓释迦过去本生，历无量劫。道家亦谓老子自羲农以来，叠为圣者作师。（《魏书·释老志》云，老子授轩辕于峨嵋，教帝誉于牧德，大禹闻长生之诀，尹喜受道德之旨云。盖述老子自黄帝以来，叠次下生教化圣者。又现存葛洪《神仙传》卷一历述老子自上下三皇及羲农以来十二代叠降生为仙师，文烦不具录。）道家主元气永存，释氏谈生死轮转，因而精灵不灭，因报相寻，遂为流行信仰。轮回报应，原出内典。浴神不死，取之道经。二者相得而彰，相资为用，释李在汉代关系之密切，于此已可见之矣。

省欲去奢

《四十二章经》全书宗旨，在奖励梵行。其开宗明义，即曰沙门常行二百五十戒，为四真道行，进志清净。其余各章，教人克伐爱欲，尤所常见。

>使人愚蔽者，爱与欲也。

>人怀爱欲，不见道。

>心中本有三毒，踊沸在内，五盖覆外，终不见道。

>爱欲之于人，犹执炬火逆风而行。

>人为道，去情欲，当如革见火[1]。

>人从爱欲生忧，从忧生畏。

爱欲之大者为财色。

>财色之于人，譬如小儿贪刀刃之蜜。（此章亦见支谦《孛经抄》，唯小儿作狗。）

>人系于妻子宝宅之患，甚于牢狱桎梏。

>爱欲莫甚于色，色之为欲，其大无外。

因视财色为爱欲之根。故沙门去世资财，出家学道。《牟子》曰："沙门弃妻子财货，或终身不娶。"又曰："佛道崇无为，乐施与，持众戒，兢兢如临深渊。"袁宏《后汉纪》亦曰："沙门者，汉言息也。盖息意去欲，而归于无为也。"

"归于无为"，见于《牟子》（道者导人致于无为），亦见于襄楷之疏（"此道贵尚无为"）。无为乃涅槃之古译，而其义实出于《老子》。所谓顺乎自然也。顺乎自然，则不溢其情，不淫其性（《牟子》），归真返朴，省欲去奢。黄老之学，本尚清净无为。司马谈曰（《史记·太史公自序》）：

>凡人所生者神也，所托者形也。神大用则竭，形大劳则敝，形神离则死。死者不可复生，离者不可复反，故圣人重之。

---

[1] 另有"当如草见火"一说。——编者注

《汉书·艺文志》曰：

> 神仙者所以保性命之真，而游求其于外者也。聊以荡意平心，同死生之域，而无怵惕于胸中。

欲保性命之真，须精神内守，而不为外物所诱。《淮南·精神训》曰：

> 五色乱目，使目不明。五声哗耳，使耳不聪。五味乱口，使口爽伤。趣舍滑心，使行飞扬。此四者，天下之所养性也。然皆人累也。故曰嗜欲者，使人之气越，而好憎者使人之心劳。弗疾去，则志气日耗。

人淫于嗜欲，则愚暗不明。（《四十二章经》，使人愚蔽者爱与欲也。）鉴明者尘弗能薶，神清者嗜欲弗能乱。（见《俶真训》。《四十二章》亦云，譬如磨镜，垢去明存。）故《精神训》又曰：

> 使耳目精明玄达而无诱慕，气志虚静恬愉而省嗜欲，五藏定宁充盈而不泄，精神内守形骸而不外越，则望于往世之前，而视于来事之后，犹未足为也，岂直祸福之间哉。

又"精神盛而气不散则理，理则均，均则通，通则神，神则以视无不见，以听无不闻"。有三明，则得六通。六通之一，为宿命通。《四十二章》有曰：

> 有沙门问佛，以何缘得道，奈何知宿命。佛言，道无形相，知之无益。要当守志行。譬如磨镜，垢去明存，即自见形。断欲守空，即见道真，知宿命矣。

《淮南·原道训》，又谓全身养性与道为一，则可谓有天下：

> 夫有天下者，岂必摄权恃势操杀生之柄而以行其号令耶。

> 吾所谓有天下者,非此谓也,自得而已。
自得者则浑然而往,逯然而来,形若槁木,心若死灰。
> 是故视珍宝珠玉,犹石砾也。视至尊穷宠,犹行客也。视毛嫱西施,犹颇丑也。(《精神训》)

《四十二章》之末亦曰:

> 佛言,吾视诸侯之位如过客。视金玉之宝如砾石。视氎素之好如弊帛。

行道者屏除嗜欲,其结果必至等富贵于朝露,见美人为髑髅,固亦中外学说中所常有也。

案张衡《西京赋》,叙述长安多佳丽,而曰:"展季桑门,谁能不营。"襄楷亦引佛视玉女为众秽之言。盖沙门不近女色,中国道术所无(且汉时方士已有房中术)。当甚为时人所惊奇。但襄楷之谏桓帝,已云陛下淫女艳妇极天下之丽,奈何欲如黄老乎。则当世黄老之徒,似亦以节淫欲见称也。考汉代学人,仅张衡襄楷述及佛教。《后汉书·方技传》,谓张衡为阴阳之宗,而襄楷亦擅术数之学,二人之知佛教,固又可证浮图方技关系之密切也。

克欲方法,大别为二。一为禅定,一为戒律。《四十二章经》言,优婆塞有五事戒,沙门有二百五十戒。牟子亦曰:"沙门二百五十戒,日日斋,其戒非优婆塞所得闻也。"自汉以来,佛家恒闻大戒有二百五十。至东晋释道安时,始知戒实不只此数。至若汉代沙门奉行戒律之详情,当于下论及之。

禅法之流行

禅定一语，不见于《四十二章经》中。然经谓睹天地，念非常，是谓无常观也。又言诵经比调琴，须缓急得中，此见于《杂阿含》卷九之二十亿耳一段，所谓诵经者，实行禅之误。又云，人愚以吾为不善，吾以四等慈护济之。慈悲喜护（亦作舍），号曰四等。原文夺悲喜二字，即禅法之四无量也。而此外各章所谓行道（如谓为道如锻铁，又谓行道不为鬼神所遮，似指魔娆乱），似即禅定之古译。然在东汉，桓帝以前，史书阙载，佛教禅法未闻流行。及支谶译《般舟三昧》《首楞严》二经，支曜出《成具光明定意经》。而汉晋间《般舟》有二译，《首楞严》有七译，《成具》有二译。（均见《祐录》二末）可见大乘禅法之渐盛也。而汉魏二代，安世高之禅法，则似尤为学佛者所风尚。世高特善禅数。大小《十二门》《修行道地》《明度五十计校》，均为禅经，悉安侯所出。而其译大小《安般守意经》（以上诸经《祐录》均著录），尤为中夏最初盛传之教法。汉末魏初，康僧会《安般守意经序》（《祐录》六）曰：

> 余生末踪，始能负薪，考妣殂落，三师凋丧，仰瞻云日，悲无质受，睠言顾之，潸然出涕。宿祚未没，会见南阳韩林，颍川皮业（皮一作文一作大），会稽陈慧。此三贤者，信道笃密，执德弘正，烝烝进进，志道不倦。余从之请问，规同矩合，义无乖异。陈慧注义，余助斟酌，非师不传，不敢自由也。

按韩林、皮业、陈慧似均同学于世高。而所学者为禅法。陈慧且注《安般》。盖与浮调之撰《十慧章句》，同为敷演《安般》者。而康僧会则似学于陈慧等,为世高之再传也。(《高僧传》谓,世高曾封一函,内言尊吾道者居士陈慧,传禅经者比丘僧会。)而序中所谓"烝烝进进,规同矩合",似指精进不懈悉依禅法。是世高僧教人习禅。而汉末韩林、皮业、陈慧,则以行禅知名者也。

盖闻入佛法有二甘露门,一不净观,一持息念。观不净者,坐禅尝以白骨死尸为对象。其法较为艰难。持息念者,即念安般,乃十念之一。安般者,出息入息也。禅心寄托于呼吸,与中国方士习吐纳者相似。吐纳之术,不知始于何时。(《庄子》外篇《刻意》有吐故纳新等语)桓谭《仙赋》有云:"王乔赤松,呼则出故,翕则纳新。"王充《论衡·道虚篇》云:"道家相夸曰,真人食气,以气而为食,故传曰食气者寿而不死。"又云:"道家或以导气养性度世而不死。"《牟子》曰:"圣人云,食谷者智,食草者痴,食肉者悍,食气者寿。"吐纳之术,见于《参同契》。然(所言甚略)其详则多赖后人之疏释。《抱朴子·释滞篇》,详述胎息,但亦不能确定是否为汉世道家所行。但在汉末则有荀悦《申鉴》卷三叙治气之术。略曰:

夫善养性者无常术,得其和而已矣。邻脐二寸谓之关。关者所以关藏呼吸之气,以禀授四气也。故长气者亦关息。气短者,其息稍升,其脉稍促,其神稍越。至于以肩息而气舒,其神稍专,至于以关息而气衍矣。故道者常致气于关,是谓术。

长息短息亦见于《安般守意经》。道家之吐纳,固不能仅据此而谓其必因袭佛家之禅法。(按《抱朴子》谓吐纳时数息,并注意鼻端,此与《安般》所言相符。或实得之佛法,又《庄子·刻意篇》《论衡·道虚篇》,有吹呴呼吸吐故纳新云云。《安般》谓息有风气息喘四事，二者亦类似。但其解释各异，则实偶然之相合也。）但当世《安般》禅法之流行，必因其与道术契合，则似无可疑也。

汉末向栩少为书生，性卓诡不群，恒读《老子》《庄子》。（见《御览》引《范史》）博览群籍，兼好黄老古（疑是玄字）虚。（见《群辅录》）状如学道，又似狂生。好被发，著绛绡头。（《吴志·孙策传注》引（江表传）云，张津为交州刺史，舍前圣典训，废汉家法律，常著绛帕头，鼓琴焚香，读邪俗道书，云以助化，云云。绛帕头非汉人常服。）常于灶北，坐板床上，如是积久，板乃有膝踝足指之处。常入市行乞。后值张角之乱，宦官张让谮栩，谓疑与角为内应，伏诛。（上见《后汉书》本传）栩盖亦好道术之士。其久坐似系道家禅法。栩为河北朝歌人，而安侯弟子有南阳韩林，颍川皮业。陈慧则南方会稽人。康僧会在吴。而据道安《大十二门经序》，此经系嘉禾七年在建业周司隶舍写。（见《祐录》六）则汉末魏初，河北、江南及中州一带固均有禅学也。而《太平经》中"守一"之法，固得之于佛家禅法，则山东禅法之流行，亦可知也。（下详）

仁慈好施

汉代佛教，特重屏除私欲。（《四十二章》特表明此义）而禅定则祛练神明之方法。故汉末颇为流行。私欲之根，为贪瞋痴三毒。佛家劝人捐财货，乐施与，所以治贪。不杀伐，行仁慈，所以治瞋。戒杀乐施虽为印度所常行，然在中国则罕见。故汉代常道之。明帝诏云，楚王英"尚浮屠之仁祠"。班勇记天竺事，列其"奉浮图，不杀伐"。(《后汉书·西域传》)襄楷曰:"此道好生恶杀";袁彦伯《后汉纪》亦曰:"其教以修善慈心为主,不杀生。"此则其所谓仁慈者,以不杀最为世所称道。又《四十二章经》曰:"佛道守大仁慈,以恶来,以善往。"此则以犯而不校,无瞋恚心,为大仁慈也。

《四十二章经》谓沙门"去世资财,乞求自足","为道务博爱","博哀施","德莫大施"。《牟子》谓"佛家以空财布施为名"。而当时所谓布施,特重以饭食给人。《四十二章经》,有饭善人一章。楚王英设伊蒲塞桑门之盛馔。明帝并还其所贡献财帛佐助其事。则饭僧之制,最初即流行。汉末笮融,每浴佛,多设酒饭,布于路,经数十里,任人就食,则其施饭规模甚大。亦可见汉代布施功德首在此也。

汉代方士,不闻戒杀。武帝时谬忌奏泰一方,谓以太牢祭。(《史记·封禅书》)桓帝祭老子以三牲。(《东观汉记》)至若布施,则亦为治黄白术者所不言。武帝时,李少君以方术游诸侯,人闻其能使物及不死,更馈遗之。常余金钱衣食。人皆以为不治产业而饶给。(《封禅书》)杨王孙者,学黄老之术。家业千金,厚自奉养生,亡所不致。(《汉书》本传)其行事均与重布施之沙门异其趣。但后汉时,蜀中高士有折像者,幼有仁心,不杀昆虫,不折萌芽。能通京氏《易》,好黄老家言。原有资财二亿,僮八百人。像感多藏厚亡之义,谓盈满之咎,道家所忌,乃散金帛资产,周施亲疏。自知亡日,召宾客九族饮食辞诀,忽然而终。卒后家无余赀。(《后汉书·方术传》)则东汉奉黄老者,固亦有戒杀乐施者也。至若《太平经》常言乐施好生，则尤与佛家契合。此当于下及之。

《太平经》与佛教

《太平经》者，上接黄老图谶之道术，下启张角、张陵之鬼教[1]，与佛教有极密切之关系。兹分三事说之。（甲）《太平经》反对佛教；（乙）但亦颇窃取佛教之学说；（丙）襄楷上桓帝疏中所说。

（甲）按东汉佛教流行于东海，而《太平经》出于琅琊，壤地相接，故平原湿阴之襄楷，得读浮屠典籍，并于吉神书。则此经造者如知桑门优婆塞之道术，固亦不足异。经之卷百十七，言有"四毁之行，共污辱皇天之神道，不可以为化首，不可以为法师"，而此四种人者，乃"道之大瑕病所由起，大可憎恶"，名为"天咎"：一为不孝，弃其亲。二曰捐妻子，不好生，无后世。三曰食粪，饮小便。四曰行乞丐。经中于此四行，斥驳之极详。夫出家弃父母，不娶妻无后嗣，自指浮屠之教。而《论衡》谓楚王英曾食不清，则信佛者固亦尝服用粪便也。至若求乞自足，中华道术亦所未闻。故《太平经》人，极不以此为然。其卷百十二有曰：

> 昆仑之墟，有真人上下有常。真人主有录籍之人，姓名相次，高明得高，中得中，下得下。（《尚书帝验期》云，王母之国在西荒，凡得道授书者，皆朝王母于昆仑之阙。）殊无搏颊乞丐者。

搏颊〔搏颊不知即《太平经》所言之叩头自搏否。《弘明集》七宋释僧愍《华戎论》

---

[1] 指二人分别创立的太平道和五斗米道，五斗米道又叫天师道。——编者注

斥道教云，搏颊叩齿者，倒惑之至也。唐法琳《辨正论》二引道教书《自然忏谢仪》，有九叩头九搏颊之语。是搏颊之事，南北朝隋唐道士犹行之。又按支谦译《梵志阿飏经》，有外道四方便，其第四中有搏颊求福之句。此经为《长阿含阿摩昼经》之异译，巴利文Ambattha Sutta为其原本。二处所记之四方便中，均无此句。但康僧会之《旧杂譬喻经》卷八，亦言有搏颊人。又《六度集经》五有曰，或搏颊呻吟云，归命佛，归命法，归命圣众。据此岂中国佛教古用此法耶，抑仅译经者借用中土名辞，以指佛教之膜拜耶。（参看《宋高僧传·译经篇》论中华言雅俗段。）若汉代僧徒行此，则经所谓之搏颊与乞丐，均指佛教徒也〕乞丐等之道者，盖不能与于有录籍之列。疑在汉代沙门尚行乞，至后则因环境殊异，渐罕遵奉。盖据今日所知，汉代以后传记所载，沙门释子未普行此事。（《高僧传》所载最著者，为晋康僧渊乞丐自资，人未之识，及觉贤偕慧观等乞食事。又《广弘明集》沈约《述僧设会论》云，今既取足寺内，行乞事断，或有持钵到门，便呼为僧徒，鄙事下劣。既是众所鄙耻，莫复行乞。悠悠后进，求理者寡，便谓求乞之业，不可复行，云云。据此则至少在齐梁之世，求乞即未普行也。）而观《弘明集》所录护教之文，只闻对于沙门出家不孝无后，常有非难，而于求乞则竟无一言，亦可以知矣。

（乙）《太平经》卷九十一有文曰：

　　天师之书，乃拘校天地开辟以来，前后圣贤之文，河图洛书神文之属，下及凡民之辞语，下及奴婢，远及夷狄，皆受其奇辞殊策，合以为一语，以明天道。

又卷八十八亦有曰：

　　今四境之界外内，或去帝王万万里，或有善书，其文少不足，乃远持往到京师。或有奇文殊方妙术，大儒穴处之士，义不远万里，往谒帝王衒卖道德。（中略）或有四境夷狄隐人，胡貊之属，其善人深知秘道者，虽知中国有大明道德之君，不能远（疑有脱误）故赍其奇文善策殊方往也。

据此造《太平经》时，所摭采极杂，远及夷狄之文。故其经中虽不似后来道书中佛教文句，连篇累纸。（唐玄嶷《甄正论》言《太平经》不甚苦录佛经，多说帝王理国之法，阴阳生化事等。）但亦间采浮屠家言。如本起（本起为汉魏译本所通用之名词）、三界（三界之意不明。然或系用佛语。参看商务本《太平经》卷九十三之十五页。又经乙之三，谓求道常苦，此义亦见《四十二章经》中），疑是采自佛经之名辞也。又《太平经钞·甲部》叙李老诞降之异迹，颇似袭取释迦传记。（按《春秋元命苞》云，神农生辰而能言，五日而能行，七朝而齿具，三岁而知稼穑、般戏之事云云，所言与《太平经》叙老君事相类。）如谓李君生时有九龙吐水，此本为佛陀降生瑞应之一。（见《普耀经》卷二。此经西晋竺法护译，但汉代或有释迦传记今已佚失。参看1920年《通报》伯希和《牟子序论》。）至若奖励布施，经中屡屡言及。又虽不戒杀，而言天道仁慈，好生不伤害。（《太平经》四十之六页，按五十之八页，五十三之二页，《经钞》丁十二页。）似均受佛教之影响。（楚王英即已为桑门设盛馔，而襄楷谓黄老浮屠之道好生恶杀。）

《太平经》与佛教不同之点，以鬼魂之说，为最可注意。经中信人死为鬼，又有动物之精。（一一七之九[1]）又有邪怪可以中人。（七十一之六页）其说与《论衡·论死》《纪妖》《订鬼》诸篇所纪汉

---

[1] 结合上下文，此处应是标识卷次和页码。汤用彤所依《太平经》版本，应是20世纪20年代商务印书馆影印的道藏本。囿于内容与版本不便核查，编者未敢擅自加上"页"字而统一体例，故保留原文面貌。下文类似情况亦保留原文面貌。——编者注

代之迷信相同。而人如养气顺天，则天定其录籍，使在不死之中。或且可补为天上神吏。（见一一一及一一四诸卷中）否则下入黄泉。如无子孙奉祠，则饥饿困苦。（一一四之十六）绝无印度轮回之学说。（如卷七十二云，夫天下人死亡非小事也。一死终古不得复见天地日月也。脉骨成涂土，死命重事也。人居天地之间，人人得一生，不得重生也。重生者，独得道人死而复生，尸解者耳。是者天地所私，万万未有一人也。故凡人一死，不得复生也。又卷百十四有文略曰，天神促之使下入土，入土之后，何时复出生乎？）既无轮回之说，自无佛家之所谓因果。但经中盛倡"承负"之说，为其根本义理之一。盖谓祖宗作业之善恶，皆影响于其子孙。先人流恶，子孙受承负之灾。帝王三万岁相流，臣承负三千岁，民三百岁，皆承服相及，一伏一起，随人政盛衰不绝。（乙之十一）承负之最大，则至绝嗣。经中援用此义，以解释颜夭跖寿等项不平等之事。如曰：

比若父母失道德，有过于乡里，后子孙反为乡里所害，是即明承负之验也。（见《钞》丙之一页。反字原为必字，今依经三十七卷一页改。）

如又有云：

力行善，反得恶者，是承负先人之过，流灾前后积来害此人也。其行恶反得善者，是先人深有积蓄大功，来流及此人也。（乙之十一）

《易》曰：积善之家，必有余庆；积不善之家，必有余殃。承负之说，自本乎此。但佛家之因果，流及后身。《太平经》之报应，流及后世。说虽不同，而其义一也。经中言之不只一处，为中土典籍所不尝有。吾疑其亦比附佛家因报相寻之义，故视之甚重，而言之详且尽也。

（丙）汉代佛教，历史材料甚少，极为难言。但余极信佛教在汉代不过为道术之一。华人视之，其威仪义理，或有殊异，但论其性质，则视之与黄老固属一类也。溯自楚王英尚黄老之微言，浮屠之仁祠，以至桓帝之并祭二氏，时人信仰，于道佛并不分别。襄楷上官崇之神书，复曾读佛经。其上桓帝疏杂引《老子》佛书，告桓帝以人主所应奉之正道。则在其心目中，二道实无多大差异。其言曰：

又闻宫中立黄老浮屠之祠。此道清虚，贵尚无为，好生恶杀，省欲去奢。

此举黄老浮屠合言为"此道"。而清虚无为，亦《太平经》之所言。至若好生省欲，于吉神书，尤所注意。诸义均可与佛教相附会。则桓帝所奉之黄老，虽非于吉之教。然自襄楷之信念言之，浮屠与太平道可合而为一也。

襄疏又曰：

浮屠不三宿桑下，不欲久，生恩爱，精之至也。

浮屠不三宿桑下，原出《四十二章经》。至若"精之至也"一语，见于《老子》五千文。但《太平经》，固亦不缺此类语言。如曰"精思"（乙之十六），"精明"（乙之五），"不精之人"（七十一之二），又言"精进"（甲之三）。则称赏"精之至"者，亦于吉之教所许也。（康僧会《六度集经》卷六，释精进曰，精存道奥，进之无怠，此亦袭取道书旨意。）

襄疏又曰：

天神遗以好女。浮屠曰，此革囊盛血，遂不盼之。其守一如此，乃能成道。

天神以玉女试道者，两见于《太平经》中。如言天常使邪神来试人，数试以玉女，审其能否持心坚密。（七十一之六以下）又谓赐以美人玉女之象，如意志不倾，则能成道，如生迷惑，则"道不成"。（此见一一四之六页，此段及上段所引文，均难读，兹但节引之。）于吉、襄楷皆用《四十二章经》之故事也。"守一"语似老子之抱一。但《太平经》中有守一之法，谓为长生久视之符。（壬之十九）守一者可以为忠臣孝子，百病自除可得度世。（九十六卷）谓有三百首（一〇二），兹已不详。但其法疑窃取佛家禅法。如《经钞》乙之五曰：

　　守一明之法，长寿之根也。万神可御，出光明之门。守一精明之时，若火始生时，急守之勿失。始正赤，终正白，久久正青，洞明绝远，还以理一，内无不明。（原文颇有误字，此据《太平经圣君秘旨》校改。）

今按"守一"一语屡见于汉魏所译佛经中。如吴维祇难[1]等所出之《法句经》云：

　　昼夜守一，心乐定意。

　　守一以正身，心乐居树间。

《分别善恶所起经》（此经《长房录》四谓为安世高译，《祐录》四在续失译中）偈言有曰：

　　笃信守一，戒于壅蔽。

《菩萨内习六波罗密经》（此经《长房录》四谓为汉人严佛调译，《祐录》失载，但依其文字可指为魏晋以前所出），解禅波罗密为"守一得度"。而

---

[1] "维祇难"应为"维祇难"。——编者注

《阿那律八念经》（此经《长房录》四谓为汉支曜译，《祐录》三安公失译录中著录，亦当为晋以前所出）云：

> 何谓四禅，惟弃欲恶不善之法，意以欢喜，为一禅行。以舍恶念，专心守一，不用欢喜，为二禅行。（下略）

据此则"守一"盖出于禅支之"一心"。（《太平经》九十六谓守一可以为孝子忠臣云云。后汉支曜译《成具光明定意经》云，孝事父母，则一其心，尊敬师友，则一其心，云云，可与《太平经》所言参照。）而《太平经》之守一，盖又源于印度之禅观也。

按一心谓之守一，"一心则不摇"（用《成具经》中语）。不摇故不惧女色之试诱，不畏虎狼毒物。（详一一四卷）因之襄楷谓浮屠不近女色，为守一也。又据《真诰》卷十三论守玄白之道曰：

> 此道与守一相似，……忌房室甚于守一。

《抱朴子·地真篇》亦云：

> 守一存真，乃能通神，少欲约食，一乃留息。

襄楷之以节欲与守一并言，其故谅亦在此也。

复次，汉代佛教。既为道术之一，因之自亦常依附流行之学说。自永平年中，下至桓帝约有百年，因西域交通之开辟，释家之传教者，继续东来。但译事未兴，多由口传。中国人士，仅得其戒律禅法之大端，以及释迦行事教人之概略，于是乃持之与汉土道术相拟。而信新来之教者，复借之自起信，用以推行其教。吾人今日检点汉代残留之史迹，颇得数事，可以证实此说。

一、如襄楷告桓帝曰：

> 又闻宫中立黄老浮屠之祠。……今陛下嗜欲不去，杀罚过

理,既乖其道,岂获其祚哉。

夫汉初黄老之道,本在治国。《太平经》亦有兴国广嗣之术。至若浮屠,则何与于平治之术,更胡能言岂获其祚耶。然按牟子述《四十二章经》之翻译,而有言曰:

> 时国丰民宁,远夷慕义,学者由此而滋。

此言疑本于《四十二章经》序。《祐录》载此序,其末段云:

> 于是道法流布,处处修立佛寺,远人伏化,愿为臣妾者不可称数,国内清宁,含识之类蒙恩受赖,于今不绝也。

此项言论,以臆度之,或当时之人,以黄老浮屠并谈,于黄老视为君人之术,于浮屠遂以为延祚之方也。

二、《太平经》中颇重仁道,如谓道属天,德属地,而仁属人,应中和之统。(三十五之二及一一九之七)又天道好生,地亦好养,故仁爱有似天地。(三十五之三)而佛法守大仁慈(《四十二章经》语),不杀伐(《后汉书》引班勇语),释迦牟尼一语,译为"能仁",亦始于汉代。(康孟详《修行本起经》释迦文下注云,汉言能仁。按牟尼在印度原文,并不可训为仁。支谦《瑞应本起经》有注,谓应译能儒。)汉明帝即已号浮屠为仁祠。汉魏佛经,发挥仁术者极多。如《六度集经》卷五云:"道士仁如天地。"卷七曰:"大仁为天,小仁为人。"凡此诸义,均与《太平经》义契合也。

三、"大仁为天,小仁为人"之文,出于《六度集经》中之《察微王经》。此经以五阴为元气。元气之说,在《太平经》中极重要,亦当时佛家所窃取,而为其根本义。(参看下章)《察微王经》有曰:

> 元气强者为地,软者为水,暖者为火,动者为风。四者和

第二章　汤用彤讲佛学　109

焉，识神生焉。

此显因人为中和之气所生，故云四者和而识神生。又仁属于人，应中和之统。因此"仁"者乃元气调和之表现。而人之高下，悉依调和之程度为准。故此经复曰，"神依四立，大仁为天，小仁为人"也。依此以推，则仁之最大者为神圣，神圣为中和之至极。故《太平经》谓得道之人，居于昆仑，昆仑者中极也。（百十二之二十一及庚之十四）而《后汉书·西域传论》，叙浮屠之化，亦曰：

> 余闻之后说也，其国则殷乎中土，玉烛和气，圣灵之所降集，贤懿之所挺生。

范氏所述，疑采自汉代之传记。又牟子《理惑论》，叙佛陀之诞生曰：

> 所以孟夏之月生者，不寒不热，草木华英，释狐裘，衣絺绤，中吕之时也。所以生天竺者，天地之中，处其中和也。

夫佛经固谓佛生于中国，但此乃天竺之中，而非天地之中也。谓为天地之中，乃谓神灵必降生于"玉烛和气"之境故也。实袭取支那[1]流行之学说也。

汉晋讲经与注经

汉世笮融立寺，读佛经，令界内及旁郡人好佛者听受。此为诵经或讲经，文略不能断定。至若讲经，则知始自桓帝世之安清、安

---

[1] 古代印度、希腊和罗马文献称中国为Cina、Tina、Sinae；后在汉文佛经和史籍中译作"支那"等。——编者注

玄。盖外国释子，恒专精一经，或数经。其善《阿含》者，谓之《阿含》师。善戒律者，曰《鼻奈耶》师。（道安《鼻奈耶序》有罽宾鼻奈）善对法者，曰《毗昙》师。其人不但诵讽通利，稀有忘失，抑且了解义理，兼能讲说。故来华诸师，于口出经文时，类常讲其意旨。故安玄所讲，当世称为都尉玄。想谓于经文能阐明其玄致也。安世高为阿毗昙师。《毗昙》恒依法数分列，纲目条然。世高译时便讲，遂必逐条论说，取经中事数，如七法、五法、十报法、十二因缘、四谛、十四意、九十八结等，一一为之分疏。而于四谛十四意九十八结，安侯并自有撰述。严浮调复因其未详《十慧》，乃作《沙弥十慧章句》。（均详见上章）《章句》者，疑系摘取《十慧经》文，而分章句，具文饰说。（语用《汉书·夏侯胜传》）其书用以教初学（原序末曰，未升堂者，可以启蒙焉），故曰《沙弥十慧章句》也。

安世高善《毗昙》学，译经时并随文讲说。其后浮调依其规模，分章句疏释。此种体裁，于后来注疏，至有影响。《祐录》九晋道安《四阿含暮抄序》云：

又有悬数悬事，皆访其人，为注其下。

《祐录》七道安《道行经序》云：

余集所见为解句下。

此均随事数文句，作为疏解。道安所用体裁，实出于严浮调。《祐录》十载其《十法句义序》曰：

昔严浮调撰《十慧章句》，康僧会集《六度要目》，每寻其迹，欣有寤焉。然犹有阙文行未录者，今钞而第之，名曰《十法句义》。若其常行之注解，若昔未集之贻后，同我之伦，傥可察焉。

释道安师浮调之遗法，续取前人已注解或未集之事数（原序有"明白莫过于辩数"之语），释其义旨。曰"钞而第之"者，亦逐条注释之谓也。同时（晋泰元二十一年）竺昙无兰次列三十七品，采辑各经不同文字，而以止观、三三昧、四禅、四谛，系之于后。《祐录》卷十，载其序文曰：

序二百六十五字，本二千六百八十五字，子二千九百七十字，凡五千九百二十字，除后六行八十字不在计中。

此书合列经文，有似会译。而分列事数，取一经文为母，其他经事数列为子。虽非注疏，然亦系师严氏之意。后世之会译子注，盖均原出于此。而其最初则似由于汉代讲经之法也。按安世高如不能用汉文撰述，道安谓其所撰《四谛口解》诸书，则必系听者所笔录。安侯译经，兼依事数，条述其义。弟子因先记事数译文，下列其口义，故已有本末母子之分。严浮调《十慧章句》，康僧会《六度要目》，道安《十法句义》，等均从之。而其后经典异译颇多，有会合诸本比较之必要。因亦仿其法，是曰会译。但会译源流，将于下另论之。

又按西晋竺法雅，创立格义，以经中事数，拟配外书，以训门徒。（《高僧传》本传）可知至西晋时，讲经犹沿用汉代安侯方法，先出事数，再分条释其义。而法雅复用外书相比拟，使学者易于了悟。由此可见，不仅严浮调等之撰述，以及后代之子注会译，同由最初所采讲经方式演进，即格义亦与此有关。至若格义之意义与重要，亦当于下另详之。

又汉代儒家讲经立都讲。（《后汉书·侯霸传》与《杨震传》）晋时佛家讲经，亦闻有都讲。（《世说·文学篇》许询为支道林都讲）似系采汉人经师讲经成法。但此制自亦有释典之根据，未必是因袭儒家法度。按康僧会《安般守意经序》曰：

> 世尊初欲说斯经时，大千震动，人天易色，三日安般，无能质者。于是世尊化为两身，一白（亦作曰）何等，一尊主演，于斯义出矣。大士上人六双十二辈，靡不执行。

世尊所化之一身，就安般事数分条问曰，何等。另一尊身答之，而敷演其义。前者当中国佛家讲经之都讲，后者乃所谓法师。按佛教传说，结集三藏时，本系一人发问，一人唱演佛语。如此往复，以至终了，集为一经。故佛经文体，亦多取斯式。如安世高所译之《阴持入经》（此经实属《阿毗昙》），是矣。兹节其开首数句于下：

> 佛经所行示教诫，皆在三部，为合行。何等为三。一为五阴，二为六本，三为从所入。五阴为何等。一为色，二为痛，三为想，四为行，五为识，是为五阴。

又沙门受戒时，说戒亦一师发问，一人对答。此皆都讲制度之根源。按此制最适用于讲《阿毗昙》。想当日讲《阴持入经》时，法师先提示佛之教诫皆在三部，次有一人唱问，何等为三。法师乃出阴持入三事。彼人复问五阴为何等，师乃出阴之五事。如是往复问答，以至终卷。此等条目分析之文体，自恰可用都讲。若行文连篇累牍，不分条款，如用都讲，必较不便。按安侯擅长《毗昙》，且又讲之。依其弟子严浮调，及其后道安所著书观之，其讲经时必亦据事数，逐条演义。而佛家都讲之说，在中国最早见于《安般守意经序》。此经世高所译，而作序之康僧会，则其再传弟子。然则序中所说佛化二身说经,或出于世高。而世高讲经,或已有都讲也。

又吴支谦译《大明度无极经·第一品》有曰,"善业为法都讲";又曰,诸佛弟子所问应答,其文下原有注曰:

> 善业(谓须菩提)于此清净法中为都讲。秋露子(谓舍利弗)于无比法中为都讲。

据此则都讲之制,出于佛书之问答,至为明晰。按支谦经原注,疑系其所自注。(说见后)若然,则佛教在三国之初,似已有都讲之制。而汉末之有都讲,亦意中事也。又按《后汉书·杨震传》云:"有冠雀三鳣鱼飞集讲堂前,都讲取鱼进。"是都讲为经师执役。至于儒家都讲诵读经文,则见于《魏书·祖莹传》。汉代都讲是否诵经,实无明文。而据上述之《安般序》及《明度经》佛家在汉魏间已有都讲,则都讲诵经发问之制,疑始于佛徒也。又《广弘明集》载梁武帝讲《般若经》,枳园寺法彪为都讲。又东晋支道林为法师,许询为都讲。"支通一义,四座莫不厌心,许送一难,众人莫不忭舞。"(《世说·文学篇》)此则一系讲经,而非讲《毗昙》。一则都讲,似可依己意发难,是皆此制之推广。但其最初或出于安世高讲《毗昙》法数也。

又按谢灵运《山居赋》有曰:

> 安居二时,冬夏三月,远僧有来,近众无阙。法鼓即响,颂偈清发。散华霏蘂,流香飞越。析旷劫之微言,说像法之遗旨。乘此心之一豪,济彼生之万理。启善趣于南倡,归清畅于北机。非独惬于予情,谅金感于君子。

按康乐自注云:

众僧冬夏二时坐，谓之安居，辄九十日。众远近集，萃法鼓颂偈华香四种，是斋讲之事。析说是斋讲之议。乘此之心，可济彼之生。南倡者都讲，北居者法师。

此于晋宋讲经之情，叙之颇详，故广引之如上。

总　结

佛教在汉世，本视为道术之一种。其流行之教理行为，与当时中国黄老方技相通。其教因西域使臣商贾以及热诚传教之人，渐布中夏，流行于民间。上流社会，偶因好黄老之术，兼及浮屠，如楚王英、明帝及桓帝皆是也。至若文人学士，仅襄楷、张衡略为述及，而二人亦擅长阴阳术数之言也。此外则无重视佛教者。故牟子《理惑论》云："世人学士，多讥毁之。"又云："俊士之所规，儒林之所论，未闻修佛道以为贵，自损容以为上。"及至魏晋，玄学清谈渐盛，中华学术之面目为之一变。而佛教则更依附玄理，大为士大夫所激赏。因是学术大柄，为此外来之教所篡夺。而佛学演进已入另一时期矣。吾之视汉代佛教自成一时期者，其理由在此。

释道安

（节选）

高僧与名僧

梁慧皎《高僧传序录》曰："自前代所撰，多曰名僧。然名者本实之宾也。若实行潜光，则高而不名。寡德适时，则名而不高。"盖名僧者和同风气，依傍时代以步趋，往往只使佛法灿烂于当时。高僧者特立独行，释迦精神之所寄，每每能使教泽继被于来世。至若高僧之特出者，则其德行，其学识，独步一世，而又能为释教开辟一新世纪。然佛教全史上不数见也。郗嘉宾誉支道林，谓"数百年来，绍明大法，使真理不绝，一人而已"。其实东晋之初，能使佛教有独立之建设，坚苦卓绝，真能发挥佛陀之精神，而不全借清谈之浮华者，实在弥天释道安法师。道安之在僧史，盖几可与于特出高僧之数矣。

释道安生于晋永嘉六年（公元312年），卒于太元十年（公元385

年)。在其生前四年,竺法护在天水寺译经。道安约与竺法深支道林同时。其生后于深公二十六岁,长于支公两岁。其死时支卒已十九年,深公逝世亦已十年矣。在安公之出世,《般若大品》恰已译出。在其幼时,永嘉名士,相率渡江,佛教玄风,亦渐南播。方支竺野逸于东山,安公行化于河北。约当支竺重莅建业,安公将南下襄阳。及支竺迁神,安公西入长安译经,孜孜不倦,以及命终。其风骨坚挺,弘法殷勤,非支竺二公所能望也。余故于两晋之际特详述关于道安事迹,而以晋末佛教史实附焉。

综论魏晋佛法兴盛之原因

自汉通西域,佛教入华以来,其始持精灵报应之说,行斋戒祠祀之方。依傍方术之势,以渐深入民间。汉末魏初,洛阳有寺。徐州广陵许昌有寺。仓垣水南北二寺,亦当建于是时。汉人严浮调、朱士行已出家为沙门。晋世洛中有寺四十二所,今可知者亦已及十。他处虽少可考见,然其时奉佛以求福祥,民间当更流行。而自汉末世乱,以至五胡之祸[1],民生凋敝,验休咎报应,求福田饶益,当更为平民之风尚。后赵时安定人侯子光(《御览》三七九引《十六国春秋·后赵录》作刘光。又法琳《破邪论》引傅奕云,后赵沙门张光等并皆反乱云,张光当即刘光)自称佛太子,从大秦国来,当王小秦国,聚众数千人于杜南山,称大黄帝。(《晋书》一〇六)可见西晋佛教,在民间煽惑力已甚强。晋道恒《释驳

---

[1] 五胡是历史上对起兵反晋的匈奴、鲜卑、羯、氐、羌等五个少数民族的旧称。两晋之际,各民族在中原互相争战,使中原地带长期处于战乱之中。——编者注

论》有曰：

> 且世有五横，而沙门处其一焉。何以明之。乃大设方便，鼓动愚俗。一则诱喻，一则迫胁。云行恶必有累劫之殃，修善便有无穷之庆。论罪则有幽冥之伺，语福则有神明之祐。敦厉引导，劝行人所不能行。逼强切勒，勉为人所不能为。

《释驳论》虽东晋末叶所作，然据《后汉书纪》，祸福报应固早已为佛法起信之要端。而乱世祸福，至无定轨，人民常存侥幸之心，占卜之术，易于动听。竺佛图澄者，道安之师也。其行化时，五胡之乱最烈，石勒残暴，实为流寇。澄悯念苍生，以方术欣动二石，以报应之说戒其凶杀。蒙其益者十有八九。（语见《僧传》）于是中州晋胡，略皆奉佛。是则释氏饶益即未验于来生，而由澄公已有征于今世。《高僧传》详述澄术之神异，又记其立寺八百九十三所，虽不尽可信，然佛教之传播民间，报应而外，必亦借方术以推进，此大法之所以兴起于魏晋，原因一也。

西晋天下骚动，士人承汉末谈论之风，三国旷达之习，何晏、王弼之老庄，阮籍、嵇康之荒放，均为世所乐尚。约言析理，发明奇趣，此释氏智慧之所以能弘也。祖尚浮虚，佯狂遁世，此僧徒出家之所以日众也。故沙门支遁以具正始遗风，几执名士界之牛耳。而东晋孙绰，且以竺法护等七道人匹竹林七贤。至若贵人达官，浮沉乱世，或结名士以自炫，或礼佛陀以自慰，则尤古今之所同。（《世说》谓殷浩被黜，始看佛经。）晋时最重世族。西晋时阮瞻、庾敳已与僧游。东晋时王谢子弟常与沙门交友。史谓竺法汰北来未知名，王领车（王导之子名洽）供养之，每与周旋，行来往名胜许，辄与俱。不得汰，便停车不行，因此名遂重。（见《世说·赏誉篇》。按王洽卒于法汰到京之前，此当别一人事。）盖世尚谈客，飞沉出其指顾，荣辱定其一言。贵介子弟，依附风雅，常为能谈玄理之名俊，其赏誉僧人，亦固其所。此则佛法之兴得助于魏晋之清谈，原因二也。

西晋初，郭钦上疏，谓魏初人寡，西北诸郡，皆为戎居。江统《徙戎论》，亦历叙东汉前魏，氐羌杂居于关中，将为祸滋蔓，暴害不测。当时晋帝未能用其忠言，遂召五胡之祸。而方中原异族错居时，佛教本来自外域，信仰归依，应早已被中国内地之戎狄。王谧答桓玄难云（《全晋文》卷二十）："曩者晋人略无奉佛，沙门徒众，皆是诸胡，且王者不与之接。"《高僧传·佛图澄传》曰，澄道化既行，民多奉佛，营造寺庙，相竞出家，真伪混淆，多生愆过。石虎下诏令中书料简，详议真伪。中书令著作郎王度奏略曰，"夫王者郊祀天地，祭奉百神。载在祀典，礼有常飨。佛出西域，外国之神，功不施民，非天子诸华所应祀奉。往汉明感梦，初传其道，唯听西域人得立寺都邑，以奉其神，其汉人皆不得出家。魏承汉制，亦循前轨"云云。谓"宜断赵人不得诣寺烧香礼拜"。中书王波亦同度所奏。石虎下书曰："度议云，佛是外国之神，非天子诸华所可宜奉。朕生自边壤，忝当期运，君临诸夏。至于飨祀，应兼从本俗。佛是戎神，正所应奉。"据此汉魏之后，西北戎狄杂居。西晋倾覆，胡人统治。外来之教益以风行，原因三也。

自汉以来，佛教之大事，一为禅法，安世高译之最多，道安注释之甚勤。一为《般若》，支谶竺叔兰译大小品，安公研讲之最久。一为竺法护之译大乘经，道安为之表彰备至。而在两晋之际，安公实为佛教中心。初则北方有佛图澄,道安从之受业。南如支道林,皆宗其理。(《世说·雅量篇》注)后则北方鸠摩罗什,遥钦风德。(见《僧传》)南方慧远,实为其弟子。盖安法师于传教译经,于发明教理,于厘定佛规,于保存经典,均有甚大之功绩。而其译经之规模,及人材之培养,为后来罗什作预备,则事尤重要。是则晋时佛教之兴盛,奠定基础,实由道安,原因四也。

竺佛图澄

竺佛图澄者,西域人也。《高僧传》谓本姓帛氏(《世说注》引《澄别传》曰,不知何许人),似为龟兹人。(近人如王静安先生尝引《封氏闻见记》所引光初五年碑而谓澄为罽宾王子。唯据赵明诚《金石录》二十所记,此碑原文,作"天竺大国附庸小国之元子也"。合校《闻见记》各种版本庸字先误为宾字,而附字尚不误。最后乃有人将附字改为罽。故澄为罽宾人本因字之讹误也。)清真务学,诵经数百万言,善解文义。虽未读此土儒史,而与诸学士论辩疑滞,皆暗若符契,无能屈者。自云,再到罽宾,受诲名师。(《释老志》云,少于乌苌国就罗汉入道。)志弘大法,善诵神咒。既善方技,又解深经。于晋怀帝永嘉四年(公元310年)来适洛阳,欲立寺,以乱不果。于石勒屯兵葛陂之岁(公元311年或312年),观勒之残暴,悯念苍生,欲以道化勒。乃仗策诣军门,因大将郭黑略(黑亦作默)见勒,大为敬礼。及石虎在位,尤倾心事澄。曾下诏书曰,和尚国之大宝,荣爵不加,高禄不受,荣禄匪顾,何以旌德。从此以往,宜衣以绫锦,乘以雕辇。朝会之日,和尚升殿,常侍以下,悉助举舆,太子诸公扶翼而上,主者唱大和尚,众坐皆起,以彰其尊。又敕司空李农旦夕亲问，太子诸公五日一朝，表朕敬焉。据《高僧传》所载，澄常以道术欣动二石。(《释老志》曰，刘曜时到襄国，后为石勒所宗信，号为大和尚，军国规模，颇访之，所言多验。《晋书》载记谓冉闵亦访于道士法饶，不验被杀。) 慈洽苍生，拯救危苦，其弘法之盛，莫之与先。考其声教所及，河北中州(此据《僧传》)之外，江南名僧，亦相钦敬。(支道林谓澄公以石虎为海鸥鸟，见《世说》。) 于石虎建武末年(即晋穆帝永和四年，公元348年)，岁在戊申(《晋书·艺术传》作寅，误)，卒于邺宫寺。澄风姿详雅，讲说之日，止标宗致，使始末文言，昭然可了。佛调须菩提等数十名僧，远自天竺、康居来受学。中土弟子之知名者，有法首、法祚、法常、法佐、僧慧、道进、道安、法雅(又有法牙，或即法雅之误耶)、法汰、法和、僧朗(即泰山僧朗，《水经注》称为澄弟子)、安令首尼等。此中道进学通内外。法雅创立格义。法汰弘教江南。法和授徒西北。《比丘尼传》谓安令首尼，博览群籍，弘教颇力(因其出家者二百余人，又立寺五)，一时所宗，先亦从澄出家。《水经注》谓朗公少事佛图澄，硕学渊通，尤明气纬。而释道安者，尤为后来南北人望。其《道地经》序，叹"师殒友折"。《僧伽罗刹经序》曰："穷通不改其恬，非先师之故迹乎。"《比丘大戒》序，谓至澄和上，戒律始多所正焉。而据《四阿含暮抄序》，安公以八九之年，曾自长安东省其先师寺庙。安公造诣极深，而于澄公深致眷念，亦必其学问德行之足感人也。然据史书(《僧传》与《晋书》等)澄公党徒之众，必常多为其方术所歆动。虽其弟子颇多学人、名僧，然道安、法雅辈之博洽、之文学，当非得之于佛图澄。而澄之势力所及，必更多在智识阶级以外。二石崇佛甚至(参考《邺中记》叙其时奉佛之奢侈)，朝臣亦事佛起大塔(《僧传），及《御览》六五八《佛图澄传》曰，尚书张离张良家富，事佛起大塔），邺中佛寺可考者，亦有多所。（《僧传》《晋书》佛图澄、单道开等传）相台为六朝佛法重镇，盖始于佛图澄之世。河北佛法之盛，亦起自澄和尚。而其弟子道安初亦在河北行化多年也。

道安年历

《高僧传》谓道安卒于晋太元十年二月八日（即苻坚建元二十一年），年七十二。（此据丽本。宋元明三本均无此四字。《太平御览》卷六五五引《高僧传》，及《名僧传抄》，均有此四字。）此言不知何所本。然据《中阿含经序》，道安实约死于苻坚末年（建元二十一年）。而道安作《四阿含暮抄序》，及《毗婆沙序》，均有"八九之年"（即年七十二岁）之语。考二经之出也，其时约为自建元十八年八月至十九年八月。二序之作，或均在建元十九年中，皆自言七十二岁。如安公死于二十一年二月，则实七十四岁。

《僧传》谓安公先避难濩泽，遇竺法济、支昙讲。（《僧传》曰，大阳竺法济、并州支昙讲《阴持入经》，道安从之受业。然据安公《阴持入经序》及《道地经序》，支昙讲乃人名，并州雁门人。讲字不得作动字读。而《阴持入经序》，亦仅言二沙门冒寇远集，诲人不倦，遂与折槃畅碍，造兹注解，云云。安公实不能谓为从之受业。）顷之与法汰隐飞龙山。僧光（一作先）道护亦在彼山。后又至太行恒山。且至武邑。年四十五复还冀部[1]。其后石虎死，石遵请其入邺。未久而石氏国乱，安公乃西去牵口山王屋女林山，等语。

---

[1] 疑为冀都之误，见124页随文注。——编者注

慧皎似谓安公避难濩泽，隐居恒山，在石虎去世之前，实大讹误。道安《大十二门经序》，言《大十二门》乃汉桓帝世安世高所出，安公所得之本，乃嘉禾七年在建邺周司隶舍写，缄在箧匮，盖二百年矣。(《祐录》六) 查汉桓帝即位之初年，至石虎死年亦不过二百有二岁。(如自吴嘉禾至石虎死时，则只百一十余年。) 石虎死于晋永和五年，安公在濩泽至早亦在永和三年。而《道地经序》则谓在濩泽时"师殒友折"。按佛图澄死于永和四年。则安在濩泽已在永和四年以后。又慧远见安公于太行恒山，从之出家，时石虎已死(《慧远传》语)，且当为永和十年。(说见后) 又若还冀都后，石虎乃死，则永和五年安公仅年三十七岁，亦与还冀部年四十五之说不合。又据《僧光传》，谓因石氏之乱，隐于飞龙山，后乃南游，卒于襄阳。则石氏之乱，显系石虎死后之乱。(《法和传》谓石氏之乱，率徒入蜀，乃指道安南趣襄阳时事，可证。) 故飞龙山隐居，濩泽避难，太行立寺，均当在石虎死后。而其所谓避难，实避冉闵之难也。(按《道地经序》有"皇纲绝纽，猃狁猾夏，山左荡没，避难濩泽"诸语。如指刘渊石勒乱河北，并执二帝事，则时安公年仅数岁。故所言系泛指东晋偏安后北方情形。)

兹依上说，作安公年历如下：

晋怀帝永嘉六年（公元312年），道安生于常山扶柳县。

晋成帝咸康元年（公元335年），年二十四，石虎迁都于邺，佛图澄随至邺。其后道安入邺师事澄。

晋穆帝永和五年（公元349年），年三十七，石遵请入居华林园，其后避难，疑先居濩泽（晋县，属平阳郡），后北往飞龙山（一名封龙山）。

晋穆帝永和十年（公元354年），安公年四十二，慧远就安公出家。时安公在太行恒山立寺。后应招至武邑（晋郡）。

晋穆帝升平元年（公元357年），年四十五，还冀部，住受都寺。（冀部疑冀都之误。按石虎时，冀州治于邺。慕容儁平冉闵，冀州又徙理信都。安公未曾至信都。此云还冀部，疑即再至邺都也。）疑此后又西适牵口山（《水经·浊漳水篇》白渠水出钦口山，即此，在邺西北），又至王屋女林山（一作女休或女机。应在王屋附近。又按濩泽与王屋甚近。《僧传》述安公自濩泽，北至飞龙山，最后又至王屋，事虽可能。但依地望言之，则似由濩泽至王屋为较合。今无确证。仅列石虎死事于前，余均依《僧传》所述次序）。复渡河居陆浑（洛阳之南）。

晋哀帝兴宁三年（公元365年），年五十三，慕容氏略河南，安公南投襄阳。〔查《僧传》及《世说注》均言事在慕容儁（原作俊）时。计之，当在再前十余年。与安公在襄阳十五年之说不合。又《名僧传抄》云，安公在襄阳立檀溪寺，年五十二，疑系指其到襄阳时，五十二乃五十三之误。〕

晋孝武帝太元四年（公元379年），己卯，年六十七，时已在襄阳十有五载（《祐录》八道安《般若抄序》）二月，苻丕克襄阳，道安遂赴长安。（《祐录》十一道安《比丘大戒序》云，岁在鹑火自襄阳至关右，见昙摩侍，令其译比丘戒本，至冬乃讫。同卷《关中近出尼坛文记》云，太岁己卯，鹑尾之岁，十一月十一日，昙摩侍译比丘尼戒本。盖安公是年春末夏初，至长安，昙摩侍先译比丘戒，至冬讫。又译尼戒。唯据汪日桢超辰表计算，太元四年，岁星鹑首，上引二文所记岁星均误也。）

晋孝武帝太元七年（公元382年），壬午，年七十一，八月东赴邺视佛图澄寺庙。（明年《毗婆沙》译出，道安作序，有八九之年之语。）

晋孝武帝太元之十年（公元385年），二月八日，卒于长安，年七十四。八月苻坚被杀，即秦建元二十一年也。安公卒年月日，《祐录》《僧传》及《名僧传抄》均同。据近人考订，道安死时，不应在二月八日。盖《祐录》十《僧伽罗刹集经后记》云，此经于建元二十年十一月三十日译讫，"秦言未精。沙门释道安朝贤赵文业研核理趣，每存妙画，遂至留连，至二十一年二月九日方讫"。此记明说二月九日，而不言道安之死。倘安卒于二月八日岂得不提及。此可疑之点一。又《祐录》九，道安《增一阿含序》云："岁在甲申（建元二十）夏出，至来年春乃讫。……余与法和共考正之，僧略僧茂助校漏失，四十日乃讫。"此似谓经于二十一年春译讫后，安公等校定又经四十日。则自正月初一起算，校定完毕已在二月八日之后。此可疑之点二。据此二证，安公之死，当在二月八日以后也。（按二月八日为佛教圣日之一，道安死时《祐录》等均载其瑞相。疑后人故神其说，遂以此日为其入灭之时。）

道安居河北

释道安，本姓卫氏，常山扶柳人也。（扶柳《晋书·地理志》属安平国。《名僧传抄·道安传》云，诸伪秦书并云常山扶柳人也。又《比丘尼传》，智贤尼，姓赵，常山人也。父珍，扶柳县令。贤出家后，太守杜霸因笃信黄老，憎疾释种，符下诸寺，克日简汰云云，常山扶柳一带，已称有诸寺，则其地佛法已兴。又《晋书·载记》石季龙纳诸比丘尼有姿色者，与其交亵，而杀之。是亦当时河北已有尼之证。）家世英儒（《高僧传》）。婴世乱（《名僧传抄》）。早失覆荫（《僧传》）。盖安公生于永嘉之世，大河以北，叠遭兵祸，故其《阴持入经序》（《祐录》六）云，"生逢百罹"也。幼为外兄孔氏所养，年七岁，读书再览能诵，乡邻嗟异。至年十二（《世说·雅量篇》注引《安和上传》曰，年十二作沙门。《珠林·弥勒部》引作十三）出家。神性聪敏，而形貌甚陋，不为师之所重。

第二章　汤用彤讲佛学　125

驱役田舍。至于三年，执勤就劳，曾无怨色。笃性精进，斋戒无阙。数岁之后，方启师求经。师与《辨意经》一卷（即《辨意长者经》。《祐录》三云，安公入失译。参看《开元录·北魏法场传》），可五千言。安赍经入田，因息就览，暮归以经还师。更求余者。师曰，昨经未读，今复求耶。答曰，即已暗诵。师虽异之，而未信也。复与《成具光明经》一卷（汉支曜译），减一万言。赍之如初，暮复还师。执经复之，不差一字。师大惊嗟，而敬异之。后为受具戒，恣其游学。至邺入中寺，遇佛图澄。澄见而嗟叹，与语终日。众见形貌不称，咸共轻怪。澄曰："此人远识，非尔俦也。"因事澄为师。澄讲，安每复述，众未之惬。咸言须待后次，当难杀昆仑子。即安后更复讲，疑难锋起，安挫锐解纷，行有余力。时人语曰："漆道人，惊四邻。"（上见《僧传》）

按石虎于晋成帝咸康元年（公元335年）迁都于邺。道安约二十四岁。以佛图澄之弟子所学言之，则澄之学，仍为《般若》《方等》。安公曾读支曜之《成具光明经》。自言中山支和上写《放光》至中山（《祐录》七），又为慧远讲般若。则其于汉末以来洛阳仓垣所传之佛学，已备加研寻。而其《渐备经叙》（《祐录》九原题未详作者，但按其文体，及所记事，决为安公手笔）云，在邺得见博学道士帛法巨。此应即在天水为竺法护笔受者（《祐录》七），并言遇凉州二道士，皆博学，以经法为意。（二人姓名文有讹字，不可考。）其一人名"彦"，曾言及护公所出经，则二人疑亦为护公之徒。叙又云，得《光赞》一卷。则其在河北，已注意及竺法护所传之大乘经矣。其在濩泽，见大阳（一作太阳，误。大阳晋属河东郡，今山西平陆县境）竺法济，并州雁门支昙讲，与折槃畅碍，作《阴持入经注》。又与支昙讲邺都沙门竺僧辅注《道地经》。又冀州沙门竺道护，于东垣界得《大十二门经》，送至濩泽。安公为之笺次作注。三经均安世高所译之禅经。此外《安般守意》《人本欲生》《十二门》等之经，均有关禅数，世高所译，安公各为之作注。疑均在河北。则安公早年学问，特有得于安世高之禅法也。（按与安共在飞龙山之僧光。游想岩壑，得志禅慧，安公居山，想亦行禅法。）

  道安在河北，已有令誉。（《僧传》曰，安于太行恒山立寺，改服从化者，中分河北。）武邑太守卢歆，闻安清秀，使沙门敏见苦要之。安辞不获免，乃受请开讲。名实既符，道俗欣慕。彭城王石遵即位，遣中使竺昌蒲请入华林园。而其在受都寺，则已徒众数百。观乎安公南下，从行之众，《僧传》所言，并未尝过于揄扬。盖安公内外俱赡，恰逢世乱。其在河北，移居九次，其颠沛流离不遑宁处之情，可以想见。然其斋讲不断，注经甚勤，比较同时潜遁剡东，悠然自得之竺道潜支遁，其以道自任，坚苦卓绝，实已截然殊途矣。又道安在飞龙山与僧光（一作先）道护（已见前）竺法汰同游。僧光冀州人，少遇道安，临别相谓曰，若俱长大，勿忘同游。后值石氏之乱，隐于飞龙山，安往从之。相会欣喜，谓昔誓始从。

    因共披文属思，新悟尤多。安曰，先旧格义，于理多违。
  光曰，且当分析逍遥，何容是非先达。安曰，弘赞理教，且令
  允惬。法鼓竞鸣，何先何后。（上见《高僧传》）

格义乃竺法雅创立，以外书比拟内学之法。道安、法汰旧所同用。（见《竺法雅传》）及至飞龙山时，安公已有新悟，知弘赞理教，附会外书（如《庄》《老》等），则不能允惬。而僧光谓先达不可非议，仍主

拘守旧法。二人精神迥然不同。即在同时，竺法深优游讲席或畅《方等》或释《老》《庄》（《僧传》语），支道林尤以善《庄子》见赏。比之安公反对格义，志在弘赞真实教理，其不依傍时流，为佛教谋独立之建树，则尤与竺支等截然殊途也。

道安南行分张徒众

安公于冉闵乱后潜遁山泽多年，后复渡河居陆浑。山栖木食修学。《魏志·管宁传》，胡昭先在常山讲学，后遁居陆浑。《水经·伊水篇》注云，寻郭文之故居，访胡昭之遗像。（郭文，字文举，见《晋书·隐逸传》。文奉佛，见《弘明集》，宗炳《难白黑论》。）则此山原系高人隐居之地。道安偕其徒众，或居此积年。至晋哀帝兴宁三年（公元365年）慕容恪略河南，晋将陈祐率众奔陆浑。（《晋书》百十一）道安当因此率其徒众南奔。（《僧传》谓有四百余人）《世说·赏誉篇》注引车频《秦书》曰：

释道安为慕容晋（沈宝研本作俊，按均非是）所掠，欲投襄阳。行至新野，集众议曰，今遭凶年，不依国主，则法事难举。（《高僧传》多"又教化之体，宜令广布"九字。）乃（沈本作仍）分僧众。使竺法汰诣扬州，曰，"彼多君子，上胜可投。"法汰遂渡江至扬土焉。

《高僧传·慧远传》云：

后随安公，南游樊沔。伪秦建元九年（实为建元十四年），秦将苻丕寇斥襄阳，道安为朱序所拘，不能得去。乃分张徒众，各随所之。临路诸长德皆被诲约。远不蒙一言。远乃跪曰，

"独无训勖，惧非人例。"安曰，"如汝者，岂复相忧。"远于是与弟子数十人，南适荆州，住上明寺。

据此则安法师分张徒众，前后二次。一在新野，一在襄阳。于危难之际（《僧传》叙安南行渡河，值雷雨逢林伯升事，颇怪诞。据习凿齿与谢安书，谓安法师无变化技术可以惑人。则此等事即确，亦不过偶然之符合，非法师有意眩惑也），因势利导，使教化广布，用心之深，殊可钦仰。比之遭逢世乱，嘉遁山泽，其在佛教推行上之影响，实不啻天壤。冀州沙门竺道护，隐于飞龙山。《僧传》云：

与安等相遇，乃共言曰，"居静离俗，每欲匡正大法。岂可独步山门，使法轮辍轸。宜各随力所被，以报佛恩。"众佥曰，"善。"遂各行化，后不知所终。

则安公在河北飞龙山时，早已有分地行化之决心。而共相赞成其弘愿，则有同居之道护、僧光、法汰也。兹故于道安使教化广被之伟迹，综述之如下。

《高僧传·僧光传》云：

光乃与安汰等（丽本作汰等。宋元明宫本均作安汰等）南游晋平（平字疑系土字），讲道弘化，后还襄阳，遇疾而卒。

僧光盖亦与道安、法汰南下至襄阳后，曾在他处行化，后还卒于襄阳。《僧传》又谓竺道护与光等在飞龙山，后各行化，不知所终。（已见上引）则护或亦同行南下，而亦为安公所分徒众之一人也。（按与安共在濩泽有竺法济，而《高僧传·竺道潜传》，剡东有竺法济，作《高逸沙门传》。如为同一人，则亦南下行化者之一。）

安公同学又有竺法朗，京兆人。少游学长安，蔬食布衣，志耽人外。后居泰山，与隐士张忠（字巨和，《晋书》有传）游处。于金舆谷琨瑞山（《僧传》作昆仑山，此据《水经·济水注》）设立精舍。闻风而造者百有余人。前秦苻坚，后秦姚兴，燕主慕容德，均加钦敬。后人遂呼金舆谷为朗公谷。后卒于山中，年八十有五。按《僧传》谓朗公以伪秦皇始元年（公元351年）移卜泰山，是年适值冉闵与石祇相残。其前一年石鉴死，再前一年石遵死。安公盖于石遵在位之后离邺。竺法朗之东趣泰山时，亦相去不远。又《高僧传·法和传》云：

> 后于金舆谷设会，与安公共登山岭，极目周眺。既而悲曰，"此山高耸，游望者多，一从此化，竟测何之。"安曰，"法师持心有在，何惧后生。若慧心不萌，斯可悲矣。"

金舆谷之会，在道安、法和居长安之时。（按太元四年冬昙摩侍译戒本讫，安公为之作序。太元七年后安译经极忙。此会应在太元五六年时。）其东下或应朗公之招请。若然，则法朗虽非相偕南行之一人。但其与安公随方行化声气相通也。

释法和，荥阳人。少与安公同学。（法和应系师佛图澄，应姓竺。但《祐录》九晋道慈《中阿含序》亦称为冀州道人释法和。实依安公意改姓释。冀州道人者，和原游学河北也。）以恭让知名。善能标明论总，解悟疑滞。随安公南行至新野。安使其入蜀。并曰，山水可以修闲。（见《道安传》）《僧传》曰：

> 因石氏之乱，率徒入蜀。巴汉之士，慕德成群。闻襄阳陷没，自蜀入关，住阳平寺。

法和盖系闻襄阳陷没，安公至长安，故亦入关。其后佐安译经（《僧传》本传），直至安公殁后，犹东下洛阳，与僧伽提婆修改昔所出经。

（《祐录》九《中阿含序》）及姚兴在关中弘法，法和乃复入关。（《僧传·僧伽提婆传》）鸠摩罗什曾作颂赠之。（《罗什传》）后晋王姚绪请居薄坂，年八十卒于彼处。（见本传）

综观《僧传》，法和以前，蜀中少闻佛法。东晋时益州名僧，多为道安徒党。法和以外，有昙翼、慧持。昙翼，姓姚，羌人，或云冀州人。年十六出家，事安公为师。随至襄阳，会长沙太守滕含之（《晋书·滕修传》，子含，但未言其为长沙太守。丽本作腾含，无之字。宋元明本滕含之，《名僧传抄》作长沙太守荆洲胜含，《珠林·弥陀部》一作滕畯）于江陵舍宅立长沙寺。告安求一僧为纲领。安谓翼曰："荆楚士庶，始欲归宗。（《高僧传》作师宗，此据《名僧传抄》。）成其化者，非尔而谁。"翼遂南下。后遭苻丕寇乱（《高僧传》谓系丘贼之乱。按丘沈之乱，在西晋时，传言实误。今从《珠林·伽蓝篇》引《宣律师感应记》所载。参看《昙徽传》），江陵阖邑，避难上明（江陵之西，在大江之南）。翼又于此造东西二寺。（《僧传》只言造东寺。此据《珠林·伽蓝篇》。）至唐时称为中土大寺之一。翼曾西游蜀部，益州刺史毛璩重之。（《名僧传抄》叙翼至蜀在居荆州之前。立寺上明之后。《高僧传》叙翼游蜀于居襄阳之前。但毛璩实在苻坚淝水战后为益州刺史。）时释慧持（远公之弟，安公弟子，以隆安三年入蜀）亦至蜀。毛璩亦相崇挹，卒于蜀中。《僧传》谓翼在江陵，感得佛像。有罽宾禅师僧伽难陀识谓为阿育王所造。此罽宾僧人，盖自蜀至荆州。按晋世，凉州与江南交通，常经益部，故西域僧人颇止蜀中。此亦晋以后，蜀土佛教兴盛之原因。然道安徒众开创之功，亦不可没也。

安公使其徒众传教四方之最知名者，为竺法汰。东莞人。少与安同学。与道安避难，行至新野。安分张徒众。命汰下京。临别谓安曰："法师仪轨西北，下座弘教东南。江湖道术，此焉相忘矣。至于高会净国，当期之岁寒耳。"于是分手泣涕而别。乃与弟子昙壹、昙贰等四十余人，沿沔（诸本俱作江，此依元本）东下。遇疾停阳口（《水经·沔水注》扬水又北注于沔谓之扬口）。时桓豁镇荆州（《僧传·汰传》作桓温。但安公到襄阳时，桓温已去。《道安传》亦只言及桓朗子，豁字朗子），遣使要过，供事汤药。安公又遣弟子慧远下荆问疾。后汰使弟子昙壹与道恒辩心无义，远公亦在座，事见下章。汰后下都，止瓦官寺。晋简文帝深相敬重。请讲《放光经》，开题大会，帝亲临幸。王侯公卿，莫不毕集。流名四远，士庶成群。汰撰有义疏。并与郗超书，辩本无义。太元十二年，六十八岁，卒于建业。弟子昙壹、昙贰，并博综经义，又善《老》《易》。弟子竺道壹立幻化义，亦详下章。晋宋间名僧竺道生，大明涅槃理趣，在佛教史上起一壮阔波澜。亦为汰公弟子。是则孝武诏书云，汰法师"道播八方，泽流后裔"（上多采《僧传》），实非空誉也。然汰公行道江南，固亦道安之所遣也。

　　荆襄佛教之盛，盖亦始于道安。道安居襄阳，从之者数百。中有竺僧辅、昙翼、法遇、昙徽、慧远、慧持、慧永等。至晋太元二年（公元377年），桓豁表朱序为梁州刺史，镇襄阳。豁旋卒，桓冲继之。以秦人强盛，秦自江陵徙镇上明。（《通鉴》）据《名僧传抄·法遇传》云，太元三年（原文作二年，兹依《通鉴》改），秦苻丕（原本作寺荷本，三字均误）围襄阳，与昙徽（原作微）、昙翼（翼下江陵，似在苻丕围襄阳之前，如上文所述）、慧远（原文作远惠）等下集江陵长沙寺（原文作等）。据《高僧传·慧远传》，苻丕寇襄阳，道安为太守朱序所拘（谓留止不听去也），乃分张徒众。因是法遇等南下。其曾住长沙寺者，昙翼、法遇、昙戒。其在上明东寺者，竺僧辅、昙徽、慧远、慧持。（依《珠林·伽蓝篇》所载，上明东寺，本为长沙寺僧避寇而立。）释慧永先已东下，止于匡庐。慧远与弟慧持后亦停留庐阜，而远公尤为晋末僧伽之重镇。道安法师分张徒众之流泽广且久也。（慧远事待下详）

鸠摩罗什及其门下

（节选）

鸠摩罗什以姚秦弘始三年（公元401年）冬至长安，十五年（公元413年）四月迁化。十余年中，敷扬至教，广出妙典，遂使"法鼓重震于阎浮，梵轮再转于天北"。（僧肇《什法师诔文》）法筵之盛，今古罕匹。虽云有弥天法师为之先导，慧远、僧肇等为其羽翼，然亦法师之博大精微，有以致之也。

鸠摩罗什之学历

鸠摩罗什（《祐录》十四、《高僧传》，及《晋书·艺术传》均有传，于法师之名并作鸠摩罗什。《祐录》所载诸经序多同。唯有时称为鸠摩罗耆婆，如《十住经序》。或作拘摩罗耆婆，如《成实论记》。或作究摩罗耆婆，如《大智论记》。或称鸠摩罗，如《小品经序》。或作究摩罗，如《法华经后序》。或称罗什，如《新出首楞严经序》。或作耆婆，如《菩提经注序》）法师约于晋康帝之世（公元343年或344

年）生于龟兹。（关于什公年岁，系依《广弘明集》僧肇《什法师诔文》推算。此下所记，多以《祐录》之传为本。按丽本《祐录》传云，鸠摩罗什，齐言童寿，此传原作于南齐之世也。）本天竺人，家世国相。（《大乘大义章》引苻书谓其系出婆罗门种姓。）什祖父达多，倜傥不群，名重于国。父鸠摩罗炎（《晋书》及《大义章》引苻书均作鸠摩罗炎，《祐录》《僧传》作鸠摩炎）聪明有懿节，弃相位出家。（《祐录》云，将嗣相位，辞避出家。吉藏《百论疏》云，国破远投龟兹。）东度葱岭，投止龟兹。（《祐录》云龟兹王闻其弃荣，甚敬慕之，自出郊迎，请为国师。）王有妹名耆婆，年始二十，才悟明敏，过目必解，一闻则诵。且体有赤黡，法生智子。诸国娉之，并不肯行。及见鸠摩罗炎，心欲当之。王乃逼以妻焉。既而怀什。什在胎时，其母慧解倍常，闻雀梨大寺（《水经注》引道安《西域记》云，龟兹国北四十里山上有寺名雀离大清寺。《祐录》十一《比丘尼戒本本末序》[1]言，龟兹北山寺名致隶蓝，六十僧，当即此）名德既多，又有得道之僧，即与王族贵女德行诸尼，弥日设供，请斋听法。什母忽自通天竺语。（《僧传》云，时有罗汉达摩瞿沙曰，此必怀智子，为说舍利弗在胎之证。按吉藏《无量寿疏》言舍利弗在胎，其母善辩论。窥基《阿弥陀经通赞疏》上亦云，舍利弗在胎，其母言辞辩捷。）及什生之后，还忘前语。后什母欲出家，夫未之许，遂更产一男，名弗沙提婆。复因见枯骨生感，绝食求出家。受戒后，业禅法，学得初果。

龟兹之有佛教，不知始于何时。（《阿育王太子坏目因缘经》记阿育王给其子法益之领土中，即有龟兹在内。）中土凡龟兹僧人，类姓帛（或作白）。《开元录》谓曹魏译经者有白延。（然此实晋凉州之白延，不在魏

---

[1] 与后文中《比丘尼戒本所出本末序》为同一内容。——编者注

世,《开元录》误。)西晋武帝时竺法护译《阿维越致遮经》,其胡本乃于敦煌得自龟兹副使美子侯。(《祐录》七)而译《正法华》时,参校者有帛元信。(《祐录》八)怀帝时法护译《普曜经》,笔受者有帛法巨。(《祐录》七)而《祐录》九《渐备经十住胡名叙》,言有帛法巨,亦是博学道士。(《开元录》惠帝时有法炬曾译经,未悉即帛法巨否。)而白法祖法祚昆季,为一时名僧,原姓万,河内人,则显系受业于龟兹人,而从师改姓者。东晋渡江者,有高座道人帛尸黎密多罗。凉州有助支施仑译经之白延。(为龟兹王世子。《开元录》所记魏世白延,即此人之误。)据此则西晋以来,龟兹有佛教流行,盖无疑也。

龟兹所流行之佛教,多小乘学。(《祐录·昙无谶传》)苻秦时有僧纯等,曾游龟兹。归来曾述其地佛教情形。《祐录》十一之《比丘尼戒本所出本末序》犹存其大略。(此序原失作者之名。但审之当是道安亲闻僧纯所言,而记出者。)其文与原注如下:

拘夷国寺甚多,修饰至丽。王宫雕镂,立寺形像,与佛无异。有寺名达慕蓝(百七十僧),北山寺名致隶蓝(六十僧),剑慕王新蓝(五十僧),温宿王蓝(七十僧)。右四寺佛图舌弥所统。寺僧皆三月一易屋床座,或易蓝者。未满五腊,一宿不得无依止。王新僧伽蓝(九十僧),有年少沙门字鸠摩罗什,才大高,明大乘学,与舌弥是师徒而舌弥《阿含》学者也。

据此龟兹之戒法极谨严。而小乘《阿含》学者佛图舌弥,则为当时之大师。《祐录》十一《关中近出尼坛文记》云:"僧纯昙充拘夷国来,从云慕蓝寺,于高德沙门佛图舌弥许,得此《比丘尼大戒》,及授戒法,受坐以下至剑慕法。"云云。云慕蓝盖即上述之达慕蓝,云字乃昙字之讹也。(剑慕法即杂法。剑慕即羯摩。而上文中之剑慕王,似同为一字。)致隶蓝者,即雀离大寺(《后汉书·班勇传》,"焉耆有雀离关"),即鸠摩罗什之母听法之所。(见上文)《祐录》《僧传》,均谓罗什于游学还龟兹之后,住于新寺,盖即上文之王新僧伽蓝。罗什师佛图舌弥,原奉小乘。僧纯等见彼时,已改信大乘。僧纯得《尼戒本》等归,在建元十五年(公元379年)译之,时罗什年三十有六矣。

《比丘尼戒本所出本末序》,复记龟兹之尼寺云:

阿丽蓝(百八十比丘尼),轮若干蓝(五十比丘尼),阿丽跋蓝(三十尼道),右三寺比丘尼统。依舌弥受法戒。比丘尼外国法不得独立也。此三寺尼,多是葱岭以东王侯妇女,为道远集斯寺。用法自整,大有检制。亦三月一易房,或易寺。出行非大尼三人不行。多持五百戒,亦无师一宿者,辄弹之。今所出《比丘尼大戒本》,此寺所常用者也。

据此龟兹僧尼戒律谨严,尤可想见。按龟兹有温宿王蓝。(温宿自曹魏至元魏臣属龟兹。)而葱岭东,王侯妇女,常来集诸尼寺。可见此国为西域佛教之一中心。而罗什之母以王妹而出家学道,亦当时之风气如此也。

据《祐录》所记,罗什年七岁(约在晋穆帝永和六年)亦随母俱出家。从师(或即佛图舌弥)受经,日诵千偈。(原文云,偈有三十二字,凡三万二千字。)诵《毗昙》既过,师授其义,即自通解,无幽不畅。(疑什所首诵之经,即小乘《阿毗昙》。西方教学,或首授《阿毗昙》也。)时龟兹国人,以其母乃王女,故利养甚多。乃携什避之。什年九岁,随母渡辛头河至罽宾。遇名德法师盘头达多,即罽宾王之从弟也,渊粹有大量,才明博识,独步当时,三藏九部,莫不该博,从旦至中手写千偈,从中至暮亦诵千偈,名播诸国,远近师之。什至,即崇以师礼。从受杂藏中长二《阿含》凡四百万言。达多每称什神俊,遂声彻于王。王即请入,集外道论师共相攻难。言气始交,外道轻其年幼,言颇不逊,什乘隙而挫之。外道悔伏。王及僧众敬之逾恒。(详原书)至年十二,其母携还龟兹。(约在晋穆帝永和十一年)

归程中什母将什至月氏北山。有一罗汉见而异之。谓其母曰,常当守护此沙弥。若至年三十五不破戒者,当大兴佛法,度无数人,与沤波掬多无异。(《僧传》作优波崛多。据《祐录》三所记,优波掘为释迦后之第五代师,改治律藏为《十诵律》。玄奘《西域记》卷四记邬波毱多每度一夫妇置一筹,积筹满石室。卷八记其劝阿育王建塔事。)什进到沙勒国,曾顶戴佛钵。(《僧传》谓智猛曾在奇沙见佛钵,《佛国记》谓弗楼沙国有佛钵,而什所顶戴者在沙勒国。)遂停沙勒一年。其冬诵《阿毗昙》(此指一切有部根本论之《发智论》),于《十门》《修智》诸品(《发智论》结蕴有《十门品》,智蕴有《修智品》),无所咨受,而备达其妙。又于《六足》诸问,无所滞碍。并诵《增一阿含》。(上见《僧传》及《祐录》,但《祐录》所记较略。)沙勒国王因用三藏法师名喜见者之言,设大会,请什升座,说《转法轮经》。请一沙弥演世尊鹿苑初转法轮之经,崇之可谓甚至。此举意在勉励其本国之僧众,及交好于龟兹国。龟兹王果遣使酬其亲好。按鸠摩罗什七岁以后受《毗昙》。至罽宾从盘头达多学杂藏中长二《阿含》。在沙勒诵《阿毗达磨》《发智论》,于《六足论》亦无滞碍。盖其在年十二岁以前,所习为小乘。而尤宗罽宾所流行一切有部之学。自苻秦之世以来,罽宾僧人东来共道安译经者,已有多人。迨什公至长安，弗若多罗及卑摩罗叉与佛陀耶舍亦均茌止，并为罽宾人。而弗若多罗与什公共译《十诵律》。卑摩罗叉乃罗什之师，亦《十诵律》匠，而《十诵律》者，乃一切有部律也。故罗什早年受罽宾有部之影响，必甚深厚也。

什公学问之转变在其停沙勒国时。《僧传》谓什在沙勒，于说法之暇，乃寻访外道经书。善学《韦陀舍多论》，多明文辞制作问答等事。又博览《四韦陀》典，及《五明》诸论。阴阳星算，莫不毕尽。妙达吉凶，言若符契。据此则什在沙勒时，始行博览。意其住罽宾时，早善天竺语书。今更精习其文法，以及《韦陀》经典。先是有罽宾僧佛陀耶舍者至沙勒，为太子达摩弗多所重，留养宫中。罗什后至，曾从耶舍受学，甚相尊敬。按耶舍少时，诵大小乘经数百万言，善谈论，以知见自处。且曾学《五明》诸论，世间法术，多所综习。什公在沙勒，博采外书，并明法术，或受耶舍之熏陶。耶舍少时性简傲，不为诸僧所重。罗什亦性率达，不厉小检，修行者颇疑之。盖皆必均有自得于中，未尝以俗务介怀也。其后什在姑藏，耶舍远道相从。什至长安，亟劝姚兴招迎。二人间精神之契合，盖可想见。（《祐录·罗什传》谓什从耶舍习《十诵律》，殊不确。因耶舍乃四分律师也。）

沙勒国在当时佛教颇盛行。其王及太子，均信三宝，曾作三千僧会。（《僧传·佛陀耶舍传》）其国或奉小乘。地处交通之枢纽，南入印度，北达龟兹。而其西接大月氏故地，汉代即流行《方等》经典。东行经莎车可至于阗。于阗为有名之大乘国家，其西有子合国，法显称其僧多大乘学。而近人又常谓子合即遮拘迦国，则隋世传其纯奉大乘教。（上详见羽溪了谛《西域之佛教》第四章第四节）沙勒因地当行旅

第二章 汤用彤讲佛学 139

孔道，故亦有大乘之流行。而莎车则距于阗尤近。（有人谓莎车即《法显传》之子合）故罗什在沙勒遇莎车大乘名僧，而弃小宗，归心《方等》焉。《僧传》曰：

> 时有莎车王子参军王子兄弟二人，委国请从，而为沙门。（此语颇难解。大意似谓兄弟弃王位出家。《法华传记》引此，莎作草，请作诸人。《百论疏》作丘兹王，子名沙车，皆不可通。）兄字须利耶跋陀，弟字须利耶苏摩。（《祐录》未言苏摩为王子。并未载兄弟二人诸语。）苏摩才技绝伦，专以大乘为化。其兄及诸学者皆共师焉。什亦宗而奉之。亲好弥至。苏摩后为什说《阿耨达经》。（《百论疏》叙此事颇不同。《阿耨达经》，亦名《弘道广显三昧经》，西晋时竺法护曾译之，见《祐录》。）什闻阴界诸入皆空无相。怪而问曰，"此经更有何义，而皆破坏诸法。"答曰，"眼等诸法非真实有。"什既执有眼根，彼据因成无实。于是研核大小，往复移时。（参看《百论疏》所载）什方知理有所归，遂专务《方等》。乃叹曰，"吾昔学小乘，如人不识金，以鍮石为妙。"因广求义要，受诵《中》《百》二论及《十二门》等。

计罗什随母离罽宾经月氏北山，到沙勒。遇佛陀耶舍及须利耶苏摩而其学风丕变。（《祐录》叙什遇耶舍及苏摩在其返龟兹之后，与《僧传》所言不同。今从《僧传》。《僧传》及《祐录·佛陀耶舍传》，述其与什关系虽稍不同，但均谓什在沙勒得见耶舍。）在此住约一年后，随母北行，进到温宿，即龟兹之北界。因议论挫一有名道士，声誉扬溢。（事详《僧传》）龟兹王躬往温宿迎之归国。广说诸经，四远学宗莫之能抗。时王女为尼，字阿竭耶末帝，博览群经，特深禅要，云已证二果。（此当即指罗什之母，因母系王女，而前言出家业禅并已证初果也。）闻法喜踊，乃更设大集，请开《方等》经奥。什为推辩诸法皆空无我，分别阴界假名非实。听者莫不悲感追悼，恨悟之晚也。至年二十受戒于王宫。（约为晋哀帝兴宁元年）从卑摩罗叉学《十诵律》。（《祐录》未载什在温宿及受戒事，此从《僧传》。）有顷，什母辞往天竺，谓龟兹王白纯[1]曰："汝国寻衰，吾其去矣。"行至天竺，进登三果。什母临去谓什曰："《方等》深教，应大阐真丹。传之东土，唯汝之力。但于自身无利，其可如何。"什曰："大士之道，利彼忘躯。若必使大化流传，能洗悟矇俗。虽复身当炉镬，苦而无恨。"于是留住龟兹，止于新寺。（上见《僧传》）

《祐录》言罗什于龟兹帛纯王新寺得《放光经》读之。后于雀离大寺读大乘经。二次均有魔扰。（《僧传》则只叙其读《放光》为魔所扰）停住二年（《祐录》似系指在雀离住二年，《僧传》似系指新寺），广诵大乘经论，洞其秘奥。按罗什停沙勒年约十三。至温宿或年十四。其后当不久即返龟兹。及后吕光破龟兹，则什年已四十一。则自其返国后停住者，约二十六年。此中何时住于帛纯所造之新寺，何时住于雀离大寺，已不可考。唯依龟兹僧人规律，三月易一寺言之（已见上文），则什公住寺，或常变更也。

《僧传》言罗什因其师盘陀达多未悟大乘，欲往化之。俄而达多因遥闻什之声名，及龟兹王之弘法，自远而至。（《祐录》则谓什自往罽宾化其师）什得师至，欣遂本怀，即为师说《德女问经》（《祐录》四失译阙本录中著录一卷），多明因缘空假。（《祐录》只言为师说一乘妙义，

---

[1] 白纯即帛纯。——编者注

未言经名。)昔与师俱所不信,故先说也。师谓什曰:"汝于大乘,见何异相,而欲尚之。"什曰:"大乘深净,明有法皆空。小乘偏局,多滞名相。"师曰:"汝说一切皆空,甚可畏也。安舍有法,而爱空乎。如昔狂人,令绩师绩绵,极令细好。绩师加意,细若微尘。狂人犹恨其粗,绩师大怒,乃指空示曰,此是细缕。狂人曰,何以不见。师曰,此缕极细,我工之良匠,犹且不见,况他人耶。狂人大喜,以付绩师。师亦效焉,皆蒙上赏,而实无物。汝之空法,亦由此也。"什乃连类而陈之,往复苦至。终一月余日,方乃信服。师叹曰:"师不能达,反启其志(乃《瑞应本起经》叙太子七岁学书时语),验于今矣。"于是礼什为师。言"和尚是我大乘师,我是和尚小乘师"矣。西域诸国,咸伏什神俊。每至讲说,诸王皆长跪座侧,令什践而登焉。其见重如此。什由是"道流西域,名被东国"(《僧传》语)。

当苻秦建元十五年(公元379年)有僧纯昙充等自龟兹还,述此国佛教之盛。并言及"王新僧伽蓝""有年少沙门字鸠摩罗,才大高,明大乘学"。其所述载于《祐录》十一《比丘尼戒本所出本末序》中。此序当出道安手笔。是时安公恰到长安(查《戒本》于十一月译出,道安赴长安,则在二月苻丕克襄阳之后),而即闻罗什之声。《名僧传·道安传》,谓安先闻罗什在西国,每劝苻坚取之。而《慧远传》载其致什公书有曰:"仁者曩绝殊域,越自外境,于时音译未交,闻风而悦。"又什公在凉州,僧肇不远而至。及到长安,四方学者云集。《僧传》谓其"道流西域,名被东国",盖非虚语也。

罗什至凉州

苻坚在关中,以晋升平元年(公元357年)僭称大秦天王,改元永兴。其时罗什约十余岁。其后二十二年(公元379年),而僧纯至长安,述及罗什之声名。但《祐录》云:

> 苻氏建元十三年,岁次丁丑正月,太史奏有星见外国分野,当有大德智人,入辅中国。坚素闻什名,乃悟曰,朕闻西域有鸠摩罗什(《僧传》多"襄阳有沙门道安"七字。道安系于此后二年乃至长安),将非此耶。(《僧传》下多"即遣使求之"五字。)

据此则在僧纯东归之前二年,苻坚已素闻什名。其事恐未确也。是时苻氏已平山东,士马强盛,遂有图西域之志。(语见《晋书》百二十二)约在建元十四年(公元378年),梁熙已遣使西域,称扬坚之盛德,于是朝献者多国。(《通鉴》一〇四及《十六国春秋辑补》三十五)苻坚屡胜而骄,欲垂芳千载。(坚答苻融语,见《晋书》百十四。)而西域来人亦颇有劝其出兵者。《僧传》曰:

> 时苻坚僭号关中,有外国前部王及龟兹王弟(或即帛震),并来朝坚。坚于正殿引见。二王因说坚云,"西域多产珍奇",乃请兵往定,以求内附。

《僧传》又曰:

> 至十七年二月,鄯善王前部王等又说坚请兵西伐。(《晋书·载记》车师前部王弥寘,鄯善王休密驮来朝,请西伐,在建元十八年,不在十七年。又据《祐录》道安《般若抄序》,二王朝坚事,亦似在十八年。《僧传》实误。)十八年(《祐录》作十九年,误)九月,坚遣骁骑将军吕

光，陵江将军姜飞等将前部王及车师王等，率兵七万，西伐龟兹及乌耆诸国。临发，坚饯光于建章宫。谓光曰，"夫帝王应天而治，以子爱苍生为本。岂贪其地而伐之，正以怀道之人故也。（若依此则坚出兵之动机，专为迎什，恐不确。《祐录》本无此诸语。）朕闻西国有鸠摩罗什，深解法相，善闲阴阳，为后学之宗。朕甚思之。贤哲者，国之大宝。若克龟兹，即驰驿送什。"光军未到，什谓龟兹王白纯曰，"国运衰矣，当有勍敌。日下人从东方来，宜恭承之，勿抗其锋。"纯不从而战。光遂破龟兹，杀纯。立纯弟震为主。

按僧肇《什法师诔》云："大秦姚苻二天王，师旅以迎之。"（《广弘明集》）可见苻氏出师，本亦在求什。但坚好大喜功，欲如汉帝之开通西域置都护。（详《晋书》）又得车师前部王等之诱劝，因以兴师。则其动机固非专为迎什也。《僧传》继曰：

光既获什，未测其智量，见年齿尚少，乃凡人戏之。强妻以龟兹王女。什拒而不受，辞甚苦到。光曰，"道士之操，不逾先父，何所固辞。"乃饮以醇酒，同闭密室。什被逼既至，遂亏其节。或令骑牛及乘恶马，欲使堕落。什常怀忍辱，曾无异色。光惭愧而止。

按吕光于晋太元九年（公元384年）破龟兹。苻坚于明年被杀。若光果依坚命驰驿送什，则什公于苻秦时已到长安。观光对什公之逼辱，光固非敬奉佛徒者。什公于凉州未能弘道，其故在此也。

什公通阴阳术数，其随吕光父子至凉州，所言无不验。（一）吕光回师置军山下，什言不可，必致狼狈。至夜大雨，死者数千。

（二）预言光归当于中路得福地以居。后光果在凉州，僭号。（改元太安，在晋太元十一年。）（三）太安元年（太元十一年。元亦作二。）正月，姑臧大风，什曰，不祥之风，当有奸叛，然不劳而自定也。俄而梁谦、彭晃相继而反，寻皆殄灭。（晃于是年十二月叛。梁谦事失考。）（四）什预言吕纂讨段业必败。后纂果败于合梨。（在吕光飞龙二年，晋隆安元年五月。）俄而又败于郭黁。（《僧传》作磨，误。事在同年八月。）（五）中书监张资病。外国道人罗又云能差资疾。什作法证其治必无效。后资果死。（六）及吕纂即位之二年（隆安四年[1]），什公因妖异屡见，而言必有下人谋上之事。后吕超果杀纂而立吕隆。（隆安五年）

按什公于晋太元十年（公元385年）随吕光至凉州。同年而姚苌即皇帝位于长安。其后九年而姚兴即位，改元皇初。又七年为姚兴之弘治[2]三年（隆安五年，公元401年），而吕隆为凉主。什公在凉前后已十七年（《百论疏》作十八年）。《高僧传》曰：

> 什停凉积年，吕光父子既不弘道，故蕴其深解（《祐录》作经法），无所宣化。苻坚已亡，竟不相见。及姚苌僭有关中，闻其高名，虚心要请。诸吕以什智计多解，恐为姚谋，不许东入。（《祐录》所载与此异，但不可据。）及苌卒，子兴袭位。复遣敦请。兴弘治三年三月，有树连理生于庙庭，逍遥园葱变为茞，以为美瑞。谓智人应入。至五月，兴遣陇西公硕德西伐吕隆。隆军大破。至九月，隆上表归降。方得迎什入关。以其年十二月

---

[1] 公元400年。——编者注
[2] "弘治"应为"弘始"，下页同。——编者注

二十日至于长安。（《祐录》僧叡《大品经序》《关中出禅经序》《大智释论序》及《大智论记》所记年月日均同。）

罗什在长安

什公于姚兴弘治三年（公元401年）至长安，于十五年癸丑（公元413年）四月十三日薨于大寺，时年七十。（此据僧肇诔文）长安西晋已有竺法护译经。而帛法祖讲习，弟子几且千人。可见其时长安佛法已甚盛。及至苻坚建都关中，因释道安赵文业之努力，长安译经遂称重镇。而当时名僧法和（安公同学）、慧常（凉州沙门至游西域）、竺佛念（据《名僧传》曾游外域，且为译家）、僧䂮、僧导、僧叡咸集西京。而僧䂮、僧叡至什公时大著功绩。安公时昙景（即昙影）助译《鼻奈耶》，僧导为《四阿含暮抄》笔受者，后均为罗什门下名僧。（什公曾作颂赠法和，见《僧传》。）故知罗什时法会之盛，实大得力于安公。而且姚子略之奉佛，更甚于苻永固。其朝廷之信法者有姚旻（延县摩难提译《王子法益坏目因缘经》，见《祐录》七竺佛念序文）、姚嵩、姚显、姚泓（太子）。义学沙门群集长安。外国沙门之来者亦有多人。僧肇至叹言谓遇兹盛化，"自不睹祇洹之集，余复何恨"。慧叡《喻疑论》亦曰：

> 义不远宗，言不乖实，起之于亡师（指道安）。及至苻并龟兹，三王来朝。持法之宗，亦并与经俱集。究摩罗法师至自龟兹。持律三藏集自罽宾。禅师徒众，寻亦并集。关中洋洋十数年中，当是大法后兴之盛也。

什至长安，姚兴待以国师之礼，甚见优宠。晤言相对，则淹留终日。研微造尽，则穷年忘倦。（此引《僧传》）《晋书·载记》叙姚子略敬礼什公事，曰：

> 兴如逍遥园，引诸沙门于澄玄堂，听鸠摩罗什演说佛经。罗什通辩夏言，寻览旧经，多有乖谬，不与胡本相应。兴与罗什及沙门僧略（与訾字通）、僧迁、道树（标字之误，即道标）、僧叡、道坦（恒之误）、僧肇、昙顺等八百余人更出《大品》。（据僧叡《大品序》言译时沙门五百余人。《僧传》亦言八百余人。三处所记僧名各有不同。）罗什持胡本，兴执旧经，以相考校。其新文异旧者，皆会于理义。续出诸经并诸论三百余卷。今之新经，皆罗什所译。兴既托意于佛道。公卿已下，莫不钦附沙门。自远而至者五千余人。起浮图于永贵里，立波若台于中宫。沙门坐禅者恒有千数，州郡化之，事佛者十室而九矣。

姚兴能讲论经籍（《晋书·载记》）。于佛法亦通摩诃衍（大乘）阿毗昙（小乘）义。（《僧传》谓兴托意九经，游心十二。）曾以其所怀，疏条摩诃衍诸义，欲与什公详定。其最知名者，为《通三世论》。破斥阿毗昙之说，而谓三世一统，循环为用，过去虽灭，其理常在。什公答书亦颇许之。姚氏所疏诸条，又有曰：

> 众生之所以不阶道者，有著故也。是以圣人之教，恒以去著为事。故言以不住般若。虽复大圣玄鉴，应照无际，亦不可著。著亦成患。欲使行人忘彼我，遗所寄，泛若不系之舟，无所倚薄，则当于理矣。

其言虽无甚深致。但颇袭当时玄学家之窠臼（兴称佛教为玄法），此亦可见当时之风气也。（以上所引均见《广弘明集》姚兴与姚嵩往来书中，参看《僧传·什传》。）

庐山慧远闻什入关，即遣书通好（书见《远传》），并赠以衣裁法物。什公答书，勉励备至，并遗偈一章。后有法识道人自关中至匡阜，远闻什公欲返本国，乃复作书，报偈一章。（均见《远传》）并条具经中难问数十事，请其解释。又晋王谧（字稚远）亦以二十四事咨问，什亦有答。今并多零落，所存者无几。（下详）

通佛法有二难，一名相辨析难，二微义证解难。中华佛教，进至什公之时，一方经译既繁，佛理之名相条目，各经所诠不一，取舍会通，难知所据。远公问什数十事，大概属于此类。故什公答书，亦只往往取经论所言，互为解譬。故佛法之深义大旨，不能由之而显。又一方魏晋以来，佛玄合流，中国学人，仅就其所见以臆解佛义。或所见本不真切，所解自无是处。或虽确有所悟，然学问之事，失之毫厘，谬之千里。此则什公欲大乘之微言大义，为华人证知，自又甚难。什论西方偈体有曰："改梵为秦，失其藻蔚。虽得大意，殊隔文体。有似嚼饭与人，非徒失味，乃令呕哕也。"由此可知传译梵典，文字上之领会已甚难。而什《赠法和颂》有曰："心山育明德，流薰万由延。哀鸾孤桐上，清音彻九天。"哀鸾孤桐什公亦以自况，盖玄旨幽赜，契悟者尤少也。《僧传·慧远传》谓，什公欲返本国，恐亦因门人虽五千，而解人实少，故知难而退欤。《僧传》又曰：

什雅好大乘，志存敷广。常叹曰："吾若著笔作大乘阿毗昙，非迦游延子比也。今在秦地，深识者寡，折翮于此，将何所论。"乃凄然而止。唯为姚兴著《实相论》二卷，并注《维摩》，出言成章，无所删改。辞喻婉约，莫非玄奥。什为人神情鉴彻，傲岸出群，应机领会，鲜有其匹。且笃性仁厚，泛爱为心，虚己善诱，终日无倦。姚主常谓什曰："大师聪明超悟，天下莫二。若一旦后世，何可使法种无嗣。"遂以伎女十人，逼令受之。自尔已来，不住僧坊。别立廨舍，供给丰盈。每至讲说，常先自说，譬如臭泥中生莲花，但采莲花，勿取臭泥也。(《晋书·罗什传》谓什生二子。吉藏《百论疏》谓长安犹有其孙。《北山录》三曰，魏孝文诏求什后，既得而禄之。《魏书·释老志》载孝文太和二十一年诏于罗什故寺〔名常住〕建浮图，并访其子胤。)

什译《大品经》时，僧叡叙称有五百余人。译《法华》时，慧观谓集四方义学沙门二千余人，僧叡谓听受领悟之僧八百余人，皆诸方英秀一时之杰。译《思益经》时，僧叡谓咨悟之僧二千余人。译《维摩经》时，僧叡谓有千二百人。《祐录》云，于时四方义学沙门，不远万里。名德秀拔者，才畅二公（二公不知何人）乃至道恒、僧摽（即道标）、慧叡、僧敦（未详）、僧弼、僧肇等三千余僧，禀访精研，务穷幽旨。《魏书·释老志》云，时沙门道彤（未详）、僧略（与䂮通）、道恒、道禩（即道标）、僧肇、昙影等与罗什共相提挈，发明幽致。计现在所知义学沙门之在长安者，不过数十人。（甲）其原在关中者为法和（安公同学，并助其校经。荥阳人，原自蜀至长安）、僧叡（魏郡长乐人，道安弟子，并曾助译）、昙影（助安译《鼻奈耶》，什译《成实论》之正写者，北人）、僧䂮（见《大品经序》。安公时参与译《增一》。原住长安大寺）、慧精（即昙戒，见《僧传》五。原为安公之弟子，与安同住长安太后寺，见《名僧传抄》）、法钦、慧斌（上四人姚兴命为僧官。均长安僧人）、道恒（蓝田人，如为执心无义者，则见什之前，曾在荆州）、道标（恒之同学，姚兴曾劝二人还俗，见《僧传》及《弘明集》所载姚与二人书）、僧导（京兆人，《四阿含暮抄》笔受者）、僧苞（长安人）、僧肇（京兆人）、昙邕（安弟子，原在长安，后事远公，常为送书致罗什）、佛念（助佛陀耶舍译《长阿含》者，序称为凉州沙门，岂即安公时之竺佛念耶）、道含（助译《长阿含》者，序称秦国道士，或原在关中）。（乙）原从北方来者为道融（汲郡林虑人）、慧严（豫州人，与觉贤入关）、昙鉴（冀州人，后住荆州）、昙无成（家在黄龙）、昙顺（黄龙人，有弟子僧馥，醴泉人，作《菩提经注序》，今存。顺从什后，复师慧远）、僧业（河内人）、慧询（赵郡人）。（丙）原从庐山来者，有道生（法汰弟子，彭城人，曾在建业，后至庐山，乃往关中）、慧叡（冀州人，原为道安弟子，曾西行求法。归后至庐山。后与道生同往见什）、慧观（远弟子，庐山僧）、慧安（庐山凌云寺寺僧）、道温（安定朝那人，庐山慧远弟子）、昙翼（远弟子。后师什公，晚在会稽）、道敬（《广弘明集》若耶《敬法师诔》，谓其自庐入关）。（丁）原从江左来者，有僧弼（吴人）、昙幹（《传》言与弼同学，或亦南人）。（戊）不知所从来者则有慧恭（下六人均见《大品经序》）、宝度、道恢、道悰、僧迁、道流（姚兴命二人为僧官。或原在长安。又《僧传·道祖传》谓有僧迁、道流，同入庐山受戒，远公嘉美之）、僧嵩（《成实论》家，为什弟子，见《魏书·释老志》）、僧楷（《僧叡传》谓为同学，或亦什弟子）、僧卫（据《祐录·十住经含注序》）、道凭（什公弟子，八俊之一，常称为关内凭，或亦关中人）、僧因（与僧导同师什公，或原在长安）、昙晷（《成实》笔受者）等。（此外有《祐录》所言之才畅二公，及僧敦，《释老志》之道彤，亦不悉其出处。）

什公于弘始十五年（公元413年）卒。其与众僧告别有曰："因法相遇，殊未尽伊心，方复异世，恻怆可言。"（详《祐录》《僧传》）后外国沙门来云，罗什所谙，十不出一。是则什公理解幽微，已有深识者寡之叹。而其学问广博，亦因年岁短促，而未能尽传于世也。

什公之译经

《高僧传》云，什在长安译经三百余卷，《祐录》卷二著录三十五部，二百九十四卷。（《名僧传抄》作三十八部，二百九十四卷。《祐录》十四，则作三百余卷。）似什公之功绩，全在翻译。但古今译书，风气颇有不同。今日识外洋文字，未悉西人哲理，即可译哲人名著。而深通西哲之学者，则不从事译书。然古昔中国译经之巨子，必须先即为佛学之大师。如罗什之于《般若》《三论》，真谛之于《唯识》，玄奘之于性相二宗，不空之于密教，均既深通其义，乃行传译。而考之史册，译人明了于其所译之理，则亦自非只此四师也。若依今日之风气以详论古代译经之大师，必不能得历史之真相也。

盖古人之译经也，译出其文，即随讲其义。所谓译场之助手，均实听受义理之弟子。罗什翻经，亦复讲释（并授禅与戒律）。慧观《法华宗要序》曰：

> 有外国法师鸠摩罗什，……更出斯经，与众详究，什自手执胡经，口译秦言，曲从方言，而趣不乖本，即文之益，亦已过半。虽复霄云披翳，阳景俱晖，未足喻也。什犹谓语现而理沉，事近而旨远，又释言表之隐，以应探赜之求。

僧叡《法华经后序》曰：

> 遇究摩罗法师为之传写，指其大归。

是什常讲《法华》也。《思益经序》曰：

> 既得更译梵音，正文言于竹帛。又蒙披释玄旨，晓大归于

句下。

是什亦曾释《思益》也。僧肇《维摩经注序》曰：

> 余以暗短，时预听次。虽思乏参玄，然粗得文意。辄顺所闻，而为注解。略记成言，述而无作。

此经肇注现存，中当多什公之口义，则其译《维摩》时，亦讲之也。僧馥《菩提经注》曰：

> 耆婆法师入室之秘说也。亲承者寡，故罕行世。家师顺（当即昙顺）得之于始会，余虽不敏，谬闻于第五十。

罗什是常秘说《菩提经》也。而什公对于《大品》，三译五校（梁武帝语，参看下列年表），且平日宗旨特重《般若》《三论》，其于译此诸经论时，必大弘其义也。

长安之译经，始于法护，盛于道安。安公死后，姚兴皇初之末，弘始之初（公元399年），法和、僧䂮、僧叡、佛念已在长安共僧伽跋澄译《出曜经》。后二年而什公至，其译经藉道安之旧规及助手（如法和、僧䂮等），必得力不少。道安卒后十六年而鸠摩罗什至长安（公元401年）。在道安以前，译经恒为私人事业。及佛教势力扩张后，帝王奉佛，译经遂多为官府主办。什公译经由姚兴主持，并于译《大品》新经时，姚天王且亲自校雠。长安译事，于十数年间，称为极盛。《高僧传》论之曰：

> 其后鸠摩罗什硕学钩深，神鉴奥远。历游中土，备悉方言。……时有生，融，影，叡，严，观，恒，肇，皆领悟言前，辞润珠玉。执笔承旨，任在伊人。故长安所译，郁为称首。是时姚兴窃号，跨有皇畿，崇爱三宝，城堑遗法。使夫慕

道来仪,遐迩烟萃。三藏法门,有缘必睹。自像运东迁,在兹为盛。

什公相从之助手,学问文章,均极优胜。而且于教理之契会,译籍之了解,尤非常人所可企及。

慧叡随什传写,什为之论西方辞体。(详《僧传》)后谢灵运从之咨问,而著《十四音训叙》,条例胡(亦作梵)汉,昭然可了。使文字有据。

道融为姚兴所叹重,敕入逍遥园,参正详译。什译《中论》,始得两卷。融便就讲,剖析文言,预贯终始。什又命讲新《法华》,什自听之。乃叹曰,佛法之兴,融其人也。俄而师子国来一婆罗门,与秦僧捔辩,融大胜之。(事详《僧传》)

昙影助什出《成实论》,凡诤论问答,皆次第往反。影恨其支离,乃结为五番,竟以呈什。什曰,大善,深得吾意。

僧叡参正什所翻经论。昔竺法护出《正法华经受决品》云,"天见人,人见天。"什译经至此,乃曰,"此语与西域义同,而在言过质。"叡曰,"将非人天交接,两得相见。"什喜曰,"实然。"后出《成实论》,什谓叡曰,"此诤论中有七处文破《毗昙》,而在言小隐,若能不问而解,可谓英才。"至叡启发幽微,果不咨什。(叡随道安。得见罽宾有部来华诸僧,自对于毗昙,本已用功。)

僧肇因出《大品》后(403—405)便著《般若无知论》(时年约二十三岁),什读之称善。肇又著《物不迁论》等。

慧观著《法华宗要序》,以简什,什曰,善男子所论甚快。(上均见《高僧传》)

僧叡《思益经序》曰,此经天竺正音,名《毗绁沙真谛》(Visesa-cinta),是他方梵天殊特妙意菩萨之号也。详听什公传译其名,翻覆展转,意似未尽,良由未备秦言,名实之变故也。察其语意,会其名旨,当是持意,非思益也。直以未喻持义,遂用益耳。(《祐录》)

据此当时助译者之领悟常为什师所称道,宜其所译,非唯如《法华》《维摩》等,为文字佳制,而理解精微,亦具特长也。

什公年将六十,犹躬自传译,直至死时,罕有辍工。兹就所知,列为年表如下:

晋安帝隆安五年,即后秦弘始三年(公元401年),罗什年五十八岁,十二月二十日,自凉州至长安。先是僧肇已至凉从什,今亦随来,年仅十九岁。考随什公者,此年法和约七十岁,僧䂮约六十岁,道恒约五十六岁(道标或相同),昙影约五十岁,僧叡亦逾五十岁(《大品经序》),慧严、慧叡均约四十岁,僧导约三十七岁,僧业约三十五岁,慧观约三十岁,慧询约二十七岁,僧弼、昙无成约二十岁。其余不知年岁者颇多。但或以法和为最老,僧肇为最少也。

僧叡即以十二月二十六日从受禅法,寻什公并为抄集《众家禅要》得三卷。(《房录》谓弘始四年译之《坐禅三昧经》当即此也。)其后并出《十二因缘》及《要解》,均禅法也。(详见僧叡《关中出禅经序》)

晋安帝元兴元年,即弘始四年(公元402年),二月八日,译《阿弥陀经》一卷(《房录》)。三月五日译《贤劫经》七卷(《房录》)。夏在逍遥园之西门阁,开始译《大智度论》。(《祐录》二谓在逍遥园译。卷十《后记》谓在逍遥园西门阁中。)十二月一日,在逍遥园译《思益梵天所问经》四卷(《房录》),僧叡、道恒传写(《经序》),叡作序。是年曾译《百论》,叡为作序。但其时什公方言犹未融(《百论疏》卷一),故僧肇《百论序》谓什"先虽亲译,而方言未融,致令思寻者踌躇于谬文,标位者乖连于归致"。

晋安帝元兴二年,即弘始五年(公元403年)四月二十三日,在逍遥园始译《大品般若》。"法师手执胡本,口宣秦言。两释异音,交辩文旨。秦王躬攒旧经,验其得失。咨其通途,坦其宗致。与诸宿旧义业沙门释慧恭、僧䂮、僧迁、宝度、慧精、法钦、道流、僧叡、道恢、道标、道恒、道悰等五百余人,详其义旨,审其文中,然后书之。以其年十二月十五日出尽。校正检括,明年四月二十三日乃讫。"(《经序》)

晋安帝元兴三年,即弘始六年(公元404年),四月,检校《大品经》讫。十月十七日在中寺为弗若多罗度语,译《十诵律》,"三分获二",而多罗卒。是年姚嵩请什更译《百论》二卷。肇公作序,较之二年前所译及叡师之序,此次"文义既正,作序亦好"(《百论疏》卷一)。

晋安帝义熙元年,即弘始七年(公元405年),六月十二日,译《佛藏经》四卷(《房录》)。十月译《杂譬喻经》一卷(《房录》)。十二月二十七日译《大智度论》讫,成百卷。僧叡有序。先是什译《大品经》时,随出《释论》,随即校经,《释论》今既译讫,《大品经》文乃正。(《大品序》,及《大智度论序》。)

是年又译《菩萨藏经》三卷(《房录》),《称扬诸佛功德经》三卷(《房录》)。是年秋昙摩流支至长安,因远公姚兴之请,与什共续译《十诵律》，前后成五十八卷。后卑摩罗叉开为六十一卷。

晋安帝义熙二年，即弘始八年（公元406年），夏，在大寺译《法华经》八卷。是年并在大寺出《维摩经》，肇叡均有疏有序。又译《华手经》十卷（《开元录》）。是年卑摩罗叉至长安，实罗什之师也。

晋安帝义熙三年，即弘始九年（公元407年），闰月五日，重订《禅法要》。（详《关中出禅经序》中）是年姚显请译《自在王菩萨经》为二卷，有僧叡序。昙摩耶舍（号大毗婆沙）共昙摩掘多至关中，在石羊寺写出《舍利弗阿毗昙》原文，直至弘始十六年（公元414年）经师渐闲晋言，乃自宣译，次年乃讫，为二十二卷，道标作序。

晋安帝义熙四年，即弘始十年（公元408年），二月六日至四月三十日，出《小品般若经》十卷，僧叡为作序。

晋安帝义熙五年，即弘始十一年（公元409年），在大寺译《中论》四卷。僧叡、昙影均有序。又在大寺译《十二门论》一卷，僧叡为作序。

晋安帝义熙六年，即弘始十二年（公元410年），先是佛陀耶舍于什公到长安后即入关，共译《十住经》四卷，不知在何年。本岁耶舍在中寺始出《四分律》。（此据僧肇《长阿含序》。但藏经中现存《四分律序》，亦僧肇作，乃谓律译于弘始十年，不知何故。今因《祐录》未收《四分律序》，颇疑此序不可信。《开元录》于此有所解释，但不可通。）耶舍乃什之师，称为赤髭毗婆沙，或大毗婆沙（《僧传》），又曰三藏沙门（《长阿序》）。

约在本年支法领赍西域所得新经至。什公在大寺译之（唯不知何经）。佛陀跋多罗在宫寺授禅，门徒数百。是年八月肇公致书刘遗

民，称长安佛法之盛。（文见下引）

晋安帝义熙七年，即弘始十三年（公元411年），九月八日姚显请译《成实论》昙晷笔受，昙影正写。（《祐录·略成实论记》）

晋安帝义熙八年，即弘始十四年（公元412年），九月十五日，译《成实论》竣，共十六卷。是年佛陀耶舍译《四分律》讫，共六十卷。

晋安帝义熙九年，即弘始十五年（公元413年），岁在癸丑，什于四月十三日薨于大寺，时年七十。本年佛陀耶舍译《长阿含经》，凉州沙门佛念为译，秦国道士道含笔受，肇公作序。

凡不知翻译年月，而为重要之典籍，则列其目于下（其《梵网》《仁王》二经，均有可疑，故未列入）：

《金刚般若经》一卷

《首楞严经》三卷

《遗教经》一卷

《十住毗婆沙论》十四卷

《大庄严经论》十五卷

据上年表所列，自弘始三年至七年，什多住在逍遥园。八年以后，则在大寺。逍遥园在城北（僧叡《大品经序》）渭水之滨（《大智释论序》）。毕校宋敏求《长安志》曰，姚兴常于此园引诸沙门听罗什演讲佛经。"起逍遥宫，殿庭左右有楼阁高百丈，相去四十尺，以麻绳大一围，两头各絟经楼上，会日令二人各楼内出，从绳上行过，以为佛神相遇。"此事不悉确否。但左右楼阁之一，或即西门阁。（看《智度论记》）什公译经之所也。《志》又谓园中有澄玄堂，为什演经所。又《晋书·载记》，谓姚兴起浮图于永贵里，立波若台于中宫。据该志则波若台即在永贵里。（其文曰，永贵里有波若台。姚兴集沙门五千余人，有大道者五十人，起造浮图于永贵里，立波若台。居中作须弥山，四面有崇岩峻壁，珍禽异兽，林草精奇，仙人佛像俱有，人所未闻，皆以为希奇。）大寺者，中构一堂，缘以草苫，故又名草堂。及至北周之初，此寺已分为四寺：（1）仍本名，为草堂寺。（2）常住寺。（3）京兆王寺，后改安定国寺。（4）大乘寺。（详见《长房录》及《内典录》）什公时，长安又有中寺，乃耶舍出《四分》之所。有石羊寺，前秦僧伽跋澄在此译《僧伽罗刹经》及《毗婆沙》，而今为写《舍利弗》胡本之所。肇公《致刘遗民书》中又有官寺，此应即逍遥园。觉贤居此时，什公已移居大寺矣。

佛陀跋多罗与罗什

《隋书·经籍志》称什公在长安时，西国僧人来者数十辈。据今所知，苻秦时长安外人已甚多。姚秦时当更有增加。（《僧传》谓什公有外国弟子在侧，又《道融传》言，有师子国婆罗门外道至长安。）按僧肇有《致刘遗民书》（载《肇论》中），述长安佛法之情形曰：

> 领公（慧远弟子支法领）远举，千载之津梁也。于西域还，得《方等》新经二百余部。请大乘禅师一人，三藏法师一人，毗婆沙师二人。（《僧传》《祐录》均缺请字下十九字。）什法师于大寺（亦作大石寺此依《祐录》）出新至诸经，法藏渊旷，日有异闻。禅师于官寺（即逍遥园。现行本《肇论》作瓦官寺，当误。慧达疏作官寺，亦误。今据丽本《祐录》改正）教习禅道，门徒数百，夙夜匪懈，邕

邕肃肃，致自欣乐。三藏法师于中寺出律部，本末精悉，若睹初制。毗婆沙法师于石羊寺出《舍利弗阿毗昙》胡本，虽未及译，时问中事，发言新奇。（《高僧传·肇传》，《出三藏记集》三均引之，而文略异。）

此中所谓禅师者，当系佛陀跋多罗。三藏法师者，乃佛陀耶舍。〔按《祐录·长含阿经序》曰，"以弘始十二年岁在上章掩茂（庚戌）请三藏沙门佛陀耶舍出《律藏四分》四十卷，十四年讫。"（现存《四分律序》所记不同，但此序《祐录》不载，未可为据。）《祐录》三亦云《四分律》乃三藏法师佛陀耶舍所出。（《祐录》二亦称耶舍为三藏法师。）秦司隶校尉姚爽请其于中寺安居，三藏法师译律藏者，乃译四分也。（《肇论疏》多有谓为《十诵》者。但《祐录》三《十诵》系在逍遥园出，当非是。）〕毗婆沙法师二人者，乃昙摩耶舍及昙摩崛多二师也。〔据道标《舍利弗阿毗昙序》，二人于弘始九年写梵文，十六年始译之。肇公此书疑作于弘始十二年，而支法领即于此年前返抵长安。（《四分律序》谓领于弘始十年返，不知可据否。）至所谓禅师一人，三藏法师一人，毗婆沙师二人，或法领在西域得见而请之来，然未必同行至华也。（《僧传》未载领请外国法师事，仅《四分律序》，称领与佛陀耶舍同东来。）〕而同时尚有弗若多罗（助罗什译《十诵律》，未竣而卒）、昙摩流支（助什续译《十诵》）、卑摩罗叉（罗什之师，晚住寿春，大弘《十诵》，江南人宗之），均集长安，则于中国律藏至有关系也。

佛驮跋多罗（《祐录》作佛大跋陀），此云觉贤，生于天竺那呵梨城。（《僧传》并云，本姓释氏，迦维罗卫人，甘露饭王之苗裔也；但《祐录》无此语。）以禅律驰名（慧达《肇论疏》无律字）。游学罽宾，受业于大禅师佛陀斯那。秦沙门智严西行（《达疏》多一慧叡），苦请东归。于是逾越沙险至关中。（此据《智严传》。《僧传·觉贤传》称其东来度葱岭，路经六国，疑即《西域记》卷十所谓东南大海隅之六国,至交趾乘海舶达青州,再行入关,殊不可信。)得见罗什,止于宫寺。(《僧传·智严传》谓住大寺。《玄高传》作石羊寺。《祐录》十二《师资传》作齐公寺。)教授禅法,门徒数百。名僧智严宝云(据《僧传》)、慧叡(据《达疏》)、慧观(据《僧传》)从之进业。乃因弟子中颇有浇伪之徒,致起流言,大被谤黩。秦国旧僧僧䂮、道恒谓其违律,摈之使去。贤乃与弟子慧观等四十余南下到庐山,依慧远。(事详《僧传》。)计贤约于秦弘始十二年(公元410年)至长安,当不久即被摈。停庐山岁许,慧远为致书姚主及秦众僧,解其摈事。晋义熙八年(公元412年)乃与慧观至江陵,得见刘裕。(《通鉴》裕是年十一月到江陵。)其后(公元415年)复下都,译事甚盛。(后详)

觉贤与关中众僧之冲突,慧远谓其"过由门人"。(据《贤传》)实则其原因在于与罗什宗派上之不相合。《僧传》云,什与贤共论法相,振发玄微,多所悟益。贤谓什曰:"君所释不出人意,而致高名何耶。"什曰:"吾年老故尔,何必能称美谈。"觉贤对于罗什之学,可知非所伏膺。盖贤学于罽宾,其学属于沙婆多部。(《祐录》十二《师资传》)罗什虽亦游学罽宾,精一切有学,但其学问则在居沙勒以后,已弃小就大。(沙婆多部即小乘一切有。)据当时所传,佛教分为五部。不唯各有戒律。(参看《祐录》三)且各述赞禅经。(语见《祐录》慧远《庐山出禅经序》)罗什于戒律虽奉《十诵》(沙婆多部),但于禅法则似与觉贤异趣。什公以弘始辛丑(公元401年)十二月二十日至关中,僧叡即于二十六日从受禅法。什寻抄究摩罗罗陀(简称罗陀)、马鸣、婆须密、僧伽罗叉、沤波崛、僧伽斯那、勒比丘(疑系胁比丘)等家禅法译为《禅要》三卷。(据《祐录》当即《坐禅三昧经》,一名《菩萨禅法经》,现存,但系二卷。)后又依《持世经》益《十二因缘》(各录均言阙,但恐即现存《坐禅三昧经》之末一经)及《要解》二卷。(《禅法要解》,现存。)至弘始九年(公元407年)复详校《禅要》(据《祐录》,此当即现存之《禅秘要法》),因多有所正,而更详备,当与第一次所译极不同。(以上据《祐录》,僧叡《关中出禅经序》。)什公之于禅法,可谓多所尽力。《晋书·载记》云什公时沙门坐禅者恒有千数。《续僧传·习禅篇》论曰,"昙影道融厉精于淮北",则什之门下坐禅者必不少。但约在弘始十二年(公元410年),觉贤至关中,大授禅法,门徒数百。当什公弘三论鼎盛之时,"唯贤守静,不与众同"(语出《僧传》)。而其所传之禅法,与什公所出,并相径庭。于是学者乃恍然五部禅法,固亦"浅深殊风,支流各别"。(《祐录》慧观《修行不净观经序》中语。按此序乃现存经第九品以下之序。)而觉贤之禅,乃西域沙婆多部,佛陀斯那大师所传之正宗。其传授历史,认为灼然可信。〔慧观序详叙传授历史,而旧有觉贤师资相承传。(《祐录》十二)盖禅法重传授家法,不独戒律为然也。〕觉贤弟子慧观等,必对于什公先出禅法,不甚信任。慧远为觉贤作所译《禅经序》(此序称为统序,乃现存经全书之序。慧观序,则为其后半部之序),谓觉贤为禅训之宗,出于达摩多罗与佛大先(即佛陀斯那)。罗什乃宣述马鸣之业,而"其道未融"。则于什公所出,直加以指摘。按什公译《首楞严经》,又自称为《菩萨禅》。(见《僧传·僧叡传》及所译禅经)而觉贤之禅则属小乘一切有部,其学不同,其党徒间意见自易发生也。

觉贤所译《达摩多罗禅经》,一名《修行道地》,梵音为"庾伽遮罗浮迷",此即谓《瑜伽师地》。按大乘有宗,上承小乘之一切

有部。则有宗之禅,上接有部之法,固极自然。觉贤所处之时,已当有部分崩之后,其学当为已经接近大宗之沙婆多也。《僧传》云:

> 秦太子泓欲闻贤说法,乃要命群僧,集论东宫。罗什与贤数番往复。什问曰,"法云何空。"答曰,"众微成色,色无自性,故唯色常空。"又问,"既以极微破色空,复云何破一微。"答曰,"群师或破析一微,我意谓不尔。"又问,"微是常耶。"答曰,"以一微故众微空,以众微故一微空。"时宝云译出此语,不解其意。道俗咸谓贤之所计微尘是常。余日长安学僧复请更释。贤曰,"夫法不自生,缘会故生。缘一微故有众微。微无自性,则为空矣。宁可言不破一微,常而不空乎。"此是问答之大意也。

据此贤之谈空,必与什公之意不同。而其主有极微,以致引起误会,谓微尘是常。而什言大乘空义说无极微(见下文),则似贤之学不言毕竟空寂,如什师也。又按贤译《华严经》,为其译经之最大功绩。而《华严》固亦大乘有宗也。总之觉贤之被摈,必非仅过在门人,而其与罗什学问不同,以致双方徒众不和,则为根本之原因也。

什公之著作

什译经既多,殊少著述。其有统系之作,为《实相论》,今已佚失。并曾注《维摩经》《金刚经》,当亦可见其学说之大要,然前者不全,后者早佚。又什公有与慧远及王稚远(王谧)问答文多篇。后人集什远问答中之十八章为三卷,即今存之鸠摩罗什《大乘大义章》。(陈慧达《肇论疏》、隋吉藏《中论疏》,均曾引此书什公之文。)近人邱檗先生希明为之校勘，易名为《远什大乘要义问答》。至若其余问答，已早不存。兹表列什之撰述如下：

《实相论》二卷

《注维摩经》（存现有之肇注，及关中疏内，但恐不全。）

上见《高僧传》中。

《问如法性实际》（《义章》第十三章）　《问实法有》（《义章》第十四章）

《问分破空》（《义章》第十五）　《问法身》（《义章》第一。慧达《肇论疏》曾引此章。）

《重问法身》（《义章》第二）　《问真法身像类》（《义章》第三）

《问真法身寿》（《义章》第四）　《问法身感应》（《义章》第七）

《问修三十二相》（《义章》第五）　《问法身佛尽本习》（《义章》第八）

《问念佛三昧》（《义章》第十一）　《问遍学》（《义章》第十七）

《重问遍学》（《义章》第十七）　《问罗汉受决》（《义章》第十）

《问住寿》（《义章》第十八）　《问后识追忆前识》（《义章》第十六）

以上均载《祐录》陆澄《法论目录》[1]中。均慧远问，罗什答。并存《大乘大义章》中。

《问四相》（《义章》第十二）

此亦见陆澄《目录》，虽仅言慧远问，而不言什答。然寻之在《大义章》中。又吉藏《中论疏》引之，称出什公手。

---

[1] 后文中《目录》《陆澄录》《法论目》均指本书。——编者注

《问答受决》（《义章》第六） 《问答造色法》（《义章》第九）

上二不见于陆澄《目录》，而为现《大义章》所有者。均远、什问答。

《问法身非色》

上项见《陆澄录》，而为《大义章》所不载者，亦为远、什问答。

《问涅槃有神不》 《问灭度权实》

《问清净国》 《问佛成道时何用》

《问般若法》 《问般若称》

《问般若知》 《问般若是实相智非》

《问般若萨婆若问同异》 《问无生法忍般若同异》

《问礼事般若》 《问佛慧》

《问权智同异》 《问菩萨发意成佛》

《问法身》 《问得三乘》

《问三归》 《问辟支佛》

《问七佛》 《问不见弥勒不见千佛》

《问佛法不老》 《问精神心意识》

《问十数论》 《问神识》

上二十四项，《祐录》《法论目》均著录，悉王稚远问，什答者。

《问三乘一乘》（什答，不知何人问）

《略解三十七品次第》

上二项亦罗什所作，见《祐录》所载之《法论目》者。

《问实相》（王稚远问，外国法师答）

《问遍学》（外国法师答。不注问者姓名）

上二项，亦见《祐录》，或亦罗什作答。

《答姚兴通三世论书》

此见《广弘明集》。又《弘明集》中载什与僧䂮等上表，议敕道恒、道标还俗事。又《高僧传》中载什文，如上吕纂疏等，凡数篇，及与慧叡论西方辞体，则于教理无关也。

《金刚经注》

见《广弘明集》所载之唐李俨《金刚般若经集注序》。但佛家目录未著录。

《老子注》二卷。（两唐志）

《耆婆脉诀》十二卷，释罗什注。（见《日本见在书目》[1]医方类中）

上二书不见他处。疑为伪作。《脉诀》之耆婆，乃印度医王，非鸠摩罗耆婆。谓为罗什所注，乃因名致误也。

罗什之学

什公之学因其著述残佚，甚难测知。世因其作《实相论》，而称其学为"实相宗"。（见元康《肇论疏》）但此论早佚。至若《大乘义章》，则按慧远所问，多解释名相，疏释经文之作，无由窥见什公思想之深弘。唯就现有材料，什公为学之宗旨，可以窥见者有四事。

一曰，什公确最重《般若》三论（或四论）之学也。什公所阐弘，于经有《法华》，于律有《十诵》，于论有《成实》，于修持有《菩

---

[1] 即《日本国见在书目录》，由日本平安时期学者藤原佐世编撰。该书是日本现存最早的敕编汉籍目录，是一部学术价值很高的文献。——编者注

萨禅》,四者均发生多少之影响。而《成实论》之势力,在南朝且凌驾《般若》三论而上之。但什公学宗《般若》,特尊龙树(四论之三均为龙树所造)。其弟子之秀杰,未有不研大乘论者。昙影注《中论》,道融疏《大品》《维摩》,道生注《小品》及《维摩》,僧导作《三论义疏》。僧叡《中论序》曰:

> 《百论》治外以闲邪,斯文(《中论》)袪内以流滞,《大智释论》之渊博,《十二门观》之精诣。寻斯四者,真若日月入怀,无不朗然鉴彻矣。予玩之味之,不能释手。

至若什公重《大智度论》,则有明文见于僧叡之序:

> 有鸠摩罗耆婆法师者,……常仗斯论为渊镜,凭高致以明宗。

其重《百论》,则僧肇序中言之。

> 有天竺沙门鸠摩罗什,……常味斯论,以为心要。

而于《中论》则僧叡序云:

> 天竺诸国敢预学者之流,无不玩味斯论,以为喉衿。

由此言之,后世称什公学派为三论者,固甚有见而云然也。

二曰,什公深斥小乘一切有之说也。什公早习有部经论,后弃而就大乘,必卓有所见。《高僧传》谓其曾言《成实论》有七处破《毗昙》,疑其正因此论斥破有部而为入大乘之过渡作品,故译出之。《大义章》中其驳有部义,亦曾数见。如曰:

> 但阿毗昙法,摩诃衍法,所明各异。如迦旃延《阿毗昙》说,幻化梦响,镜像水月,是可见法,亦可识知,三界所系,阴界入所摄。大乘法中,幻化水月,但诳心眼,无有定法。

又曰:

> 言有为法四相者，是迦旃延弟子意，非佛所说。

又曰：

> 佛法中都无微尘之名，但言色若粗若细，皆悉无常，乃至不说有极微极细者。……为破外道及佛弟子邪论，故说微尘，无决定相，但有假名。

此所谓佛弟子邪论，自亦指沙婆多师说也。又有曰：

> 是故当知言色等为实有，孔等为因缘有，小乘论意，非甚深论法。

此所谓小乘，亦指有部也。

三曰，至什公而无我义始大明也。自汉以来，精灵起灭，因报相寻，为佛法之根本义。魏晋之世，义学僧人，谈《般若》者，亦莫不多言色空。支愍度立心无义，则群情大诧。而佛法之所谓无我者，则译为非身。支遁诗曰："愿得无身道，高栖冲默靖。"此用《老子》外其身之说也。（支氏《土山会诗序》有曰悟外身之贞。）郗超《奉法要》曰："神无常宅，迁化靡停，谓之非身。"此仍神存形灭之说也。及至罗什，而无我之说乃大明。僧叡《维摩序》曰：

> 自慧风东扇，法言流咏以来，虽曰讲肆，格义迂而乖本，六家偏而不即。性空之宗，以今验之，最得其实。然炉冶之功，微恨不尽。当是无法可寻，非寻之不得也。何以知之，此土先出诸经，于识神性空，明言处少。存神之文，其处甚多。《中》《百》二论，文未及此，又无通鉴，谁与正之。先匠（指道安）所以辍章遐慨，思决言于弥勒者，良在此也。

据此什公来华，译《中》《百》二论，有破神之文。于识神性空之

第二章　汤用彤讲佛学　167

义，大为阐明。前此则虽道安于此曾有所疑，然无由决定也。

试考罗什以前，其所谓神者，或不出二义。一神者实为沉于生死之我。一为神明住寿。如牟子《理惑论》曰："有道虽死，神归福堂，为恶既死，神当其殃。"又如《四十二章经》曰："佛言，阿罗汉者，能飞行变化，住寿命，动天地。"康僧会《安般守意经序》有"制天地，住寿命"之语。道安《阴持入经注》亦言"住寿成道"。又据《大乘大义章》所载，庐山慧远曾以书咨什公，问菩萨可住寿一劫有余。什公答曰："若言住寿一劫有余者，无有此说，传之者妄。"又曰："《摩诃衍经》曰，若欲寿恒河沙劫者，此是假言，竟不说人名。"自《般若》之学大昌以来，中土学人，渐了然于五阴之本无，渐了然于慧叡所言之识神性空。住寿之说，与法身之理相牴牾，故慧远问什公书中已疑其为"传译失旨"。夫"法身实相，无来无去，同于泥洹，无为无作"。（上二语见《大义章》卷上）则轮转生死，益算住寿之神，谓为佛法之根本义，实误解也。《祐录》陆澄《法论目录》载王稚远问什公"泥洹有神否"。今虽其文已佚，不知什公何答。然可断言其必谓泥洹有神之说，为"传之者妄"也。

四曰，罗什之学，主毕竟空也。什公以前之《般若》，多偏于虚无。罗什说空，简料前人空无之谈。故什言曰：

  法身义以明法相义者，无有无等戏论，寂灭相故。（《义章》第七）

又曰：

  有无非中，于实为边也。言有而不有，言无而不无。（《注维摩经》卷二）

又曰：

> 摩诃衍法，虽说色等至微尘中空，心心数法至心中空，亦不坠灭中。所以者何，但为破颠倒邪见，故说不是诸法实相也。（《义章》第十五）

遣有谓之空，故诸法非有非无是空义。什曰：

> 本言空以遣有，非有去而存空。若有去而存空，非空之谓也。（《维摩注》卷三）

毕竟空者扫一切相。既遣于有，又复空空。既非有非无，亦无生无灭。小乘观法生灭为无常义，大乘以不生不灭为无常义。依小乘生灭无常，则云"念念不住，则以有系住"。唯"今此一念，若令系住，则后亦应住。若今住后住，则始终无变。始终无变，据事则不然。以住时不住，所以之灭。住即不住，乃真无住也。本以住为有，今无住则无有，无有则毕竟空。"毕竟空，即大乘无常之妙旨也。（见《维摩》注）

三论之学，扫一切相，断言语道。而扫相离言者，非言万有之为顽空绝虚（绝对空虚），乃言真体之不可以言象得也（故般若无所得）。言象者，周遍计度，宰割区划，于真体上起种种分别，而失如如之性。（万物如其所如，然其所然，初非名言强分，彼此之所可得也。）诸法不生不灭，而人乃计常计断，诸法非有非无，而有无之论纷起。夫有无生灭者，人情所有之定名，而非真如之实际。（什公为明此义于《大义章》及《维摩注》中屡言"物无定相"。）盖凡人感于万有，必须取相，必须于无相之本体起种种相，俾心有所攀缘，而名言分别以起。因执著言象之分别，遂于所谓外境者，计度区划而有极微实有之说，于所谓内心者，计度区划而有灵魂住寿之说。所谓极微灵魂也者，均执著言象之所得，而视为实物。（宇宙本体并非空无。然执人心所取之相以之为实物，则直蹈空。）于是在实相以外，别立自性（如极微自我等是）。其所谓宇宙本体，乃离实在而独存。（犹言本体以外又有现象。）则直如执著镜中花水中月也。

由上所言，物无彼此，"无定相"执著言象所得之定相，则必至就言象所得，执有实物，于实在以外别立实体。（如西哲休谟所斥之Substance学说。）大乘佛法之所以谈空者，端在于明"物无定相，则其性虚"也（《维摩注》一）。无定相者，即谓无相。性虚者，即谓无自性。〔自性如自我极微等，休谟所谓哲学家之虚妄（Fictions）均是也。〕人情执著名象，于无相上著相，于无自性上立另有实物，而反失实在之真相。（《维摩注》六什公曰："法无定相，相由惑生，即谓法无自性，缘感而起。"即谓二字要紧。盖于法上执有定相，乃持法有自性之张本也。）然则宇宙之实相，本无相可得。宇宙之本体，亦非超然物外。非超然物外，故穷物之源，更无所出，因曰"无本"（《维摩注》六）。非有相可得，故能所双忘，是非齐泯。非超然物外，故非可如执实有镜花水月，反以无为有。（若如此执，则反落空，所谓恶取空。）无相可得，故曰："一切法毕竟空寂，同泥洹相，非有非无，无生无灭，断言语道，灭诸心行。"（《义章》十二）然则一切法无相绝言者，非谓万物之外别有一独立秘密之自体也。

什公著作多佚，口义罕传。（玄奘弟子章疏存者较多。故奘师之著作虽亦不存，但口义颇多见于唐人章疏中。）但即就其赠慧远偈一章言之，亦已理趣幽邃，境界极高，颇可见其造诣之深。黄冈熊十力先生曾为偈作略释。兹录于下：

既已舍染乐，心得善摄不。

染乐谓贪欲等。摄谓心不外驰。不读否，发问词，下准知。言既已舍离贪欲等染法，令不现起，此心遂得善自凝摄，不复向外驰求散乱否耶。盖贪欲等习气潜存，虽暂被折伏，若止观力稍一松懈，则犹有乘机窃发之虞。止观者，此心恒时凝敛而不散乱名止，恒时简择一切法而不迷谬，名观。即止即观，乃就一心之相用而分别言之耳。

若得不驰散，深入实相不。

如止观工夫绵密无间，常能折伏贪欲等，令不现行，即此心已得不驰散，可谓已入实相否耶。入者证入实相，犹云本体，亦谓真如，克就吾人而言，即本心是也。虽止观力深而心不驰散。然染习根株，犹复未尽，但加行无间（加工而行，名曰加行），即未离能所取相（凡位未得证智，则心起必有所取相。以有所取故必有能取相。能所相依而有故），如何可说证实相耶。故发问以疑之，使其自知功修尚浅，如远行方备资粮，而距此欲至之地，尚迢遥不可期也。

毕竟空相中，其心无所乐。

毕竟空者，一切所取相皆空，故能取相亦空，能所取相皆空，故空相亦空。都无一切相，故冥然离系，寂灭现前（灭者灭诸杂染。寂者寂静不取于相），是名毕竟空相。至此则心无所乐，方是真乐。若有所乐者，即未能泯一切相，未得离系，故非真乐也。此正显示涅槃心体（涅槃即实相之异名）。若功修尚浅，如何便得臻此。前问深入实相否,正欲其因疑而求进至此也。

若悦禅智慧,是法性无照。虚诳等无实,亦非停心处。

悦禅即有所乐,犹有所取相,故智慧未泯能取相也。性者体义,法性犹云诸法本体,即斥指本心而目之也。无照者,非如木石顽然无有照用,以即体之照,虽复朗然遍照,而无照相可得,故云无照。若有照之心,便是虚妄分别相,故云虚诳等无实也。若认此虚妄分别之心以为本心,即是认贼作子,乃自害也。故云亦非停心处。停犹止也,言心不可止于虚诳无实之域也。此中申明毕竟空相,而归极于照,而无照则智慧相亦不可得。若有智慧相可得,则必非智慧也,直是虚诳无实之妄识而已。其开示心要如此真切。肇公《般若无知论》,与此可相印证。

仁者所得法,幸愿示其要。

此示谦怀,以求远公之自反也。详玩什师此偈,盖以资粮加行二位之间,而拟远公之所诣。其视远公亦可谓甚高,而所以诱而进之者复至厚。余尝谓什师非经师一流,盖实有以自得者。惜其自悲折翮而无造述。此偈仅存,至可宝贵。若引教详释,则不胜其繁,又初学困于名相,益难索解,故为粗略释之云尔。

鸠摩罗什之弟子

什公之弟子,无虑千百,其中秀杰知名者亦颇不少。后人称生、肇、融、叡(当是僧叡)为四圣。(此说不知始于何时。宋智圆《涅槃机要》载之。)但《高僧传》记时人评语,或曰,通情则生融上首。精难则观肇第一。则无僧叡。或曰,生、叡(此为慧叡)发天真(聪悟发于天性）。严观洼流得（洼深也，深思流连，始可继足也）。慧义惨悙进（努力方得前也）。寇渊（道渊姓寇）于嘿塞（《僧传》谓渊潜光隐德，世莫之知）。则并缺僧肇、道融、僧叡。（按此或仅就江南僧言之，故缺此三。）梁时慧皎于论译经，始特举八人，所谓生、融、影、叡（僧叡）、严、观、恒、肇也。而《大义章》卷首，言什门八子，则为融、伦（不详）影、肇、渊、生、成（昙无成）、叡也。及至隋唐，乃有八俊十哲之目。八俊者，生、肇、融、叡、凭（当即《僧传·僧远传》之道凭）、影、严、观。（敦煌本体请《释肇序》。参看吉藏《中论疏》一。）但或有䂮而无凭（参看《北山录》四），或有道恒而无凭（见于《肇论新疏游刃》）。此乃依《僧传》译经论）。十哲者则于八俊之外，加道恒、道标也。（《北山录》四）

此中僧肇为三论之祖，道生为涅槃之圣，僧导、僧嵩为《成实》师宗之始。均当于后另详之。其余诸人，则仅择要叙其事迹之大略于下：

僧叡，魏郡长乐人。依僧贤出家。曾听僧朗讲《放光经》（或即泰山僧朗）。师事道安，助之译经。后什公入关，参入译经，称为英才。卒时年六十七（当在长安）。

道融，汲郡林虑人。十二出家，先学外书。年迄三十，才解英绝。内外经书，暗游心府。什公入关，故往咨禀，什甚奇之。后还彭城，讲说相续。门徒甚多。卒于彭城，年七十四。著有《法华》《大品》《金光明》《十地》《维摩》等义疏。

昙影，或云北人。曾助道安译《鼻奈耶》。能讲《正法华经》，及《光赞般若》。每讲听者千数。姚兴大加礼接。及什至长安,影往从之,助之译经。著《法华义疏》四卷,并注《中论》。后山栖隐处(《魏书·殷绍传》谓有昙影居阳翟九崖岩,当是一人。昙影业禅,故晚年居山中),卒年七十。

僧䂮,北地泥阳人。初师弘觉大师。觉为姚苌讲《法华》,䂮为都讲。通六经及三藏。姚苌、姚兴早重之。及罗什入关,敕为僧主(即僧统)。后曾游樊邓(《僧传·昙谛传》)。以弘始之末卒于长安大寺,春秋七十三。

道恒,蓝田人。年二十,始出家。学该内外,多所通达。什公入关,即往造修,并助译事。姚兴尝劝恒与其同学道标还俗,共理国政。恒、标不从。恒乃遁居山中。义熙十三年卒于山舍。

慧叡,冀州人。游学天竺,洞悉方言。或亦曾师道安。(《喻疑论》所称之亡师,指安公。)后憩庐山。俄与道生、慧严入关,从什于长安。后还建业,止乌衣寺。(《祐录》十五《道生传》称为始兴慧叡,当是寺名。)宋彭城王义康师之,谢灵运与友善。于《泥洹经》译出之后,曾作《喻疑论》(《祐录》五),以释世之非难佛性义者。宋元嘉中卒,年八十五。

慧严,豫州人。年十二,为诸生,博晓诗书。十六出家,又精练佛理。入关见什,后返建业,止东安寺。为宋高祖文帝所重。后与慧观、谢灵运改治《涅槃》大本。宋元嘉二十年(公元443年),卒,年八十一。

慧观,清河人。少以博览驰名,习《法华经》。(《祐录·法华宗要序》)曾适庐山,师事慧远。闻什入关,特往从之。后与觉贤南止庐山,约在晋义熙八年,共贤至江陵。(《本传》谓在什亡后,误。八年刘裕讨刘毅至江陵，时观或已见裕，见《觉贤传》。）停滞至十一年，刘裕讨司马休之，观与之相见。（此据《本传》）观并在此地，为卑摩罗叉记所讲《十诵律》。（见《叉传》）后还京师，止道场寺。观通禅律，善佛理。注《法华经》，探究《老》《庄》，并擅文辞，时流慕之。元嘉中卒，年七十一。

按晋代以玄学《般若》之合流，为学术界之大宗。南方固为士大夫清谈之渊薮，而北方玄理固未绝响。什公有名之弟子，来自各方。均兼善内外，博通诗书。且在什公入关以前，多年岁已大，学有成就。吾人虽不知其所习为外学何书，然僧叡、僧融，早讲《般若》。慧叡、慧观，来自匡山。匡山大师慧远，并重《老》《庄》。而罗什以前之《般若》，更富玄学气味。则吾人即谓什公门下，多尚玄谈。固无不可。而慧观探究《老》《庄》，史有明文。僧肇年最幼，然其在见什以前，已读《老》《庄》。（均见《僧传》）则其同学中人之学风，可以推知矣。

又按什公以前，释道安驻锡关中，道安原亦玄学中人。但其时恰值罽宾一切有部僧人僧伽提婆等东来，道安助之传译。有部谓一切诸法，皆有自性。与《般若》谈自性空寂者异其趣。后提婆南下，《毗昙》小乘学亦暂在南方流行。其时南北佛学，必稍转变。但不久而什至，使性空宗义又重光大。慧叡《喻疑论》有云：

三十六国，小乘人也。此豐（疑是学字误）流于秦地，慧导之徒，遂不复信《大品》。既蒙什公入关，开诋真照，《般若》之明，复得辉光。

慧导之徒，疑即受罽宾学僧之影响，而不信《大品》。及什公至长安，破斥《毗昙》，复弘《般若》。而其门下集四方之英俊，吸收国内之玄学者。夫玄学重在得意忘象，自与有部之甚重名数分析者大相径庭。故罗什弟子对于有部之学，与王辅嗣对于汉易，其态度当甚相同。僧叡曰，丧我在乎落筌。（《十二门论序》语）道生亦曰，忘筌取鱼，始可言道。（见《僧传》）而昙影《中论序》，亦斥废鱼守筌，存指忘月。并辨名数之用曰：

> 夫万化非无宗，而宗之者无相。虚宗非无契，而契之者无心。故至人以无心之妙慧，而契彼无相之虚宗。内外并冥，缘智俱寂。岂容名数于其间哉，但以悕玄之质，趣必有由。非名无以领数，非数无以拟宗。故遂设名而召之，立数而辩之。然则名数之生，生于累著。（原作者）可以造极，而非其极。苟曰非极，复何常之有耶。是故如来始逮真觉，应物接粗，启之以有。后为大乘，乃说空法。化适当时，所悟不二。

此中如来所说之有，应指沙婆多部。夫《般若》非无名数之分析，然分析即是扫荡。则名数固仅筌蹄也。筌蹄之说，本于玄学。（南朝士大夫清谈，尝执筌蹄。则筌蹄在器物上，亦为谈玄者之象征。）《般若》家，与谈玄者，其方法态度，实系一致。故什公弟子，宗奉空理，而仍未离于中国当时之风尚也。

/第三章/
冯友兰、闻一多讲
道家与道教

老　子

/ 冯 友 兰 /

孔子之时，据《论语》所载，有"隐者"之徒，对于孔子之行为，常有讥评。孟子之时，有杨朱之徒，持"全生保真"之学说。此即后来道家者流之前驱也。后来道家者流，分为老庄二派。道家之有老庄，犹儒家之有孟荀也。（《老子》一书出在孟子后，辩论甚多，兹不详举。）

古代所谓天，乃主宰之天。孔子因之，墨子提倡之。至孟子则所谓天，有时已为义理之天。所谓义理之天，常含有道德的唯心的意义，特非主持道德律之有人格的上帝耳。《老子》则直谓"天地不仁"，不但取消天之道德的意义，且取消其唯心的意义。古时所谓道，均谓人道；至《老子》乃予道以形上学的意义。以为天地万物之生，必有其所以生之总原理，此原理名之曰道。故《韩非子·解老》云："道者万物之所以成也。"《老子》云："有物混成，先天地生。寂兮寥兮，独立而不改，周行而不殆，可以为天下母。吾不知其名，字之曰道，强为之名曰大。"（《老子》二十五章）道之作用，并非有意志的。只是自然如此。故曰："人法地，地法天，天法道，道法自然。"（二十五章）道即万物所以如此之总原理，道之作用，亦即万物之作用。但万物所以能成万物，亦即由于道。故曰："道常无为而无不为。"（三十七章）道为天地万物所以然之总原理，德为一物所以然之原理，即《韩非子》所谓"万物各异理"之理也。《老子》曰："孔德之容，惟道是从。"（二十一章）又曰："道生之，德畜之，物形之，势成之。是以万物莫不尊道而贵德。道之尊，德之贵，夫莫之命而常自然。"（五十一章）《管子·心术上》云："德者道之舍，物得以生，生得以职道之精。故德者，得也，其谓所得以然也。以无为之谓道，舍之之谓德。故道之与德无间，故言之者无别也。"此解说道与德之关系，其言甚精。由此而言，则德即物之所得于道而以成其物者。《老子》所云"道生之，德畜之"，其意中道与德之关系，似亦如此，特未能以极清楚确定的话说出耳。"物形之，势成之"者，吕吉甫[1]云："及其为物，则特形之而已……已有形矣，则裸者不得不裸，鳞介羽毛者，不得不鳞介羽毛，以至于幼壮老死，不得不幼壮老死，皆其势之必然也。"形之者，即物之具体化也。物固势之所成，即道德之作用，亦是自然的。故曰："道之尊，德之贵，夫莫之命而常自然。"

《老子》以为宇宙间事物之变化，于其中可发现通则。凡通则皆可谓之为"常"。常有普遍永久之义。故道曰常道。所谓："道

---

[1] 吕吉甫，即吕惠卿（1032—1111），字吉甫，官至北宋参知政事。——编者注

可道，非常道。"（一章）自常道内出之德，名曰常德。所谓："常德不忒，复归于无极。……常德乃足，复归于朴。"（二十八章）至于人事中可发现之通则，则如："取天下常以无事。"（四十八章）"民之从事，常于几成而败之。"（六十四章）"天道无亲，常与善人。"（七十九章）凡此皆为通则，永久如此。吾人贵能知通则；能知通则为"明"。《老子》中数言"知常曰明"，可知明之可贵。"知常"即依之而行，则谓之"袭明"（二十七章）。马夷初[1]先生云："袭，习古通。"（见《老子覈诂》）或谓为"习常"（五十二章）。若吾人不知宇宙间事物变化之通则，而任意作为，则必有不利之结果。所谓："不知常，妄作，凶。"（十六章）

事物变化之一最大通则，即一事物若发达至于极点，则必一变而为其反面。此即所谓"反"，所谓"复"。《老子》云："反者道之动。"（四十章）又云："大曰逝，逝曰远，远曰反。"（二十五章）又云："万物并作，吾以观复。"唯"反"为道之动，故"祸兮福之所倚，福兮祸之所伏"。"正复为奇，善复为妖。"（五十八章）唯其如此，故"曲则全，枉则直，洼则盈，敝则新，少则得，多则惑"（二十二章）。唯其如此，故"飘风不终朝，骤雨不终日"。唯其如此，故"以道佐人主者，不以兵强天下，其事好还"。唯其如此，故"天之道其犹张弓欤，高者抑之，下者举之。有余者损之，不足者补之"（七十七章）。唯其如此，故"天下之至柔，驰骋天下之至坚"

---

[1] 马夷初，即马叙伦，字夷初，于文字学、训诂学、老庄哲学等领域皆有建树，曾任北京大学教授。中国民主促进会的主要创始人之一，中华人民共和国教育部第一任部长。曾提议《义勇军进行曲》为国歌。——编者注

（四十三章）。"天下莫柔弱于水，而攻坚，强者莫之能胜"（七十八章）。唯其如此，故"物或损之而益，或益之而损"（四十二章）。凡此皆事物变化自然之通则，《老子》特发现而叙述之，并非故为奇论异说。而一般人视之，则以为非常可怪之论。故曰："正言若反。"（七十八章）故曰："玄德深矣远矣，与物反矣，乃至于大顺。"（六十五章）故"下士闻道大笑之，不笑不足以为道"（四十一章）。

事物变化既有上述之通则，则"知常曰明"之人，处世接物，必有一定之方法。大要吾人若欲如何，必先居于此如何之反面。南辕正所以取道北辙。故"将欲歙之，必固张之；将欲弱之，必固强之；将欲废之，必固兴之；将欲夺之，必固与之"（三十六章）。此非《老子》之尚阴谋，《老子》不过叙述其所发现耳。反之，则将欲张之，必固歙之；将欲强之，必固弱之。故"圣人后其身而身先；外其身而身存。非以其无私耶，故能成其私"（七章）。此"知常曰明"之人所以自处之道也。

一事物发展至极点，必变为其反面。其能维持其发展而不致变为其反面者，则其中必先包含其反面之分子，使其发展永不能至极点也。故"大成若缺，其用不弊；大盈若冲，其用不穷；大直若屈，大巧若拙，大辩若讷"（四十五章）。"知常曰明"之人，知事物真相之如此，故"知其雄，守其雌，为天下谿。……知其白，守其黑，为天下式。……知其荣，守其辱，为天下谷"（二十八章）。总之："圣人去甚，去奢，去泰。"（二十九章）其所以如此，盖恐事物之发展若"泰""甚"，则将变为其反面也。海格尔谓历史进化，常经"正""反""合"三阶级。一事物发展至极点必变而为其反面，即由"正"而"反"也。"大直若屈，大巧若拙。"若只直则必变为屈，若只巧则必"弄巧反拙"。唯包含有屈之直，有拙之巧，是谓大直大巧，即"正"与"反"之"合"也。故大直非屈也，若屈而已，大巧非拙也，若拙而已。"知常曰明"之人，"知其雄，守其雌"，常处于"合"，故能"殁身不殆"矣。

老子理想中之人格，常以婴儿比之；盖婴儿知识欲望皆极简单，合乎"去甚，去奢，去泰"之意也。故曰："含德之厚，比于赤子。"（五十五章）圣人治天下，亦欲使天下人皆如婴儿，故曰："圣人在天下，歙歙然为天下浑其心，圣人皆孩之。"（四十九章）《老子》又以愚形容有修养之人，盖愚人之知识欲望亦极简单也。故曰："我愚人之心也哉！沌沌兮，俗人昭昭，我独昏昏；俗人察察，我独闷闷。澹兮其若海，飂兮若无止。众人皆有以，我独顽似鄙。"（二十章）圣人治天下，亦欲使天下人皆能如此，故曰："古之善为道者非以明民，将以愚之。"（六十五章）"不以智治国"，即欲以"愚"民也。然圣人之愚，乃修养之结果，乃"大智若愚"之愚也。"大智若愚"之愚，乃智愚之"合"，与原来之愚不同。《老子》所谓"圣人之治，虚其心，实其腹，弱其志，强其骨。常使民无知无欲"（三章）。此使民即安于原来之愚也。此民与圣人之不同也。

老子之理想的社会，为"小国寡民"之简单组织，如《老子》八十章所说。此非只是原始社会之野蛮境界；此乃包含有野蛮之文明境界也。非无舟舆也，有而无所乘之而已。非无甲兵也，有而无所陈之而已。"甘其食，美其服"，岂原始社会中所能有者？可套《老子》之言曰："大文明若野蛮。"野蛮的文明乃最能持久之文明也。

庄 子

/ 冯 友 兰 /

庄子（前369？—前286？）哲学中之道德二观念，与《老子》同。其对于幸福之观念，则以为凡物皆由道，而各得其德，即是凡物各有其自然之性。苟顺其自然之性，则幸福当下即是，不须外求。《庄子·逍遥游篇》，故设为极大极小之物，鲲鹏极大，蜩鸠极小。"鹏之徙于南冥也，水击三千里，抟扶摇而上者九万里，去以六月息者也。""蜩与学鸠笑之"曰："我决起而飞，抢榆枋，时则不至而控于地而已矣，奚以之九万里而南为？"此所谓"故极小大之致，以明性分之适。……苟足于其性，则虽大鹏无以自贵于小鸟，小鸟无羡于天池，而荣愿有余矣。故小大虽殊，逍游一也"（郭象《注》）。

政治上社会上各种之制度，由庄学之观点观之，均只足以予人以痛苦。盖物之性至不相同。一物有一物所认为之好，不必强同，亦不可强同。物之不齐，宜即听其不齐，所谓以不齐齐之也，一切政治上社会上之制度，皆定一好以为行为之标准，使人从之。此是强不齐以使之齐，爱之适所以害之也。圣人作规矩准绳，制定政治上及社会上各种制度，使天下之人皆服从之。其用意虽未尝不善，其用心未尝不为爱人，然其结果则如鲁侯爱鸟，爱之适所以害之。故庄学最反对以治治天下，以为欲使天下治，则莫如以不治治之。《应帝王篇》云："汝游心于淡，合气于漠，顺物自然而无容私焉，而天下治矣。"

庄学中之社会政治哲学，主张绝对的自由，盖唯人皆有绝对的自由，乃可皆顺其自然之性而得幸福也。主张绝对的自由者，必主张绝对的平等，盖若承认人与人、物与物间，有若何彼善于此，或此善于彼者，则善者应改造不善者使归于善，而即亦不能主张凡物皆应有绝对的自由矣。庄学以为人与物皆应有绝对的自由，故亦以为凡天下之物，皆无不好，凡天下之意见，皆无不对。此庄学与佛学根本不同之处。盖佛学以为凡天下之物皆不好，凡天下之意见皆不对也。盖人之意见，万有不齐，如必执一以为是，则天下人之意见，果孰为是？正与《齐物论》所问之孰为正处、正味、正色，同一不能决定也。若不执一以为是，则天下人之意见皆是也。唯其皆是，故听其自尔，而无须辩矣。《齐物论篇》云："果且无彼是乎哉？彼是莫得其偶，谓之道枢。枢始得其环中，以应无穷。是亦一无穷，非亦一无穷也。故曰，莫若以明。"有所是则有所非，有所非则有所是；故是非乃相对待的，所谓"偶"也。若听是非之自尔而无所是非，则无偶矣。故曰"彼是莫得其偶，谓之道枢"也。"是亦一无穷，非亦一无穷"，如一环然。不与有所是非者为循环之辩论，而立于环中以听其自尔。则所谓"枢始得环中,以应无穷"也。《齐物论篇》又曰:"是以圣人和之以是非,而休于天钧;是之谓两行。""天钧"者,《寓言篇》云:"万物皆种也,以不同形相禅,始卒若环,莫得其伦,是谓天钧。天钧者,天倪也。""天钧""天倪"若谓万物自然之变化;"休于天钧",即听万物之自然也。圣人对于物之互相是非,听其自尔。故其态度,即是不废是非而超过之,"是之谓两行"。

凡物皆无不好,凡意见皆无不对,此《齐物论》之宗旨也。推而言之,则一切存在之形式,亦皆无不好。所谓死者,不过吾人自一存在之形式转为别一存在之形式而已。如吾人以现在所有之存在形式为可喜,则死后吾人所得之新形式,亦未尝不可喜。《大宗师篇》曰:"特犯(同逢)人之形而犹喜之。若人之形者,万化而未始有极也。其为乐可胜计耶?"知此理也,则可齐生死矣。《大宗师篇》曰:"浸假而化予之左臂以为鸡,予因以求时夜。浸假而化予之右臂以为弹,予因以求鸮炙。浸假而化予之尻以为轮,以神为马,予因而乘之,岂更驾哉?且夫得者,时也(郭云:"当所遇之时,世所谓得。");失者,顺也(郭云:"时不暂停,随顺而往,世谓之失。")。安时而处顺,哀乐不能入也。此古之所谓悬解也。"哀乐不能入,即以理化情也。斯宾诺莎(Spinoza)以情感为"人之束缚"(human bondage)。若有知识之人,知宇宙之真相,知事物之发生为必然,则遇事不动情感,不为所束缚,而得"人之自由"(human freedom)矣。譬如飘风坠瓦,击一小儿与一成人之头。此小儿必愤怒而恨此瓦。成人则不动情感,而所受之痛苦亦轻。盖成人之知识,知瓦落之事实之真相,故"哀乐不能入"也。《养生主篇》谓秦失谓哭老聃之死者云:"是遁天倍情,忘其所受,古者谓之遁天之刑。"死为生之天然的结果,对此而有悲痛愁苦,是"遁天倍情"也。"遁天"者必受刑,即其悲哀时所受之痛苦是也。若知"得者,时也;失者,顺也。安时而处顺",则"哀乐不能入",不受"遁天之刑"而如悬之解矣。其所以能如此者,则以理化情也。

自又一方面言之,则死生不但可齐,吾人实亦可至于无死生之地位。《田子方篇》云:"草食之兽,不疾易薮;水生之虫,不疾易水;行小变而不失其大常也。……夫天下者,万物之所一也。得其所一而同焉,则四肢百体将为尘垢,而死生终始将为昼夜,而莫之能滑,而况得丧祸福之所介乎?"《大宗师篇》云:"夫藏舟于壑,藏山于泽,谓之固矣。然而夜半有力者负之而走,昧者不知也。藏小大有宜,犹有所遁,若夫藏天下于天下,而不得所遁,是恒物之大情也……故圣人将游于物之所不得遁而皆存。善夭善老,善始善终,人犹效之,又况万物之所系而一化之所待乎?"如能以吾与宇宙合一,"得其所一而同焉",则宇宙无死生,吾亦无死生;宇宙永久,吾亦永久矣。

然若何方能使个体与宇宙合一耶?曰,在纯粹经验中,个体即可与宇宙合一。所谓纯粹经验(pure experience)即无知识之经验。在有纯粹经验之际,经验者,对于所经验,只觉其是"如此"(詹姆士所谓"that"),而不知其是"什么"(詹姆士所谓"what")。詹姆士谓纯粹经验,即是经验之"票面价值"(face value),即是纯粹所觉,不杂以名言分别(见詹姆士《急进的经验主义》*Essays in Radical Empiricism* 三十九页)。佛家所谓现量,似即是此。庄学所谓真人所有之经验,即是此种。其所处之世界，亦即此种经验之世界也。《齐物论篇》云："古之人其知有所至矣。恶乎至？有以为未始有物者，至矣尽矣，不可加矣。其次以为有物矣，而未始有封也。其次以为有封矣，而未始有是非也。是非之彰也，道之所以亏也。道之所以亏，爱之所为成。"有经验而不知有物，不知有封（即分别），不知有是非，愈不知则其经验愈纯粹。在经验之中，所经验之物，是具体的，而名之所指，是抽象的。所以名言所指，实只经验之一部。譬如"人"之名之所指，仅系人类之共同性质。至于每个具体的人之特点个性，皆所不能包括。故一有名言，似有所成而实则有所亏也。凡一切名言区别，皆是如此。故吾人宜只要经验之"票面价值"，而不须杂以名言区别。

有名言区别即有成，有成即有毁。若纯粹经验，则无成与毁也。故达人不用区别，而止于纯粹经验，则庶几矣。其极境虽止而又不知其为止。至此则物虽万殊，而于吾之知识上实已无区别。至此则真可觉"天地与我并生，而万物与我为一"矣。

人至此境界，始可绝对的逍遥矣。盖一切之物，苟顺其性，虽皆可以逍遥，然一切物之活动，皆有所倚赖，即《逍遥游篇》中所谓"待"。《逍遥游篇》曰："列子御风而行，泠然善也。旬有五日而后返。彼于致福者，未数数然也。此虽免乎行，犹有所待者也。"列子御风而行，无风则不得行，故其逍遥有待于风。推之世上一般人或必有富贵而后快，或必有名誉而后快，或必有爱情而后快。是其逍遥有待于富贵、名誉或爱情也。有所待则必得其所待，然后逍遥。故其逍遥亦为其所待所限制，而不能为绝对的。若至人既已"以死生为一条，可不可为一贯"（《德充符篇》中语），其逍遥即无所待，为无限制的、绝对的。故《逍遥游篇》曰:"若夫乘天地之正,御六气之辩,以游无穷者,彼且恶乎待哉?故曰:至人无己;神人无功;圣人无名。"(同上)"乘天地之正,御六气之辩,以游无穷者",即与宇宙合一者也。其所以能达此境界者,则因其无己,无功,无名,而尤因其无己。

此庄学中之神秘主义也。神秘主义一名词之意义,上文已详。[1]上文谓如孟子哲学中有神秘主义,其所用以达到神秘主义的境界之方

---

[1] 本文选自冯友兰《中国哲学小史》一书。在书中,冯友兰对"神秘主义"一词的意义,做了明确的解释,具体如下:神秘主义一名,有种种不同的意义。此所谓神秘主义,乃专指一种哲学,承认有所谓"万物一体"之境界。在此境界中,个人与"全"(宇宙之全)合而为一,所谓人我内外之分,俱已不存。普通多谓此神秘主义必与唯心论的宇宙论相关连。宇宙必为唯心论的,宇宙之全体,与个人之心灵,有内部的关系;个人之精神,与宇宙之大精神,本为一体,特以有后起的隔阂,以致人与宇宙,似乎分离。佛家所说之无明,宋儒所说之私欲,皆指此后起的隔阂也。若去此隔阂,则个人与宇宙复合而为一,佛教所说之证真如,宋儒所说"人欲尽处,天理流行",皆指此境界也。不过此神秘主义,亦不必与唯心论的宇宙论相连。如庄子之哲学,其宇宙论非必为唯心论的,然亦注重神秘主义也。中国哲学中,孟子派之儒家,及庄子派之道家,皆以神秘境界为最高境界,以神秘经验为个人修养之最高成就。但两家之所用以达此最高境界、最高目的之方法不同。道家所用之方法,乃以纯粹经验忘我;儒家所用之方法,乃以"爱之事业"(叔本华所用名词)去私。无我无私,而个人乃与宇宙合一。如孟子哲学果有神秘主义在内,则万物皆备于我,即我与万物本为一体也。我与万物本为一体,而乃以有隔阂之故,我与万物,似乎分离,此即不"诚"。若"反身而诚",回复与万物为一体之境界,则"乐莫大焉"。如欲回复与万物为一体之境界,则用"爱之事业"之方法。所谓"强恕而行,求仁莫近焉"。以恕求仁,以仁求诚。盖恕与仁皆注重在取消人我之界限;人我之界限消,则我与万物为一体矣。此解释果合孟子之本意否不可知,要之宋儒之哲学,则皆推衍此意也。——编者注

法，为以"强恕""求仁"，以至于"万物皆备于我矣，反身而诚，乐莫大焉"之境界。庄学所用之方法，乃在知识方面取消一切分别，而至于"天地与我并生，而万物与我为一"之境界。此二方法，在中国哲学史中，分流并峙，颇呈奇观。不过庄学之方法，自魏晋而后，即无人再讲。而孟子之方法，则有宋明诸哲学家，为之发挥提倡，此其际遇之不同也。

道教的精神

/ 闻 一 多 /

自东汉以来，中国历史上一直流行着一种实质是巫术的宗教，但它却有极卓越的、精深的老庄一派的思想做它理论的根据，并奉老子为其祖师，所以能自称为道教。后人爱护老庄的，便说道教与道家实质上全无关系，道教生生地拉着道家思想来做自己的护身符，那是道教的卑劣手段，不足以伤道家的清白。另一派守着儒家的立场而隐隐以道家为异端的人，直认道教便是堕落了的道家。这两派论者，前一派是有意袒护道家，但没有完全把握着道家思想的真谛；后一派，虽对道家多少怀有恶意，却比较了解道家，但仍然不免于"皮相"。这种人可说是缺少了点历史眼光。一个东西由一个较高的阶段退化到较低的，固然是常见的现象，但那较高的阶段是否也得有个来历呢？较高的阶段没有达到以前，似乎不能没有一个较低的阶段，我常疑心这哲学或玄学的道家思想必有一个前身，而这个前身很可能是某种富有神秘思想的原始宗教，或更具体点讲，一种巫教。这种宗教，在基本性质上恐怕与后来的道教无大差别，虽则在形式上与组织上尽可截然不同。这个不知名的古代宗教，我们可暂称为古道教，因之自东汉以来道教即可称之为新道教。我以为如其说新道教是堕落了的道家，不如说它是古道教的复活。不，古道教也许本来就没有死过，新道教只是古道教正常的、自然的组织而已。这里我们应把宗教和哲学分开，作为两笔账来清算。从古道教到新道教是一个系统的发展，所以应排在一条线上。哲学中的道家是从古道教中分泌出来的一种质素。精华既已分泌出来了，那所遗下的渣滓，不管它起什么发酵作用，精华是不能负责的。古道教经过一个时期的酝酿，后来发酵成天师道一类的形态，这是宗教自己的事，与那已经和宗教脱离了关系的道家思想何干？道家不但对新道教堕落了的行为可告无罪，并且对古道教还有替它提炼出一些精华来的功绩。道教只有应该感谢道家的。但道家是出身于道教，恐怕是千真万确的事实，它若嫌这出身微贱，而想避讳或抵赖，那却是不应当的。

我所谓古道教究竟是什么样的东西呢？详细地说明，不是本文篇幅所许的，我现在只能挈要提出几点来谈谈。

后世的新道教虽奉老子为祖师，但真正接近道教的宗教精神的还是庄子。《庄子》书里实在充满了神秘思想，这种思想很明显地是一种古宗教的反影。《老子》书中虽也带有很浓的神秘色彩，但比起《庄子》似乎还淡得多。从这方面看，我们也不能不同意于多数近代学者的看法，以为至少《老子》这部书的时代，当在《庄子》后。像下录这些《庄子》书中的片段，不是一向被"得意忘言"的读者们认为庄子的"寓言",甚或行文的词藻一类的东西吗?

> 藐姑射之山有神人居焉,肌肤若冰雪,淖约若处子,不食五谷,吸风饮露,乘云气,御飞龙,而游乎四海之外;其神凝,使物不疵疠,而年谷熟。……之人也,物莫之伤,大浸稽天而不溺,大旱金石流,土山焦而不热。(《逍遥游》)

> 夫道有情有信,无为无形,可传而不可受,可得而不可见,自本自根,未有天地,自古以固存,神鬼神帝,生天生地,在太极之先而不为高,在六极之下而不为深,先天地生而不为久,长于上古而不为老。狶韦氏得之,以挈天地,伏戏氏[1]得之,以袭气母,维斗得之,终古不忒,日月得之,终古不息,堪坏得之,以袭昆仑,冯夷得之,以游大川,肩吾得之,以处大山,黄帝得之,以登云天,颛顼得之,以处玄宫,禺强得之,立乎北极,西王母得之,坐乎少广,莫知其始,莫知其终,彭祖得之,上及有虞,下及五伯,傅说得之,以相武丁,奄有天下,乘东维,骑箕尾,而比于列星。(《大宗师》)

> 至人神矣,大泽焚而不能热,河汉冱而不能寒,疾雷破山,飘风振海而不能惊。若然者,乘云气,骑日月,而游乎四海之外,死生无变于己。(《齐物论》)

以上只是从《内篇》中抽出的数例,其余《外杂篇》中类似的

---

[1] 伏戏氏,即伏羲氏。——编者注

话还不少。这些绝不能说是寓言。（庄子所谓"寓言"有它特殊的含义，这里暂不讨论。）即是寓言，作者自己必先对于其中的可能性及真实性毫不怀疑，然后才肯信任它有阐明或证实一个真理的效用。你是绝不会用"假"以证明"真"或用"不可能"以证明"可能"的，庄子想也不会采用这样的辩证法。其实庄子所谓"神人""真人"之类，在他自己是真心相信确有其"人"的。他并且相信本然的"人"就是那样具有超越性，现在的"人"之所以不能那样，乃是被后天的道德仁义之类所斫丧的结果。他称这本然的"人"为"真人"或"神人"或"天"，理由便在于此。

我们只要记得灵魂不死的信念，是宗教的一个最基本的出发点，对庄子这套思想，便不觉得离奇了。他所谓"神人"或"真人"，实即人格化了的灵魂。所谓"道"或"天"实即"灵魂"的代替字。灵魂是不生不灭的，是生命的本体，所以是真的，因之，反过来这肉体的存在便是假的。真的是"天"，假的是"人"。全套的庄子思想可说从这点出发。其他多多少少与庄子接近的，以贵己重生为宗旨的道家中各支派，又可说是从庄子推衍下来的情绪。把这些支派次第地排列下来，我们可以发现神秘色彩愈浅，愈切近实际，陈义也愈低，低到一个极端，便是神仙家、房中家（此依《汉志》分类）等低级的，变态的养形技术了。冯芝生[1]先生曾经说，杨朱一派的贵生重己说仅仅是不伤生之道，而对于应付他人伤我的办法只有一避字诀。然人事万变无穷，害尽有不能避者。老子之学，乃发现宇宙间事物变

---

[1] 冯芝生，即冯友兰，字芝生。——编者注

化之通则，知之者能应用之，则可希望"没身不殆"。庄子之《人间世》亦研究在人世中，吾人如何可入其中而不受其害。然此等方法，皆不能保吾人以万全。盖人事万变无穷，其中不可见之因素太多故也。于是老学乃为打穿后壁之言曰：

    吾所以有大患者，为吾有身。及吾无身，吾有何患？

此真大彻大悟之言。庄学继此而讲"齐死生，同人我"。不以害为害，于是害乃真不能伤。由上面的分析，冯先生下了一个结论："老子之学，盖就杨朱之学更进一层，庄子之学，则更进二层也。"冯先生就哲学思想的立场，把杨老庄三家所陈之义，排列成如上的由粗而精的次第，是对的。我们现在也可就宗教思想的立场，说庄子的神秘色彩最重，与宗教最接近，老子次之，杨朱最切近现实，离宗教也最远。由杨朱进一步，变为神仙房中诸养形的方技，再进一步，连用"渐"的方式来"养"形都不肯干，最好有种一服而"顿"即"变"形的方药，那便到了秦皇汉武辈派人求"不死药"的勾当了。庄和老是养神，杨朱可谓养生，神仙家中一派是养形，另一派是变形——这样由求灵魂不死变到求肉体不死，其手段由内功变到外功，外功中又由渐以至顿，——这便包括了战国、秦、汉间大部分的道术和方技，而溯其最初的根源，却是一种宗教的信仰。

  除道家神仙家外，当时还有两派"显学"，便是阴阳与墨家了。这两家与宗教的关系，早已被学者们注意到了，这里无须申论。我们现在应考核的，是二家所与发生关系的是种什么样的宗教——即上文所谓古道教，还是另一种或数种宗教。关于这一点，我们首先可以回答，它们是不属于儒家的宗教。由古代民族复杂的情形看去，古代的宗教应当不只一种。儒家虽不甘以宗教自命，其实也是从宗教衍化或解脱出来的，而这种宗教和古道教截然是两回事。什么是儒家的宗教呢？胡适之先生列举过古代宗教迷信的三个要点：

（一）一个有意志知觉，能赏善罚恶的天帝；

（二）崇拜自然界种种质力的迷信如祭天地日月山川之类；

（三）鬼神的迷信，以为人死有知，能作祸福，故必须祭祀供养他们。

胡先生认为这三种迷信"可算得是古中国的国教，这个国教的教主是'天子'"，并说"天子之名，乃是古时有此国教的铁证"。胡先生以这三点为古中国"国教"的中心信仰是对的，但他所谓"古中国"似乎是包括西起秦陇，东至齐鲁的整个黄河流域的古代北方民族，这一点似有斟酌的余地。傅孟真[1]先生曾将中国古代民族分为东西两大系，是一个很重要的观察。（不过所谓东西当指他们远古时的原住地而言，后来东西互相迁徙，情形则较为复杂。）我以为胡先生所谓"国教"，只可说是东方民族的宗教，也便是儒家思想的策源地。至于他所举的三点，其实只能算作一点，因为前二点可归并到第三点中去。所谓"以人死有知，能作祸福"的"鬼神迷信"确乎是宗教信仰的核心。其实说"鬼神迷信"不如单说"鬼的迷信"，因为在儒家的心目中，神只是较高级的鬼，二者只有程度的悬殊，而无种类的差异。所谓鬼者，即人死而又似未死，能饮食，能行动。他能作善作恶，所以必须以祭祀的手段去贿赂或报答他。总之事鬼及高级鬼——神之道，一如

---

[1] 傅孟真，即傅斯年，字孟真。——编者注

事人，因为他即生活在一种不同状态中的人，他和生人同样，是一种物质，不是一种幻想的存在。明白了这一层，再看胡先生所举的第一点。既然那作为教主的人是"天子"——天之子，则"天"即天子之父，天子是"人"，则天子之父按理也必须是"人"了。由那些古代帝王感天而生的传说，也可以推到同样的结论。我们从东方民族的即儒家的经典中所认识的天，是个人格的天，那是毫不足怪的。这个天神能歆飨饮食，能作威作福，原来他只是由人死去的鬼中之最高级者罢了，天神即鬼，则胡先生的第一点便归入第三点了。

《鲁语》载着一个故事，说吴伐越，凿开会稽山，得到一块其大无比的骨头，碰巧吴使聘鲁，顺便就在宴会席上请教孔子。孔子以为那便是从前一位防风氏的诸侯的遗骸。他说：

> 山川之灵石足以纪纲天下者，其守为神，社稷之守为公侯，皆属于王者。

吴使又问："防风所守的是什么？"他又答道：

> 汪芒氏之君也，守封嵎之山者也，为漆姓，在虞、夏、商、周为汪芒氏，于周为长狄，今为大人。

这证明了古代东方民族所谓山川之神乃是从前死去了的管领那山川的人，而并非山川本身。依胡先生所说祭山川之类是"崇拜自然界种种质力的迷信"，那便等于说儒家是泛神论者了。其实他们的信仰中毫无这种意味。胡先生所举的第二点也可以归入第三点的。

儒家鬼神观念的真相弄明白了，我们现在可以转回去讨论道家了。上文我们已经说过道家的全部思想是从灵魂不死的观念推衍出来的，以儒道二家对照了看，似乎儒家所谓死人不死，是形骸不死，道家则是灵魂不死。形骸不死,所以要厚葬,要长期甚至于永远地祭祀。所谓"祭如在,祭神如神在"之在,乃是物质的存在。唯怕其不能"如在",所以要设尸,以保证那"如在"的最高度的真实性。这态度可算执着到万分,实际到万分,也平庸到万分了。反之,道家相信形骸可死而灵魂不死,而灵魂又是一种非物质的存在,所以它对于丧葬祭祀处处与儒家立于相反的地位。《庄子·列御寇篇》载有庄子自己反对厚葬的一段话,但陈义甚浅,无疑是出于庄子后学的手笔。倒是汉朝"学黄老之术"而主张"臝[1]葬以反真"的杨王孙发了一篇理论,真能代表道家的观念——

> 且夫死者终身之化,而物之归者也。归者得至,化者得变,是物各反其真也。反真冥冥,亡声亡形,乃合道情。夫饰外以华众,厚葬以鬲真,使归者不得至,化者不得变,是使物各失其所也。且吾闻之:精神者天之有也,形骸者地之有也。精神离形,各归其真,故谓之鬼,鬼之言归也,其尸块然独处,岂有知哉?裹以币帛,鬲以棺椁,支体络束,口含玉石,欲化不得,郁为枯腊,千载之后,棺椁腐朽,乃得归土,就其真宅,繇是言之,焉用久客?

这完全是形骸死去,灵魂永生的道理,灵魂既是一种"无形无声"超自然的存在,自然也用不着祭祀的供养了。所以儒家的重视祭祀,又因祭祀而重视礼文,在道家看来,真是太可笑了。总之儒家是重形骸的,以为死后,生命还继续存在于形骸,他们不承认脱离形骸

---

[1] "臝"是"裸"的异体字。——编者注

后灵魂的独立存在。道家是重视灵魂的，以为活时生命暂寓于形骸中，一旦形骸死去，灵魂便被解放出来，而得到这种绝对自由的存在，那才是真的生命。这对于灵魂的承认与否，便是产生儒道二家思想的两个宗教的分水岭。因此二派哲学思想中的宇宙论，人生论，或知识论，以至于政治思想等，无不随着这宗教信仰上先天的差别背道而驰了。

作为儒道二家的前身的宗教信仰既经判明了，我们现在可以回到阴阳家与墨家了。阴阳家的学说本身是一种宇宙论，就其性质讲，与儒家远而与道家近，是一望而知的。至于他们那天人相应的理论，则与庄子返人于天之说极相似，所以尽可以假定阴阳家与道家是同出于一个原始的宗教的，司马谈论道家曰：

其为精也，因阴阳之大顺，采儒墨之善，撮名法之要。

这里分明是以阴阳家思想为道家思想的主体或间架，而认儒墨名法等只有补充修正的副加作用。这也许是受阴阳家影响之后的道家的看法。然即此也可见阴阳家与道家的血缘，本来极近，所以它们的结合特别容易。钱宾四[1]先生曾说"墨氏之称墨，由于薄葬"，我认为称墨与薄葬的关系如何还难确定，薄葬为墨家思想的最基本的核心，却是可能的，若谓"薄葬"之义生于"节用"，那未免把墨家看得太浅薄了。何况节用很多，墨子乃专在丧葬上大做文章，岂不可怪？我疑心节葬的理论是受了重灵魂轻形骸的传统宗教思想的影响，把节葬与节用连起来讲，不如把它和墨家重义轻生的态度看作一

---

[1] 钱宾四，即钱穆，字宾四。——编者注

贯的发展，斤斤于"身体发肤，受之父母，不敢毁伤"的儒家，虽也讲"杀身成仁"，但那究竟是出于不得已。墨家本有轻形骸的宗教传统，所以他们蹈汤赴火的姿态是自然的，情绪是热烈的，与儒家真不可同日而语。墨家在其功利主义上虽与儒家极近，但这也可说是墨子住在东方，接受了儒家的影响，在骨子里墨与道要调和得多，宋钘、尹文不明明是这两派间的桥梁吗？我疑心墨家也是与道家出于那古道教的。《庄子·天下篇》的作者把墨翟、禽滑厘也算作曾经闻过古之道术者，与宋钘、尹文、彭蒙、田骈、慎到、关尹、老聃、庄周等一齐都算作知"本数"的，而认"邹鲁之士，搢绅先生"所谈的只是"末度"，《天下篇》的作者显然认为墨家等都在道家的圈子里，只有儒家当除外。他又说"道术将为天下裂"，然则百家（对儒而言）本是从一个共同的道分裂出来的，这个未分裂以前的"道"是什么？莫非就是所谓古道教吧！这古道教如果真正存在的话，我疑心它原是中国古代西方某民族的宗教，与那儒家所从导源的东方宗教比起来，这宗教实在超卓多了，伟大多了，美丽多了，姑无论它的流裔是如何没出息！

佛教、道教与道学

/ 冯 友 兰 /

及乎魏晋，道家之学又盛。盖古代思想中之最与术数无关者为道家。汉代阴阳家与儒家混合，盛行一时。其反动即为魏晋时代道家之复兴。南北朝时人以《老》《庄》《易》为三玄，故讲此方面之学，有玄学之称。

南北朝时，中国思想界又有新分子加入。盖于是时佛教思想有系统地输入。而中国人对之，亦能有甚深了解。隋唐之时，中国之第一流思想家，皆为佛学家。佛学本为印度之产物，但中国人讲之，多将其加入中国人思想之倾向，以使成为中国的佛学。所谓中国人思想之倾向者，可分数点论之。

（一）原来之佛学中，派别虽多，然其大体之倾向，则在于说明"诸行无常，诸法无我"。所谓外界，乃系心现，虚妄不实，所谓空也。中国人对于世界之见解，皆为实在论。即以为吾人主观之外，实有客观的外界。谓外界必依吾人之心始有存在，在中国人视之，乃非常可怪之论。故中国人之讲佛学者，多与佛学所谓空者以一种解释，使外界为"不真空"（用僧肇语）。

（二）"诸行无常，诸法无我，涅槃寂静"，乃佛教中之"三法印"。涅槃译言圆寂，佛之最高境界，乃永寂不动者。但中国人又最注重人之活动。儒家所说人之最高境界，亦即在活动中。如《易·乾·象辞》所说"天行健，君子以自强不息"，即教人于活动中求最高境界也。即庄学最富有出世色彩，然其理想中之真人至人，亦非无活动者。故中国人之讲佛学者，多以为佛之境界，非永寂不动。佛之净心，亦能"繁兴大用"。虽"不为世染"，而亦"不为寂滞"（《大乘止观法门》语）。所谓"寂而恒照，照而恒寂"（僧肇语）也。

（三）印度社会中阶级之分甚严。故佛学中有一部分谓，有一种人无有佛性，永不能成佛。但中国人以为"人皆可以为尧舜"。即荀子以为人之性恶，亦以为"途之人可以为禹"。故中国之讲佛学者，多以为人人皆有佛性，甚至草木亦有佛性。又佛教中有轮回之说。一生物此生所有修行之成就，即为来生继续修行之根基。如此历劫修行，积渐始能成佛。如此说则并世之人，其成佛之可能，均不相同。但中国人所说"人皆可以为尧舜"之义，乃谓人人皆于此生可为尧舜。无论何人，苟"服尧之服，行尧之行，言尧之言"，皆即是尧。而人之可以为此，又皆有其自由意志也。故中国人之讲佛学者，又为"顿悟成佛"（道生语）之说。以为无论何人，"一念相应，便成正觉"（神会语）。

凡此诸倾向，非为印度之佛学家所必无有；但中国之佛学家则多就诸方面发挥也。中国佛学家就此诸方面发挥，即成为天台、华严、禅诸新宗派，盛行于隋唐。

佛学与中国原有之儒家之学之融合，即成为宋明之道学[1]。道学虽盛于宋明，而在唐代已发其端。如韩愈（公元824年卒）作《原道》，极推尊孟子，以为得孔子之正传。此为宋明以来之传统的见解，而韩愈倡之。周秦之际，儒家中孟荀二派并峙。西汉时荀学为盛。仅扬雄对孟子有相当的推崇，此后直至韩愈，无有力的后继。韩愈一倡，此说大行。而《孟子》一书，遂为宋明道学家所根据之重要典籍焉。盖因孟子之学，本有神秘主义之倾向，其谈心谈性，谈"万物皆备于我""反身而诚"，以及"养心""寡欲"之修养方法，可认为可与佛学中所讨论、当时人所认为有兴趣之问题，作相当的解答。故如在儒家典籍中，求与当时人所认为有兴趣之问题有关之书，《孟子》一书，实其选也。

韩愈于《原道》又特引《大学》。《大学》本为《礼记》中之一篇，自汉以后至唐，无特别称道之者。韩愈以其中有"明明德""正心""诚意"之说，亦可认为与当时所认为有兴趣之问题有关，故特提出，而又指出"古之所谓正心而诚意者，将以有为也，今也治其心而外天下国家"，以见儒佛虽同一"治心"而用意不同，结果亦异。此后至宋明，《大学》遂亦为宋明道学家所根据之重要典籍

---

[1] 宋明道学，即宋明理学，北宋时称"道学"，南宋以后"道学"之称渐为"理学"所取代。——编者注

焉。韩愈提出"道"字，又为道统之说。此说孟子本已略言之，经韩愈提倡，宋明道学家皆持之，而宋明道学家亦有道学家之名。由此三点言之，韩愈实可谓宋明道学家之先河也。

与韩愈同时，又有李翱。李翱作《复性书》，其中可注意之点甚多，略举之，则有：

（一）《中庸》本为《礼记》中一篇，《复性书》中特别提出之。此后《中庸》遂为宋明道学家所根据之重要典籍。《易·系辞传》亦特别提出，后亦为宋明道学家所根据之重要典籍。（二）礼乐之功用，在原来儒家之学中，本所以使人之欲望与感情，皆发而有节而得中。《复性书》则谓系"所以教人忘嗜欲而归性命之道"。礼乐之意义，在原来儒家之学中，系伦理的。在此则系宗教的，或神秘的。即在原来儒家之学中，礼乐乃所以养成道德完全之人格；在此则礼乐乃所以使人得到其所谓"诚"之一种方法也。（三）《复性书》谓："性命之书虽存，学者莫能明，是故皆入于庄、列、老、释。不知者谓夫子之徒不足以穷性命之道，信之者皆是也。"此言可总代表宋明道学家讲学之动机。宋明道学家皆认为当时所认为有兴趣的问题，在儒家典籍中，亦可得相当的解答。宋明道学家皆在儒家典籍中寻求当时所认为有兴趣的问题之解答者也。李翱及宋明道学家所说之圣人，皆非伦理的，而为宗教的或神秘的。盖其所说之圣人，非只如孟子所说之"人伦之至"之人，而乃是以尽人伦，行礼乐，以达到其修养至高之境界，即与宇宙合一之境界。盖如何乃能成佛，乃当时所认为有兴趣的问题。李翱及宋明道学家之学，皆欲与此问题以儒家的答案，欲使人以儒家的方法成儒家的佛也。

及乎北宋，此种融合儒释之新儒学，又有道教中一部分之思想加入。此为构成道学之一新成分。西汉之际，阴阳家之言，混入儒家。此混合产品，即董仲舒等今文经学家之学说。及玄学家起，阴阳家之言，一时为所压倒。但同时阴阳家言即又挟儒家一部分之经典，附会入道家之学说，而成所谓道教。阴阳家言，可以与道家学说混合，似系奇事。然《老子》之书，言辞过简，本可予以种种的解释。其中又有"善摄生者，陆行不避兕虎""死而不亡者寿""深根固蒂，长生久视之道"等言，更可与讲长生不死者以附会之机会。以阴阳家之宇宙观，加入此等希望长生之人生观，并以阴阳家对于宇宙间事物之解释，作为求长生方法之理论，即成所谓道教。自东汉之末，道教大兴。在南北朝隋唐，道教与佛教立于对等地位，且时互为盛衰。

上述《纬书》中之易说，亦附在道教中，传授不绝。及北宋而此种易说，又为人引入道学中，即所谓象数之学是也。刘牧《易数钩隐图序》云："象者，形上之应。原其本则形由象生，象由数设。舍其数则无以见四象所由之宗矣。""形由象生；象由数设。"天下之物皆形也。有数而后有象，有象而后有形。数为最根本的。上述《易纬》中之易说，虽亦有此倾向，然此倾向至此得有明白的表示。

上文谓阴阳家之学，有科学之成分。

道教中之思想，亦有可注意者，则道教中至少有一部分人，以为其所作为，乃欲战胜天然。盖有生则有死，乃天然的程序，今欲不死，是逆天而行也。葛洪曰："夫陶冶造化，莫灵于人。故达其浅者，则能役使万物；得其深者，则能长生久视。"（《抱朴子》卷三）

俞琰曰："盖人在天地间，不过天地间一物耳。以其灵于物，故特谓之人，岂能与天地并哉？若夫窃天地之机，以修成金液大丹，则与天地相为终始，乃谓之真人。"（《周易参同契发挥》卷三）又引《翠虚篇》云："每当天地交合时，夺取阴阳造化机。"（同上，卷五）

"窃天地之机""夺取阴阳造化机""役使万物"，以为吾用，以达吾之目的。此其注重权力之意，亦可谓为有科学精神。尝谓科学有二方面，一方面注重确切，一方面注重权力。唯对事物有确切的知识，故能有统治之之权力。道教欲统治天然，而对于天然，无确切的知识（虽彼自以为有确切的知识），故其对于宇宙事物之解释，不免为神话；其所用以统治事物之方法，不免为魔术。然魔术尝为科学之先驱矣。Alchemy[1]为化学之先驱，而道教中炼外丹者，所讲黄白之术（即炼别种物质为金银之术）即中国之alchemy也。

---

[1] Alchemy，炼金术。——编者注

/第四章/
冯友兰讲法家

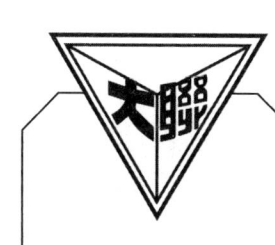

法家之学与当时社会政治经济各方面之趋势

儒墨及《老》、庄皆有其政治思想。此数家之政治思想，虽不相同，然皆从人民之观点，以论政治。其专从君主或国家之观点，以论政治者，当时称为法术之士（见《韩非子·孤愤篇》），汉人谓之为法家。法家之学说，以在齐及三晋为盛。盖齐桓晋文，皆为一代之霸主；齐晋二国政治之革新进步，亦必有相当之成绩。故能就当时现实政治之趋势，理论化之而自成一派之政治思想者，以齐及三晋人为多也。

春秋战国时，贵族政治崩坏之结果，一方面为平民之解放，一方面为君主之集权。当时现实政治之一种趋势，为由贵族政治趋于君主专制政治，由人治、礼治趋于法治。盖在原来封建政治之制度下，所谓一国之幅员，本已甚狭；而一国之内，又复分为若干"家"。一国内之贵族，"不愆不忘，率由旧章"，即所谓礼者，以治其国及家之事。至于农奴，则唯服从其主人之命令，供其驱策而已。当时之贵族，极讲究威仪。《左传》襄公三十一年，卫北宫文子曰：

> 《诗》云："敬慎威仪，维民之则。"……有威而可畏谓之威；有仪可象谓之仪。君有君之威仪，其臣畏而爱之，则而象之，故能有其国家，令闻长世。臣有臣之威仪，其下畏而爱之，故能守其官职，保族宜家。顺是以下皆如是；是以上下能相固也。(《左传》卷十九，《四部丛刊》本，页十六至十七)

又成公十三年，刘定公曰：

> 吾闻之：民受天地之中以生，所谓命也。是以有动作礼义威仪之则，以定命也。能者养以取福，不能者败以取祸。是故君子勤礼，小人尽力。勤礼莫如致敬，尽力莫如敦笃。敬以养神，笃在守业。(《左传》卷十三，页四)

盖当时所谓国家社会，范围既小，组织又简单。故人与人之关系，无论其为君臣主奴，皆是直接的。故贵族对于贵族，有礼即可维持其应有之关系。贵族对于农奴，只须"有威可畏，有仪可象"，即可为"草上之风"矣。及乎贵族政治渐破坏，一方面一国之君权渐重，故各国旧君，或一二贵族，渐集政权于一国之中央。一方面人民渐独立自由，国家社会之范围既广，组织又日趋复杂，人与人之关系，亦日趋疏远。则以前"以人治人"之方法，行之自有困难。故当时诸国，逐渐颁布法律。如郑子产作刑书(《左传》襄公三十年)，晋作刑鼎，"著范宣子所为刑书焉"(《左传》昭公二十九年)，皆此等趋势之表现也。郑作刑书，叔向反对之。子产曰："吾为救世也。"盖子产切见当时之需要矣。晋作刑鼎，孔子批评之，曰：

> 晋其亡乎！失其度矣。夫晋国将守唐叔之所受法度，以经纬其民，卿大夫以序守之。民是以能尊其贵，贵是以能守其业。贵贱不愆，所谓度也。……今弃是度也，而为刑鼎。民在鼎矣，何以尊贵？贵何业之守？贵贱无序，何以为国？（《左传》卷二十六，页十）

叔向、孔子之言，代表当时比较守旧的人之意见。然此等守旧之意见，不能变当时现实政治之趋势。盖此趋势乃社会经济组织改变所生之结果，本非一部分人之意见所能遏止之。

孔子对于政治之意见，在当时虽为守旧的。然在别方面，孔子则为当时之新人物。自孔子开游说讲学之风，于是不治生产而只以游说讲学为事之人日益多。齐之稷下，即"数百千人"，此外，如孟尝、信陵等公子卿相，皆各养"士"数千人。此中所谓"混子"者，当然甚多。盖贵族阶级倒，而士阶级兴，此儒墨提倡尚贤之结果也。由君主或国家观点观之，此等好发议论、不负责任之智识阶级，固已可厌。而一般人民之对于此等不生产而只消费之新贵族阶级，亦必争欲加入。其不能加入者，亦必有嫉恶之心。《老子》曰"不尚贤，使民不争"（《武英殿聚珍版丛书》本，上篇页三）。荀子对于各家之辩，亦欲"临之以势，道之以道，申之以命，章之以论，禁之以刑"（《正名篇》，《荀子》卷十六，《四部丛刊》本，页九）。此等言论，虽各自有其前提，然亦皆系针对时弊而言也。

《商君书·开塞篇》曰：

> 天地设而民生之。当此之时也，民知其母而不知其父。其道亲亲而爱私。亲亲则别，爱私则险，民众而以别险为务，

第四章 冯友兰讲法家　211

则民乱。当此时也，民务胜而力征。务胜则争，力征则讼，讼而无正，则莫得其性也。故贤者立中正，设无私，而民说仁。当此时也，亲亲废，上贤立矣。凡仁者以爱为务，而贤者以相出为道。民众而无制，久而相出为道，则有乱。故圣人承之，作为土地货财男女之分，分定而无制，不可，故立禁。禁立而莫之司，不可，故立官。官设而莫之一，不可，故立君。既立君，则上贤废而贵贵立矣。然则上世亲亲而爱私，中世上贤而说仁，下世贵贵而尊官。上贤者，以道相出也；而立君者，使贤无用也。亲亲者，以私为道也；而中正者，使私无行也。此三者，非事相反也，民道弊而所重易也；世事变而行道异也。

（《商子》卷二，《四部丛刊》本，页九。其脱误处，依王时润《商君书斠注》校改）

此所说上世、中世、下世，自人类学及社会学之观点观之，虽不必尽当。然若以之说春秋战国时代之历史，则此段历史，正可分为此三时期也。春秋之初期，为贵族政治时期，其时即"上世亲亲而爱私"之时也。及后平民阶级得势，儒墨皆主"尊贤使能""泛爱众而亲仁"，其时即"中世上贤而说仁"之时也。国君或国中之一二贵族，以尚贤之故，得贤能之辅，削异己而定一尊。而"贤者"又复以才智互争雄长，"以相出为道"。"久而相出为道则有乱"，君主恶而又制裁之。战国之末期，即"下世贵贵而尊官"之时也。"立君者，使贤无用也"，此为尚贤之弊之反动，而战国末期之现实政治，即依此趋势进行也。

故尊君权，重法治，禁私学，乃当时现实政治之自然趋势。法家之学，不过将其加以理论化而已。贵族政治破坏，人民在农商方面，皆自由竞争，而富豪起。此亦当时社会经济之自然趋势，法家亦以理论拥护之。

法家之历史观

法家之言，皆应当时现实政治及各方面之趋势。当时各方面之趋势为变古；法家亦拥护变古，其立论亦一扫自孔子以来托古立言之习惯。《商君书·更法篇》曰：

前世不同教，何古之法？帝王不相复，何礼之循？伏羲、神农，教而不诛。黄帝、尧、舜，诛而不怒。及至文武，各当时而立法，因事而制礼。礼法以时而定，制令各顺其宜。兵甲器备，各便其用。臣故曰，治世不一道，便国不必法古。汤武之王也，不循古而兴。商、夏之灭也，不易礼而亡。然则反古者未必可非，循礼者未足多是也。（《商子》卷一，页二）

《韩非子·五蠹篇》曰：

今有构木钻燧于夏后氏之世者，必为鲧禹笑矣。有决渎于殷周之世者，必为汤武笑矣。然则今有美尧、舜、汤、武、禹之道，于当今之世者，必为新圣笑矣。是以圣人不期修古，不法常可。论世之事，因为之备。宋人有耕者，田中有株，兔走触株，折颈而死。因释其耒而守株，冀复得兔。兔不可复得，而身为宋国笑。今欲以先王之政，治当世之民，皆守株之类也。……故事因于世，而备适于事。(《韩非子》卷十九，《四部丛刊》本，页一至二)

时势常变，政治社会制度，亦须因之而变。此理一部分之道家，亦有言及之者。但法家为当时现实政治趋势加以理论的根据，其反驳当时守旧者之言论，多根据于此历史观也。

法家之三派

法家中有三派，一重势，一重术，一重法。慎到重势。《韩非子》有《难势篇》，引慎到曰：

> 飞龙乘云；腾蛇游雾。云罢雾霁，而龙蛇与蚓蚁同矣，则失其所乘也。贤人而诎于不肖者，则权轻位卑也。不肖而能服于贤者，则权重位尊也。尧为匹夫，不能治三人。而桀为天子，能乱天下。吾以此知势位之足恃，而贤智之不足慕也。夫弩弱而矢高者，激于风也。身不肖而令行者，得助于众也。尧教于隶属，而民不听；至于南面而王天下，令则行，禁则止。由此观之，贤智未足以服众，而势位足以诎（原作缶，据俞校改）贤者也。（《韩非子》卷十七，页一）

《管子·明法解》曰：

> 明主在上位，有必治之势，则群臣不敢为非。是故群臣之

不敢欺其主者，非爱主也，以畏主之威势也。百姓之争用，非以爱主也，以畏主之法令也。故明主操必胜之数，以治必用之民；处必尊之势，以制必服之臣。故令行禁止，主尊而臣卑。故《明法》曰："尊君卑臣，非计亲也，以势胜也。"（《管子》卷二十一，《四部丛刊》本，页七）

《管子》此言，非必即慎到之说，要之亦系重势者之言也。此派谓国君须有威势，方能驱使臣下。

重术者以申不害为宗；重法者以商鞅为宗。《韩非子·定法篇》曰：

问者曰："申不害，公孙鞅，此二家之言，孰急于国？"应之曰："是不可程也。人不食十日则死。大寒之隆，不衣亦死。谓之衣食孰急于人，则是不可一无也，皆养生之具也。今申不害言术，而公孙鞅为法。术者，因任而授官，循名而责实，操杀生之柄，课群臣之能者也。此人主之所执也。法者，宪令著于官府，刑罚必于民心，赏存乎慎法，而罚加乎奸令者也。此臣之所师也。君无术则弊于上；臣无法则乱于下。此不可一无，皆帝王之具也。"（《韩非子》卷十七，页四至五）

术为君主御臣下之技艺；法为臣下所遵之宪令。申不害与商鞅二家之言，所注重各不同也。

三派与韩非

其能集此三派之大成，又以《老》学、荀学为根据，而能自成一家之言者，则韩非是也。韩非以秦始皇十四年（公元前233年）死于秦（《史记·秦始皇本纪》）。《史记》曰：

> 韩非者，韩之诸公子也。喜刑名法术之学，而其归本于黄老。非为人口吃，不能道说。而善著书。与李斯俱事荀卿，斯自以为不如非。非见韩之削弱，数以书谏韩王；韩王不能用。于是韩非疾治国不务修明其法制，执势以御其臣下，富国强兵，而以求人任贤，反举浮淫之蠹，而加之于功实之上。……观往者得失之变，故作《孤愤》《五蠹》《内外储说》《说林》《说难》，十余万言。（《老庄申韩列传》，《史记》卷六十三，同文影殿刊本，页五至六）

韩非以为势、术、法，三者皆"帝王之具"，不可偏废。故曰：

势者,胜众之资也。……故明主之行制也天,其用人也鬼。天则不非,鬼则不困,势行教严,逆而不违。……然后一行其法。(《八经》,《韩非子》卷十八,页八)

"明主之行制也天",言其依法而行,公而无私也。"其用人也鬼",言其御人有术,密而不可测也。以赏罚之威,"一行其法"。势、术、法并用,则国无不治矣。

法之重要

　　自春秋至战国之时,"法"之需要日亟,其原因上文已详。法家更就理论上说明法之重要,《管子·明法解》曰:

　　　　明主者,一度量,立表仪,而坚守之,故令下而民从。法者,天下之程式也,万事之仪表也。吏者,民之所悬命也。故明主之治也,当于法者诛之。故以法诛罪,则民就死而不怨;以法量功,则民受赏而无德也。此以法举错之功也。故《明法》曰:"以法治国,则举错而已。"明主者,有法度之制;故群臣皆出于方正之治,而不敢为奸。百姓知主之从事于法也,故吏之所使者有法,则民从之;无法则止。民以法与吏相距,下以法与上从事。故诈伪之人不得欺其主;嫉妒之人不得用其贼心;谗谀之人不得施其巧;千里之外,不敢擅为非。故《明法》曰:"有法度之制者,不可巧以诈伪。"(《管子》卷

二十一，页十）

《韩非子·用人篇》曰：

> 释法术而任心治，尧不能正一国。去规矩而妄意度，奚仲不能成一轮。废尺寸而差短长，王尔不能半中。使中主守法术，拙匠守规矩尺寸，则万不失矣。君人者，能去贤巧之所不能，守中拙之所万不失，则人力尽而功名立。（《韩非子》卷八，页九）

又《难三篇》曰：

> 法者，编著之图籍，设之于官府，而布之于百姓者也。（《韩非子》卷十六，页五至六）

"明主"制法以治国。法成则公布之，使一国之人皆遵守之。而明主之举措设施，亦以法为规矩准绳。有此规矩准绳，则后虽有中庸之主，奉之亦足以为治矣。

法既立，则一国之君臣上下，皆须遵守，而不能以私意变更之。《管子·任法篇》曰：

> 法不一，则有国者不祥。……故曰，法者，不可恒也。（安井衡云："恒上脱不字。"）存亡治乱之所从出，圣君所以为天下大仪也。……万物百事，非在法之中者，不能动也。故法者，天下之至道也，圣君之实用也。……有生法，有守法，有法于法。夫生法者，君也。守法者，臣也。法于法者，民也。君臣上下贵贱皆从法，此谓为大治。（《管子》卷十五，页五至六）

《韩非子·有度篇》曰：

> 故明主使其群臣，不游意于法之外，不为惠于法之内，动

第四章　冯友兰讲法家

无非法。(《韩非子》卷二,页三)

又《难二篇》曰:

> 人主虽使人,必以度量准之,以刑名参之。以事遇于法则行,不遇于法则止。(《韩非子》卷十五,页九)

"君臣上下贵贱皆从法",乃能"大治"。此法家最高之理想,而在中国历史中,盖未尝实现者也。

法既已立,则一国之"君臣上下贵贱皆从法"。一切私人之学说,多以非议法令为事,故皆应禁止。《韩非子·问辩篇》曰:

> 或问曰:"辩安生乎?"对曰:"生于上之不明也。"问者曰:"上之不明,因生辩也,何哉?"对曰:"明主之国,令者,言最贵者也。法者,事最适者也。言无二贵;法不两适。故言行而不轨于法令者,必禁。若其无法令,而可以接诈应变,生利揣事者,上必采其言而责其实。言当则有大利,不当则有重罪。是以愚者畏罪而不敢言,智者无以讼。此所以无辩之故也。乱世则不然。主上有令,而民以文学非之。官府有法,民以私行矫之。人主顾渐其法令,而尊学者之智行。此世之所以多文学也。……是以儒服带剑者众而耕战之士寡,坚白无厚之词章而宪令之法息。故曰,上不明,则辩生焉。"(《韩非子》卷十七,页三至四)

盖法既为国人言行最高之标准,故言行而不规于法令者,必禁也。故

> 明主之国,无书简之文,以法为教。无先王之语,以吏为师。(《五蠹篇》,《韩非子》卷十九,页五)

正名实

法家所讲之术，为君主驾御臣下之技艺。其中之较有哲学兴趣之一端，为综核名实。盖应用辩者正名实之理论于实际政治者也。

《管子·白心篇》曰：

名正法备，则圣人无事。（《管子》卷十三，页七）

又《入国篇》曰：

修名而督实，按实而定名。名实相生，反相为情。名实当则治，不当则乱。（《管子》卷十八，页三）

《韩非子·扬权篇》曰：

用一之道，以名为首。名正物定，名倚物徙。故圣人执一以静，使名自命，令事自定。不见其采，下故素正。因而任之，使自事之。因而予之，彼将自举之。正与处之，使皆自定之，上以名举之。不知其名，复修其形。形名参同，用其所

> 生。二者诚信，下乃贡情。……君操其名，臣效其形。形名参同，上下和调也。(《韩非子》卷二，页六至七)

又《二柄篇》曰：

> 人主将欲禁奸，则审合刑名者，言与事也。为人臣者陈而言，君以其言授之事，专以其事责其功。功当其事，事当其言，则赏。功不当其事，事不当其言，则罚。故群臣其言大而功小者则罚；非罚小功也，罚功不当名也。群臣其言小而功大者亦罚；非不说于大功也，以为不当名也，害甚于有大功，故罚。(《韩非子》卷二，页五)

儒家孔子之讲正名，盖欲使社会中各种人，皆为其所应该。法家之讲正名，则示君主以驾御臣下之方法。辩者所讲正名实，乃欲"慎其所谓"，使"是实也，必有是名也"。法家之正名实，乃欲"审合形名"，使是名也，必有是实也。如君主与人以位，则必按其位之名，以责其效。责其效，即使其实必副其名也。如其臣有所言，则"君以其言授之事，专以其事责其功"。责其功，即使其实必副其名也。如此则诸执事之臣，皆自然努力以求副其名，而君主只须执名以核诸臣之成绩。所谓"君操其名，臣效其形"也。此以简御繁，以一御万之术也。所谓"圣人执一以静，使名自命，令事自定"也。

严赏罚

观上所说，亦可知法与术之皆为君主所必需，故《韩非子》曰："此不可一无，皆帝王之具也。"（《定法》，《韩非子》卷十七，页五）然只有法、术，而无势，上仍不能制驭其下。专恃势固不可以为治，然无势君亦不能推行其法术。《韩非子·功名篇》曰：

> 夫有材而无势，虽贤不能制不肖。故立尺材于高山之上，则临千仞之溪，材非长也，位高也。桀为天子，能制天下，非贤也，势重也；尧为匹夫，不能正三家，非不肖也，位卑也。千钧得船则浮；锱铢失船则沉。非千钧轻而锱铢重也，有势之于无势也。故短之临高也以位；不肖之制贤也以势。（《韩非子》卷八，页十一）

又《人主篇》曰：

> 夫马之所以能任重引车致远道者，以筋力也。万乘之主，

千乘之君，所以制天下而征诸侯者，以其威势也。威势者，人主之筋力也。（《韩非子》卷二十，页三）

君之势之表现于外者为赏罚。赏罚为君之二柄，《韩非子·二柄篇》曰：

明主之所导制其臣者，二柄而已矣。二柄者，刑德也。何谓刑德？杀戮之谓刑；庆赏之谓德。为人臣者，畏诛罚而利庆赏。故人主自用其刑德，则群臣畏其威而归其利矣。（《韩非子》卷二，页四）

人莫不畏诛罚而利庆赏，故君主利用人之此心理，而行其威势。《韩非子·八经篇》曰：

凡治天下，必因人情。人情者有好恶，故赏罚可用。赏罚可用，则禁令可立，而治道具矣。君执柄以处势，故令行禁止。柄者，杀生之制也；势者，胜众之资也。（《韩非子》卷十八，页八）

因"人情有好恶"而用赏罚，即顺人心以治人。故曰，"逆人心，虽贲育不能尽人力"；"得人心，则不趣而自劝"（《功名篇》，《韩非子》卷八，页十一）也。

性　恶

"人情有好恶，故赏罚可用。"盖人之性唯知趋利避害，故唯利害可以驱使之。法家多以为人之性恶。韩非为荀子弟子，对于此点，尤有明显之主张。《韩非子·扬权篇》曰：

> 黄帝有言曰：上下一日百战。下匿其私，用试其上；上操度量，以割其下。（《韩非子》卷二，页八至九）

《外储说左上篇》曰：

> 夫卖庸而播耕者，主人费家而美食，调布而求易钱者，非爱庸客也。曰，如是，耕者且深，耨者熟耘也。庸客致力而疾耘耕者，尽巧而正畦陌畔畦时（顾云："当衍二字。"）者，非爱主人也。曰，如是，羹且美，钱布且易云也。此其养功力，有父子之泽矣。而心调于用者，皆挟自为心也。故人行事施予，以利之为心，则越人易和；以害之为心，则父子离且怨。（《韩非子》

卷十一，页六）

《六反篇》云：

> 且父母之于子也，产男则相贺，产女则杀之。此俱出父母之怀衽，然男子受贺，女子杀之者，虑其后便，计之长利也。故父母之于子也，犹用计算之心以相待也。而况无父子之泽乎？（《韩非子》卷十八，页一至二）

韩非以为天下之人，皆自私自利，"皆挟自为心"，互"用计算之心以相待"。然正因其如此，故赏罚之道可用也。

在经济方面，韩非以为人既各"挟自为心"，即宜听其"自为"，使自由竞争。故反对儒者"平均地权"之主张。《韩非子·显学篇》曰：

> 今世之学士语治者，多曰，与贫穷地，以实无资。今夫与人相若也，无丰年旁入之利，而独以完给者，非力则俭也。与人相若也，无饥馑疾疚祸罪之殃，独以贫穷者，非侈则惰也。侈而惰者贫，而力而俭者富。今上征敛于富人，以布施于贫家，是夺力俭而与侈惰也。而欲索民之疾作而节用，不可得也。（《韩非子》卷十九，页八）

听人之自由竞争，则人皆疾作而节用，生产增加矣。

儒家谓古代风俗淳厚，且多圣人；韩非亦不认为完全不合事实。《韩非子·五蠹篇》曰：

> 古者丈夫不耕，草木之实足食也；妇人不织，禽兽之皮足衣也。不事力而养足，人民少而财有余，故民不争。是以厚赏不行，重罚不用，而民自治。今人有五子，不为多，子又有

五子，大父未死，而有二十五孙。是以人民众而货财寡，事力劳而供养薄，故民争。虽倍赏累罚，而不免于乱。尧之王天下也，茅茨不翦，采椽不斫，粝粢之食，藜藿之羹，冬日麑裘，夏日葛衣，虽监门之服养，不亏于此矣。禹之王天下也，身执耒臿，以为民先，股无胈，胫不生毛。虽臣虏之劳，不苦于此矣。以是言之，夫古之让天子者，是去监门之养，而离臣虏之劳也。古传天下而不足多也。今之县令，一日身死，子孙累世絜驾，故人重之。是以人之于让也，轻辞古之天子，难去今之县令者，薄厚之实异也。夫山居而谷汲者，膢腊而相遗以水。泽居苦水者，买庸而决窦。故饥岁之春，幼弟不饟。穰岁之秋，疏客必食。非疏骨肉，爱过客也，多少之实异也。是以古之易财，非仁也，财多也。今之争夺，非鄙也，财寡也。轻辞天子，非高也，势薄也。重争土橐，非下也，权重也。故圣人议多少，论薄厚，为之政。故罚薄不为慈，诛严不为戾，称俗而行也。（《韩非子》卷十九，页一至二）

古今人之行为不同，盖因古今人之环境不同，非古今人之性异也。谓古者民俗淳厚可，但因此即谓人之性善则不可。

因人性如此，故必"道之以政，齐之以刑"，然后天下可以必治。若孔孟所说"道之以德，齐之以礼"之政治，则不能必其有效。《韩非子·显学篇》曰：

夫严家无悍虏，而慈母有败子。吾以此知威势之可以禁暴，而德厚之不足以止乱也。夫圣人之治国，不恃人之为吾善也，而用其不得为非也。恃人之为吾善也，境内不什数。用人不得为非，一国可使齐。为治者用众而舍寡，故不务德而务法，夫必恃自直之箭，百世无矢；恃自圜之木，千世无轮矣。自直之箭，自圜之木，百世无有一，然而世皆乘车射禽者，何也？隐括之道用也。虽有不恃隐括，而有自直之箭，自圜之木，良工弗贵也。何则？乘者非一人，射者非一发也。不恃赏罚，而恃自善之民，明主弗贵也。何则？国法不可失，而所治非一人也。故有术之君，不随适然之善，而行必然之道。(《韩非子》卷十九，页九至十)

用法，用术，用势，必可以为治，即"必然之道"也。

无　为

若君主能用此道，则可以"无为而治"矣。《韩非子·扬权篇》曰：

事在四方，要在中央。圣人执要，四方来效。虚而待之，彼自以之。四海既藏，道阴见阳。左右既立，开门而当。勿变勿易，与二俱行。行之不已，是谓履理也。夫物者有所宜，材者有所施。各处其宜，故上下无为。使鸡司夜，令狸执鼠。皆用其能，上乃无事。上有所长，事乃不方。矜而好能，下之所欺。辩惠好生，下因其材。上下易用，国故不治。（《韩非子》卷二，页六）

《大体篇》曰：

古之全大体者，望天地，观江海，因山谷。日月所照，四时所行，云布风动，不以智累心，不以私累己。寄治乱于法术，托是非于赏罚，属轻重于权衡。不逆天理，不伤情性。不吹毛而求小疵，不洗垢而察难知。不引绳之外，不推绳之内。不急法之外，不缓法之内。守成理，因自然。祸福生乎道法，而不出乎爱恶。荣辱之责，在乎己，而不在乎人。(《韩非子》卷八，页十一至十二)

君主任群臣之自为，而自执"二柄"以责其效。君主之职责，如大轮船上之掌舵者然。但高处深居，略举手足，而船自能随其意而运动。此所谓以一驭万，以静制动之道也。

一部分之道家，本已有此种学说。《庄子·天道篇》云：

夫帝王之德，以天地为宗，以道德为主，以无为为常。无为也，则用天下而有余。有为也，则为天下用而不足。故古之人贵夫无为也。上无为也，下亦无为也，是下与上同德。下与上同德则不臣。下有为也，上亦有为也，是上与下同道。上与下同道则不主。上必无为而用天下，下必有为为天下用，此不易之道也。故古之王天下者，知虽落天地，不自虑也。辨虽雕万物，不自说也。能虽穷海内，不自为也。天不产而万物化，地不长而万物育，帝王无为而天下功。故曰，莫神于天，莫富于地，莫大于帝王。故曰，帝王之德配天地。此乘天地，驰万物，而用人群之道也。……是故古之明大道者，先明天而道德次之。道德已明，而仁义次之。仁义已明，而分守次之。分守已明，而形名次之。形名已明，而因任次之。因任已明，而原省次之。原省已明，而是非次之。是非已明，而赏罚次之。赏罚已明，而愚知处宜，贵贱履位，仁贤不肖袭情，必分其能，必由其名。以此事上，以此畜下，以此治物，以此修身。知谋不用，必归其天。此之谓大平，治之至也。故《书》曰，有形有名。形名者，古人有之，而非所以先也。古之语大道者，五变而形名可举，九变而赏罚可言也。（《庄子》卷五，《四部丛刊》本，页二十五至二十八）

天下之事甚多，若君主必皆自为之，姑无论其不能有此万能之全才，即令有之，而顾此则失彼，顾彼则失此。一人之精力时间有限，而天下之事无穷，此所以"有为"则"为天下用而不足"也。所以"古之王天下者，能虽穷海内，不自为也"。故"帝王之德"，必以"无为为常"。一切事皆使人为之，则人尽其能而无废事，此所以"无为"则"用天下而有余"也。此帝王"用人群之道"也。至于施行此道之详细方法，则即以下所举九变是也。分守者，设官分职，并明定其所应管之事也。分守已明，则即用某人以为某职。某人者，形也；某职者，名也。所谓"分守已明，而形名次之"也。既以某人为某职，则即任其自为而不可干涉之。此所谓"形名已明而因任次之"也。君主虽不干涉其如何办其职分内之事，但却常考察其成效。所谓"因任已明而原省次之"也。省读为省察之省，既已考察其成效，则其成效佳者为是，不佳者为非，此所谓"原省已明而是非次之"也。是非既明，则是者赏之，而非者罚之。此所谓"是非已明而赏罚次之"也。如此则愚知仁贤不肖，各处其应处之地位，而天下治矣。《在宥篇》曰：

贱而不可不任者，物也。卑而不可不因者，民也。匿而不可不为者，事也。粗而不可不陈者，法也。远而不可不居者，义也。亲而不可不广者，仁也。节而不可不积者，礼也。中而不可不高者，德也。一而不可不易者，道也。神而不可不为者，天也。故圣人观于天而不助，成于德而不累，出于道而不谋，会于仁而不恃，薄于义而不积，应于礼而不讳，接于事而不辞，齐于法而不乱，恃于民而不轻，因于物而不去。物者，莫足为也，而不可不为。不明于天者，不纯于德。不通于道者，无自而可。不明于道者，悲夫！何谓道？有天道，有人道。无为而尊者，天道也。有为而累者，人道也。主者，天道也。臣者，人道也。天道之与人道也，相去远矣，不可不察也。（《庄子》卷四，页四十一至四十二）

韩非"喜刑名法术之学，而归本于黄老"。盖法家之学，实大受道家之影响。道家谓道任万物之自为，故无为而无不为。推之于政治哲学，则帝王应端拱于上，而任人民之自为。所谓"无为而尊者，天道也。有为而累者，人道也。主者，天道也。臣者，人道也"。然人民若各自为，果能皆相调和，而不致有冲突耶？一部分之道家，理想化天然，以为苟任人性之自然，自无所不可。此庄学正宗之见解，荀子所谓"蔽于天而不知人"者也。一部分之道家，谓若使人皆无知寡欲，亦自能相安于淳朴，此《老》学之见解也。一部分之道家，知"物者，莫足为也，而不可不为"。事虽"匿"而不可不为，法虽"粗"而不可不陈。故亦讲"分守""形名""因任""原省""是非""赏罚"，使人民皆"齐于法而不乱"。此部分之道家，亦受当时现实政治趋势之暗示，异于别一部分道家之专谈"乌托邦"矣。法家更就此点，彻底发挥。今《管子》书中，有《内业》《白心》诸篇。《韩非子》书中，有《解老》《喻老》诸篇。虽此等书皆后人所编辑，然可想知原来法家各派中，皆兼讲道家之学也。不过此讲形名赏罚之一部分道家，虽讲形名赏罚，而又以其为"非所以先也"；讲法而又以其为"粗"，以"物"为"不可不为"，而又以其为"莫足为"。仍未全离道家观点，此其所以与法家终异也。

法家与当时贵族

当时现实政治之趋势，为由贵族政治，趋于君主专制政治。法家与此趋势以理论的根据，而其才智学力，又足以辅君主作彻底的改革。故此等人最为当时之大臣贵族所不喜。《韩非子·孤愤篇》曰：

智术之士，必远见而明察，不明察不能烛私。能法之士，必强毅而劲直，不劲直不能矫奸。……智术之士，明察听用，且烛重人之阴情。能法之士，劲直听用，且矫重人之奸行。故智术能法之士用，则贵重之臣必在绳之外矣。是智法之士，与当涂之人，不可两存之仇也。……故资必不胜，而势不两存，法术之士，焉得不危？其可以罪过诬者，以公法而诛之。其不可被以罪过者，以私剑而穷之。是明法术而逆主上者，不僇于吏诛，必死于私剑矣。（《韩非子》卷四，页一至二）

《问田篇》曰：

堂溪公谓韩子曰："臣闻服礼辞让，全之术也。修行退智，遂之道也。今先生立法术，设度数，臣窃以为危于身而殆于躯。……夫舍乎全遂之道，而肆乎危殆之行，窃为先生无取焉。"韩子曰："臣明先生之言矣。夫治天下之柄，齐民萌之度，甚未易处也。然所以废先生之教，而行贱臣之所取者，窃以为立法术，设度数，所以利民萌，便众庶之道也。故不惮乱主暗上之患祸，而必思以齐民萌之资利者，仁智之行也。惮乱主暗上之患祸，而避乎死亡之害，知明夫身而不见民萌之资利者，贪鄙之为也。臣不忍向贪鄙之为，不敢伤仁智之行。先生有幸臣之意，然有大伤臣之实。"（《韩非子》卷十七，页四）

盖当时国家社会，范围日趋广大，组织日趋复杂。旧日"用人群之道"已不适用，而需要新者。韩非之徒，以为"立法术，设度数"，足以"利民萌，便众庶"，不"避死亡之害"，鼓吹新"用人群之道"，亦积极救世之士也。

/第五章/
冯友兰讲名家

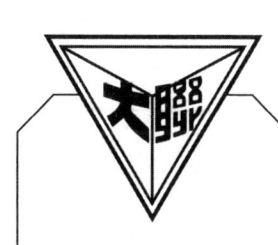

辩者学说之大体倾向

汉人所谓名家，战国时称为"刑名之家"（《战国策·赵策》，"刑名"即"形名"，说见王鸣盛《十七史商榷》卷五），或称为"辩者"。《庄子·天地篇》谓："辩者有言曰：'离坚白，若县寓。'"（《庄子》卷五，《四部丛刊》本，页九）《天下篇》谓："惠施以此为大观于天下，而晓辩者。天下之辩者，相与乐之。……桓团、公孙龙，辩者之徒。"（《庄子》卷十，页四十至四十二）于此可见"辩者"乃当时之"显学"，而"辩者"亦当时此派"显学"之通名也。

辩者之书，除《公孙龙子》存一部分外，其余均佚。今所知惠施及其他辩者之学说，仅《庄子·天下篇》所举数十事。然《天下篇》所举，仅其辩论所得之断案，至所以达此断案之前提，则《天下篇》未言及之。自逻辑言，同一之断案，可由许多不同之前提推来。吾人若知一论辩之前提，则可推知其断案。若仅知其断案，则无由定其系由何前提推论而得，其可能的前提甚多故也。故严格言之，《天下篇》所举惠施等学说数十事，对之不能作历史的研究，盖吾人可随意为此等断案，加上不同的前提而皆可通，注释者可随意予以解释，不易断定何者真合惠施等之说也。但中国哲学史中之只有纯理论的兴趣之学说极少，若此再不讲，则中国哲学史更觉畸形。若欲讲此数十事，而又不欲完全瞎猜，则必须先明辩者学说之大体倾向。欲明辩者学说之大体倾向，须先看较古书中对于辩者学说之传说及批评。

《庄子·天地篇》曰：

> 夫子问于老聃曰："有人治道若相放，可不可，然不然。辩者有言曰：'离坚白，若县寓。'若是则可谓圣人乎？"（《庄子》卷五，页九）

又《秋水篇》曰：

> 公孙龙问于魏牟曰："龙少学先王之道，长而明仁义之行。合同异，离坚白。然不然，可不可。困百家之知，穷众口之辩，吾自以为至达矣。"（《庄子》卷六，页二十四）

《天下篇》曰：

> 桓团、公孙龙，辩者之徒，饰人之心，易人之意。能胜人之口，不能服人之心，辩者之囿也。……然惠施之口谈，自以为最贤。……以反人为实，而欲以胜人为名，是以与众不适也。（《庄子》卷十，页四十二至四十三）

《荀子·非十二子篇》曰：

> 不法先王，不是礼义。而好治怪说，玩琦辞。甚察而不惠（王念孙曰："惠当为急之误。"），辩而无用。多事而寡功，不可以

为治纲纪。然而其持之有故，其言之成理，足以欺惑愚众，是惠施邓析也。(《荀子》卷三，《四部丛刊》本，页十四)

又《解蔽篇》曰：

惠子蔽于辞，而不知实。……由辞谓之道，尽论矣。(《荀子》卷十五，页五)

司马谈曰：

名家苛察缴绕，使人不得反其意，专决于名，而失人情。故曰：使人俭而善失真。若夫控名责实，参伍不失，此不可不察也。(《太史公自序》，《史记》卷百三十，同文影殿刊本，页五)

《汉书·艺文志》曰：

名家者流，盖出于礼官。古者名位不同，礼亦异数。孔子曰："必也正名乎？名不正则言不顺，言不顺则事不成。"此其所长也。及警者为之，则苟钩鈲析乱而已。(《汉书》卷三十，同文影殿刊本，页二十五)

此当时及以后较早学者对于辩者学说之传说及批评也。此等批评虽未尽当，传说虽未必尽可信，然于其中可见辩者学说之大体倾向。换言之，即此等传说批评，可指示吾人以推测辩者学说之方向。本此指示以解释现所有关于辩者学说之材料，或可不致大失真也。

《庄子》书中除《天下篇》外，"寓言十九"，上所引《天地》及《秋水篇》二事，固不能断其为真。不过《庄子》书中所述历史上的人物之言行，虽不必真，然与其人之真言行，必为一类。如《庄子》书中述孔子之言，必为讲礼义经典者；其所述虽非必真为孔子所说，要之孔子之主张，自亦在此也。故认《庄子》书中所述历史上的人物之言行为真固不可；认其可以表示其人言行之大体倾向，则无不可也。

即以上所引观之，可见辩者之学说必全在所谓名理上立根据。所谓"专决于名"也。故汉人称之为名家。吾人解释现所有辩者之言，亦宜首注意于此方面。

惠施与庄子

荀子以惠施、邓析并举；然据《吕氏春秋》所说，邓析只以教人讼为事，盖古代一有名之讼师也。大约其人以诡辩得名，故后来言及辩者多及之。其实辩者虽尚辩而不必即尚诡也。

惠施姓惠名施，相传为宋人（《淫辞篇》高注，《吕氏春秋》，《四部丛刊》本，卷十八，页十三）。与庄子为友。庄子及见惠施之死（见《庄子·徐无鬼》），则惠施似较庄子为年长。《吕氏春秋》谓惠施"去尊"（《爱类篇》，《吕氏春秋》卷二十一，页九）。《韩非子》谓惠施"欲以齐荆偃兵"（《内储说上》，《韩非子》，《四部丛刊》本，卷九，页四）。《庄子·天下篇》谓惠施谓"泛爱万物，天地一体也"（《庄子》卷十，页三十九）。是惠施亦主张兼爱非攻，与墨家同。故胡适之先生归之于"别墨"。然《庄子·天下篇》不以惠施为墨家。盖墨家为一有组织的团体，须加入其团体，"以钜子为圣人，皆愿为之尸，冀得为其后世"(《天下篇》,《庄子》卷十,页二十九)者,方可为墨;非随便以兼爱非攻为说,即为墨也。且惠施"去尊"之说,其详虽不可考,要之"去尊"亦与墨家尚同之说相违也。大约战国之时,战事既多而烈,非兵之说甚盛。故孟子反对战争;公孙龙亦主张偃兵;此自是当时之一种普通潮流。惠施、公孙龙固不以此名家也。

《庄子·天下篇》中虽未明言惠施为辩者,然谓:"惠施以此为大观于天下,而晓辩者。""惠施日以其知与人之(俞云:"衍之字。")辩,特与天下之辩者为怪。"(《庄子》卷十,页四十二)"惠施之口谈,自以为最贤。"(同上)此可见惠施实以辩名家者。故《庄子·德充符》谓:庄子谓惠子曰:"今子外乎子之神,劳乎子之精。倚树而吟,据槁梧而瞑,天选子之形,子以坚白鸣。"(《庄子》卷二,页四十四)《齐物论》亦言:"惠子之据梧也……故以坚白之昧终。"(《庄子》卷一,页三十二)荀子谓惠施"蔽于辞而不知实"(《解蔽篇》,《荀子》卷十五,页五),《天下篇》所谓"惠施卒以善辩为名"(《庄子》卷十,页四十三)也。

《天下篇》曰:

> 南方有倚人焉,曰黄缭,问天地所以不坠不陷,风雨雷霆之故。惠施不辞而应,不虑而对,遍为万物说。说而不休,多而无已,犹以为寡,益之以怪。(《庄子》卷十,页四十三)

惠施之万物说,今不可得见;其学说之尚可考者,略见于《天下篇》所说之十事。此十事之解释,各家不相同。由吾人之意见观之,庄子之学说似受惠施之影响极大。《齐物论》谓"方生方死,方死方生"(《庄子》卷一,页二十七),与惠施十事中"日方中方睨,物方生方死"(《庄子》卷十，页三十八)之说同。又谓"天下莫大于秋毫之末，而泰山为小"(《庄子》卷一，页三十四)，与惠施"天与地卑，山与泽平"(《庄子》卷十，页三十八)之说同。又谓"天地与我并生，而万物与我为一"(《庄子》卷一，页三十四)，与惠施"泛爱万物，天地一体也"(《庄子》卷十，页三十九)之说同。《庄子·徐无鬼》谓庄子伤惠施之死曰：

> 郢人垩慢其鼻端若蝇翼，使匠石斫之。匠石运斤成风，听而斫之，尽垩而鼻不伤；郢人立不失容。宋元君闻之，召匠石曰："尝试为寡人为之。"匠石曰："臣则尝能斫之。虽然，臣之质死久矣。"自夫子之死也，吾无以为质矣，吾无与言之矣。(《庄子》卷八，页三十)

《庄子》书中"寓言十九"，此亦不能即认为真庄子之言。《庄子》书中屡记庄子与惠施谈论之事，亦不能即认为历史的事实。然庄子思想，既与惠施有契合者，如上所引《齐物论》三事，《庄子》书中此等记载，固亦可认为可能，可引为旁证也。吾人得此指示为线索，则知欲了解《天下篇》所述惠施十事，莫如在《庄子》书中，寻其解释，此或可不致厚诬古人也。

《天下篇》所述惠施学说十事

《天下篇》曰：

惠施……历物之意曰：至大无外，谓之大一；至小无内，谓之小一。(《庄子》卷十，页三十八)

此所谓惠施十事中之第一事也。《庄子·秋水篇》云："河伯曰：'然则吾大天地而小毫末可乎？'北海若曰：'否。……计人之所知，不若其所不知。其生之时，不若未生之时。以其至小，求穷其至大之域，是故迷乱而不自得也。由此观之，又何以知毫末之足以定至细之倪，又何以知天地之足以穷至大之域。'河伯曰：'世之议者皆曰：至精无形，至大不可围，是信情乎？'"（《庄子》卷六，页十三至十四）《则阳篇》谓："精至于无伦，大至于不可围。"（《庄子》卷八，页五十九）"至精无形（或无伦），至大不可围"，与"至大无外，至小无内"意同。"世之议者"当即指惠施也。普通人皆以天地为大，毫末为小。然依逻辑推之，则必"无外"者，方可谓之至大；"无内"者，方可谓之至小。由此推之，则毫末不足以"定至细之倪"，天地不足以"穷至大之域"。

惠施之第二事为：

> 无厚不可积也，其大千里。（《庄子》卷十，页三十八）

《庄子·养生主》曰："刀刃者无厚。"（《庄子》卷二，页四）无厚者，薄之至也。薄之至极，至于无厚，如几何学所谓"面"。无厚者不可有体积。然可有面积，故可"其大千里"也。

惠施之第三事为：

> 天与地卑，山与泽平。（《庄子》卷十，页三十八）

《庄子·秋水篇》曰："以差观之，因其所大而大之，则万物莫不大；因其所小而小之，则万物莫不小。知天地之为稊米也，知毫末之为丘山也，则差数睹矣。"（《庄子》卷六，页十六）唯"无外"者为"至大"，以天地与"至大"比，"因其所小而小之"，则天地为稊米矣。唯"无内"者为"至小"，以毫末与"至小"比，"因其所大而大之"，则毫末为丘山矣。推此理也，因其所高而高之，则万物莫不高；因其所低而低之，则万物莫不低。故"天与地卑，山与泽平"也。

惠施之第四事为：

> 日方中方睨，物方生方死。（《庄子》卷十，页三十八）

郭象《庄子·大宗师》注曰："夫无力之力，莫大于变化者也。故乃揭天地以趋新，负山岳以舍故；故不暂停，忽已涉新；则天地万物，无时而不移也。"（《庄子》卷三，页九）"天地万物，无时不移"，故

"日方中方睨，物方生方死"。

惠施之第五事为：

> 大同而与小同异，此之谓小同异；万物毕同毕异，此之谓大同异。（《庄子》卷十，页三十八至三十九）

《庄子·德充符》曰："自其异者视之，肝胆楚越也。自其同者视之，万物皆一也。"（《庄子》卷二，页三十）郭象注曰："因其所异而异之，则天下莫不异。……因其所同而同之，则万物莫不同。"（同上）此观点即《秋水篇》中所说者。天下之物，若谓其同，则皆有相同之处，谓万物毕同可也；若谓其异，则皆有相异之处，谓万物毕异可也。至于世俗所谓同异，乃此物与彼物之同异，乃小同异，非大同异也。

惠施之第六事为：

> 南方无穷而有穷。（《庄子》卷十，页三十九）

《庄子·秋水篇》曰："井蛙不可以语于海者，拘于虚（同墟，谓为地域所限）也。"（《庄子》卷六，页十一）普通人所至之处有限，故以南方为无穷。然此井蛙之见也。若从"至大无外"之观点观之，则南方之无穷，实有穷也。

惠施之第七事为：

> 今日适越而昔来。（《庄子》卷十，页三十九）

《秋水篇》云："夏虫不可以语于冰者，笃于时也。"（《庄子》卷六，页十一）若知"故不暂停，忽已涉新；则天地万物，无时而不移也"。假定"今日适越"，明日到越；而所谓明日者，忽焉又为过去矣。故曰"今日适越而昔来"也。此条属于诡辩，盖所谓今昔，虽无一定之标准,然在一辩论范围内,所谓今昔,须用同一之标准。"昔来"之昔,虽可为昔,然对于"今日适越"之"今",固非昔也。庄子对于此条似不以为然;故《齐物论》曰:"未成乎心而有是非,是今日适越而昔至也。是以无有为有;无有为有,虽有神禹,且不能知,吾独且奈何哉?"(《庄子》卷一,页二十五至二十六)

【注】金岳霖先生云:此条亦或系指出所谓去来之为相对的。如吾人昨日自北平起程,今日到天津。自天津言,吾人系今日到天津。自北平言,吾人系昨日来天津。但观《庄子》"今日适越而昔至"之言,此条之意,似系指出所谓今昔之为相对的。[1]

惠施之第八事为:

> 连环可解也。(《庄子》卷十,页三十九)

《庄子·齐物论》曰:"其分也,成也;其成也,毁也。"(《庄子》卷一,页三十)"日方中方睨,物方生方死"。连环方成方毁;现为连环,忽焉而已非连环矣。故曰:"连环可解也。"

惠施之第九事为:

> 我知天下之中央,燕之北,越之南是也。(《庄子》卷十,页三十九)

《庄子·秋水篇》曰:"计四海之在天地之间也,不似礨空之在大

---

[1] 本章内容选自冯友兰《中国哲学史》。在此书中,冯友兰所做注释有两种情况:其一,如果是对前一段文字中的某些内容做注释,那么会在相对应内容之后加上"【注】",并将注释内容写在对应段落之后;其二,如果是对前一段文字内容整体做注释,那么在前一段文字之中和段末均无"【注】",直接将注释内容写在对应段落之后。本章采用原书形式,只是将注释内容以小字号区分,虽与其他章节在体例上略有不同,但尚清晰明了,不易产生歧义。——编者注

泽乎？计中国之在海内，不似稊米之在太仓乎？"（《庄子》卷六，页十二）然人犹执中国为世界之中，以燕之南、越之北为中国之中央，复以中国之中央为天下之中央，此真《秋水篇》所谓井蛙之见也。若就"至大无外"之观点言之，则"天下无方，故所在为中，循环无端，故所在为始也"。（《释文》引司马注）

惠施之第十事为：

  泛爱万物，天地一体也。（《庄子》卷十，页三十九）

"自其异者视之，肝胆楚越也；自其同者视之，万物皆一也。""泛爱万物，天地一体"，自万物之同者而观之也。《庄子·齐物论》曰："天下莫大于秋毫之末，而泰山为小；莫寿于殇子，而彭祖为夭。天地与我并生，而万物与我为一。"（《庄子》卷一，页三十四）亦此意也。

惠施与庄子之不同

惠施之十事，若照上文所解释，则惠施处处从"至大无外"之观点，指出普通事物之为有限的，相对的。与《庄子·齐物论》《秋水》等篇中所说，极相近矣。然《庄子·齐物论》甫言"天地与我并生，而万物与我为一"；下文即又言："既已为一矣，且得有言乎？"（《庄子》卷一，页三十四）此一转语，乃庄子与惠施所以不同之处。盖惠施只以知识证明"万物毕同毕异""天地一体"之说，而未言若何可以使吾人实际经验"天地一体"之境界。庄子则于言之外，又言"无言"；于知之外，又言不知；由所谓"心斋""坐忘"，以实际达到忘人我，齐死生，万物一体，绝对逍遥之境界。故《天下篇》谓庄子"上与造物者游，而下与外死生无终始者为友"（《庄子》卷十，页三十七）；至谓惠施，则"弱于德，强于物，其涂隩矣"（《庄子》卷十，页四十三）。由此观之，庄子之学，实自惠施又进一步。故上文虽用庄子之书解释惠施之十事,然惠施终为惠施,庄子终为庄子也。

《庄子·秋水篇》述公子牟谓公孙龙曰:

> 且夫知不知是非之竟,而犹欲观于庄子之言,是犹使蚊负山,商蚷驰河也,必不胜任矣。且夫知不知论极妙之言,而自适一时之利者,是非坎井之蛙欤?且彼方跐黄泉而登大皇,无南无北,奭然四解,沦于不测。无东无西,始于玄冥,反于大通。子乃规规然而求之以察,索之以辩,是直用管窥天,用锥指地也,不亦小乎?(《庄子》卷六,页二十六)

此用庄学之观点,以批评辩者,虽不必尽当,然庄学实始于言而终于无言,始于辩而终于无辩,超乎"是非之竟"而"反于大通"。与辩者之始终于"察""辩"者不同。故《天下篇》批评惠施,注重于其好辩;谓其"以反人为实,而欲以胜人为名""特与天下之辩者为怪"。至于叙述庄子学说则特别注重于其不好辩。曰:

> 庄周……以谬悠之说,荒唐之言,无端崖之词,时恣纵而不傥,不以觭见之也。……以卮言为曼衍,以重言为真,以寓言为广。……不谴是非以与世俗处。其书虽瑰玮,而连犿无伤也。其辞虽参差,而诚诡可观。(《庄子》卷十,页三十七)

"不以觭见之也""不谴是非以与世俗处""连犿无伤也",皆似对惠施之"以反人为实,而欲以胜人为名,是以与众不适也"而言。《天下篇》叙庄子学术不过二百余字,而言及其言论之方法者,约占半数,盖欲于此点别庄子与惠施也。《韩非子》引慧子(即惠施)曰:

> 往者东走,逐者亦东走;其东走则同,其所以东走之为则

异。故曰同事之人之不可不审察也。(《说林上》,《韩非子》卷七,《四部丛刊》本,页十四)

庄子与惠施之不同,亦犹是矣。

然庄子之学,在其"言"与"知"之方面,与惠施终有契合。故惠施死,庄子有无与言之叹。故《庄子·天下篇》曰:

> 夫充一尚可,曰愈贵道几矣。惠施不能以此自宁,散于万物而不厌,卒以善辩为名。惜乎惠施之才,骀荡而不得,逐万物而不反;是穷响以声,形与影竞走也。悲夫!(《庄子》卷十,页四十三)

此谓惠施之学,本可"几"于"道";但"惠施不能以此自宁",故散漫无归,"卒以善辩为名";深惜其才而叹曰"悲夫"。盖自庄学之观点言之,惠施之学,可谓一间未达,而入于歧途者也。

【注】《天下篇》对于墨子,称为"才士也夫";对于尹文、宋钘,称为"救世之士"。虽亦致推崇,究非甚佳考语。但于慎到、田骈,则推为"概乎皆尝有闻";于惠施,则推为"愈贵道几矣"。盖此二派,对于庄学,实有同处。庄子言"言",又言"无言";言"知",又言"无知"。慎到仅注重"不知",所得为"块不失道"。惠施仅注重"言",所得为"卒以善辩为名"。盖皆仅有庄学之一方面也。

公孙龙之"白马论"

公孙龙,赵人。(《史记·孟子荀卿列传》)《庄子·天下篇》云:"辩者以此与惠施相应,终身无穷。桓团、公孙龙辩者之徒。"(《庄子》卷十,页四十二)据此言,公孙龙略在惠施后。然庄子已与其指物、白马之说相辩论(见下),则亦与庄子同时也。公孙龙尝说燕昭王、赵惠王偃兵曰:"偃兵之意,兼爱天下之心也。"(《审应篇》,《吕氏春秋》,《四部丛刊》本,卷十八,页二)然偃兵乃当时一般人之意见,非公孙龙所以名家。《公孙龙子·迹府篇》曰:

> 公孙龙,六国时辩士也。疾名实之散乱,因资材之所长,为守白之论。假物取譬,以守白辩。……欲推是辩以正名实,而化天下焉。(《公孙龙子》卷上,双鉴楼缩印《道藏》六子本)

又曰:

> 龙之所以为名者,乃以白马之论耳。今使龙去之,则无以

教焉。（同上）[1]

《庄子·天下篇》曰：

> 桓团、公孙龙辩者之徒，饰人之心，易人之意；能胜人之口，不能服人之心，辩者之囿也。（《庄子》卷十，页四十二）

公孙龙之所以名家，在于"辩"，故当时以"辩士""辩者"称之。

公孙龙"所以为名者，乃以白马之论"。《公孙龙子·白马论》曰：

> 白马非马。……马者，所以命形也；白者，所以命色也；命色者，非命形也，故曰白马非马。……求马，黄黑马皆可致；求白马，黄黑马不可致。……故黄黑马一也，而可以应有马，而不可以应有白马，是白马之非马审矣。……马固有色，故有白马。使马无色，有马如已耳；安取白马？故白者，非马也。白马者，马与白也，马与白马也；故曰白马非马也。……白者不定所白，忘之而可也。白马者，言白定所白也。定所白者，非白也。马者无去取于色，故黄黑皆所以应；白马者有去取于色，黄黑马皆所以色去，故惟白马独可以应耳。无去者非有去也；故曰白马非马。（《公孙龙子》卷上）

马之名所指只一切马所共有之性质，只一马as such，所谓"有马如已耳"（已似当为己，如己即as such之意）。其于色皆无"所定"，而白马则于色有"所定"，故白马之名之所指，与马之名之所指，实不同

---

[1] 从此页至269页，引文之后的"（同上）"主要是说明引文所出版本和卷次。从256页内容看，《公孙龙子》一书中的内容依据的是双鉴楼缩印《道藏》六子本；而卷次的不同在不同引文之后均有标明。——编者注

也。白亦有非此白物亦非彼白物之普通的白；此即所谓"不定所白"之白也。若白马之白，则只为白马之白，故曰"白马者，言白定所白也。定所白者，非白也"。言已为白马之白，则即非普通之白。白马之名之所指，与白之名之所指，亦不同也。

公孙龙所谓"指"之意义

马、白及白马之名之所指,即《公孙龙子·指物论》所谓之"指"。指与物不同。所谓物者,《名实论》云:

> 天地与其所产焉,物也。物以物其所物而不过焉,实也。实以实其所实,不旷焉,位也。……正其所实者,正其名也。……夫名,实谓也。知此之非此也,知此之不在此也,则不谓也(原作"知此之非也,明不为也"。依俞樾校改)。知彼之非彼也,知彼之不在彼也,则不谓也。(《公孙龙子》卷下)

由此段观之,则物为占空间时间中之位置者,即现在哲学中所谓具体的个体也。如此马,彼马,此白物,彼白物,是也。指者,名之所指也。就一方面说,名之所指为个体,所谓"名者,实谓也"。就又一方面说,名之所指为共相。如此马彼马之外,尚有"有马如己耳"之马。此白物彼白物之外,尚有一"白者不定所白"之白。此"马"与

"白"即现在哲学中所谓"共相"或"要素"。此亦名之所指也。公孙龙以指物对举，可知其所谓指，即名之所指之共相也。

【注】严格言之，名有抽象与具体之分。抽象之名，专指共相；具体公共之名，指个体而包含共相。指所指之个体，即其外延（denotation）；其所含之共相，即其内涵（connotation）也。但中国文字，形式上无此分别；中国古哲学家亦未为此文字上之分别。故指个体之马之"马"，与指马之共相之"马"；谓此白物之"白"，与指白之共相之"白"，未有区别。即"马""白"兼指抽象的共相与具体的个体，即兼有二种功用也。

【又注】余第一次稿云："共相"或"要素"，公孙龙未有专用名词以名之。"马""白"在文字语言上之代表，即此《名实论》所谓名也。吾人对于此白马、彼白马之知识谓之"知见"（percept）。对于"马""白"及"白马"之知识，谓之概念（concept）。公孙龙所谓"指"，即概念也（陈钟凡先生谓指与旨通，旨训意，指亦训意。说详陈先生所著《诸子通谊》）。公孙龙未为共相专立名词，即以"指"名之，犹柏拉图所说之概念（idea），即指共相也。此说亦可通。但不如直以指为名之所指之共相之为较直截耳。

公孙龙之"坚白论"

公孙龙之《白马论》指出"马""白"及"白马"乃独立分离的共相。《庄子·秋水篇》称公孙龙"离坚白";"离坚白"者,即指出"坚"及"白"乃两个分离的共相也。《公孙龙子·坚白论》曰:

> 坚,白,石,三,可乎?曰,不可;曰,二,可乎?曰,可。曰,何哉?曰,无坚得白,其举也二;无白得坚,其举也二。……视不得其所坚,而得其所白者,无坚也;拊不得其所白,而得其所坚,得其坚也,无白也。……得其白,得其坚,见与不见,见(此见字据俞樾校补)与不见离,一二不相盈故离。离也者藏也。(《公孙龙子》卷下)

此所谓"无坚""无白",皆指具体的石中之坚白而言。视石者见白而不见坚,不见坚则坚离于白矣。拊石者得坚而不得白,不得白则白离于坚矣。此可见"坚"与"白","不相盈",所谓"不相盈"者,即此不在彼中也。此就知识论上证明坚白之为两个分离的共相也。《坚白论》中又设为难者驳词云:

> 目不能坚,手不能白,不可谓无坚,不可谓无白。其异任也,其无以代也,坚白域于石,恶乎离?(同上)

此谓目手异任,不能相代;故目见白不见坚,手拊坚不得白。然此自是目不见坚,手不得白而已,其实坚白皆在石内,何能相离也?公孙龙答曰:

> 物白焉,不定其所白;物坚焉,不定其所坚。不定者兼,恶乎其(原作甚,依陈澧校改)石也。(同上)

谢希深曰:"万物通有白,是不定白于石也。夫坚白岂惟不定于石乎?亦兼不定于万物矣。万物且犹不能定,安能独与石同体乎?"白"不定其所白",坚"不定其所坚",岂得谓"坚白域于石"。天下之物有坚而不白者,有白而不坚者;坚白为两个分离的共相更可见矣。此就形上学上证明坚白之"离"也。《坚白论》又曰:

> 坚未与石为坚而物兼。未与为坚而坚必坚。其不坚石物而坚,天下未有若坚而坚藏。白固不能自白,恶能白石物乎?若白者必白,则不白物而白焉。黄黑与之然,石其无有,恶取坚白石乎?故离也,离也者因是。(同上)

谢希深注曰:"坚者不独坚于石,而亦坚于万物,故曰'未与石为坚而物兼'也。亦不与万物为坚而固当自为坚,故曰'未与物为坚而坚必坚也'。天下未有若此独立之坚而可见,然亦不可谓之无坚,故曰'而坚藏也'。"(同上)独立之白,虽亦不可见,然白实能自白。

盖假使白而不能自白，即不能使石与物白。若白而能自白，则不借他物而亦自存焉。黄黑各色亦然。白可无石，白无石则无坚白石矣。由此可见坚白可离而独存也。此就形上学上言"坚"及"白"之共相皆有独立的潜存。"坚"及"白"之共相，虽能独立地自坚自白，然人之感觉之则只限于其表现于具体的物者，即人只能感觉其与物为坚、与物为白者。然即其不表现于物，亦非无有，不过不能使人感觉之耳。此即所谓"藏"也。其"藏"乃其自藏，非有藏之者。故《坚白论》曰：

　　有自藏也，非藏而藏也。（同上）

柏拉图谓个体可见而不可思，概念可思而不可见，即此义也。于此更可见"坚""白"之"离"矣。岂独"坚""白"离，一切共相皆分离而有独立的存在，故《坚白论》曰：

　　离也者，天下故独而正。（同上）

公孙龙之"指物论"

现代新实在论者谓个体之物存在（exist），共相潜存（subsist）。所谓潜存者，即不在时空中占位置，而亦非无有。如坚虽不与物为坚，然仍不可谓无坚。此即谓坚"藏"，即谓坚潜存也。知"坚藏"之义，则《公孙龙子·指物篇》可读矣。《指物篇》曰：

> 物莫非指，而指非指。天下无指，物无可以谓物。非指者，天下无（原作而，据俞樾校改）物，可谓指乎？指也者，天下之所无也；物也者，天下之所有也；以天下之所有，为天下之所无，未可。天下无指，而物不可谓指也；不可谓指者，非指也；非指者，物莫非指也。天下无指，而物不可谓指者，非有非指也。非有非指者，物莫非指也。物莫非指者，而指非指也。天下无指者，生于物之各有名，不为指也。不为指，而谓之指，是兼不为指。以有不为指，之无不为指，未可。且指

者，天下之所兼。天下无指者，物不可谓无指也。不可谓无指者，非有非指也。非有非指者，物莫非指，指非非指也，指与物，非指也。使天下无物指，谁径谓非指？天下无物，谁径谓指？天下有指无物指，谁径谓非指？径谓无物非指？且夫指固自为非指，奚待于物，而乃与为指？（《公孙龙子》卷中）

天下之物，若将其分析，则唯见其为若干之共相而已。然共相则不可复分析为共相，故曰："物莫非指而指非指，天下无指，物无可以为物也。"然共相必"有所定"，有所"与"，即必表现于物，然后在时空占位置而为吾人所感觉；否则不在时空，不为吾人所感觉；故曰："天下无物，可谓指乎？"又曰："指也者，天下之所无也；物也者，天下之所有也。"盖共相若"无所定"，不"与物"，则不在时空而"藏"，故为"天下之所无也"。物有在时空中之存在，而为"天下之所有"。故物虽可分析为若干共相，而物之自身则非指。故一方面言"物莫非指"，一方面又言"物不可谓指"也。谓"天下无指"，即谓共相之自身，不在时空内。然天下之物，皆有其名。"名，实谓也。"名所以谓实；实亦为个体；名则代表共相。然名亦只为共相之代表，非即共相。天下虽有名，而仍无共相。故曰："天下无指者，生于物之各有名，不为指也。"名不为指，则不可谓之为指。故曰："以有不为指，之无不为指，未可。"一共相为其类之物之所共有，如"马"之共相为马之类之物所共有，"白"之共相为白物之类之物所共有。故谓天下无指，非谓天下之物无指也。故曰："且指者，天下之所兼。天下无指者，物不可谓无指也。"按一方面言，物莫非指，盖具体的物皆共相之聚合而在时空占位置者也。按又

第五章　冯友兰讲名家　265

一方面言,则物为非指,盖在时空占位置者乃个体,非共相也。故按一方面言,"不可谓无指者,非有非指也。非有非指者,物莫非指"。按又一方面言,"指非非指,指与物非指也"。"指与物非指"者,若干共相联合现于时空中之"位"而为物。现于物中之指,即"与物"之指,即所谓"物指"。若使无指,则不能有物。若使无物指,亦不能有物。若使有指无物,则仅有"藏"而不现之共相,而讲物指之人亦无有矣。故曰:"天下无物指,谁径谓非指?天下无物,谁径谓指?天下有指无物指,谁径谓非指,径谓无物非指?"然共相联合而现于时空之位以为物,亦系自然的,非有使之者。故曰:"且夫指固自为非指,奚待于物,而乃与为指?""非指"即物也。

公孙龙之"通变论"

共相，不变者也；个体，常变者也。或变或不变，《公孙龙子·通变论》即讨论此问题者。《通变论》曰：

> 曰，二有一乎？曰，二无一。曰，二有右乎？曰，二无右。曰，二有左乎？曰，二无左。曰，右可谓二乎？曰，不可。曰，左可谓二乎？曰，不可。曰，左与右可谓二乎，曰，可。（同上）

二之共相只是二，非他一切。故非一，非左，非右。但左加右则其数二，故"左与右可谓二"。《通变论》曰：

> 曰，谓变非不变可乎？曰，可。曰，右有与，可谓变乎？曰，可。曰，变奚（原作只，据俞樾校改）？曰，右。（同上）

共相不变，个体常变，变非不变也。"右有与"之"与"，即《坚白论》"坚未与石为坚"之"与"。盖共相之自身虽不变，然表现共相之个体，则固可变。故右之共相不变，而"有与"之右则可变。如在此物之右之物可变而为在此物之左也。问者问："何者变？"答言："右变。"不过此右乃指具体的事例中之右，即"有与"之右，非右之共相而已。

【注】此点经金岳霖先生指正。如此解释，则公孙龙以为共相不变，个体常变之旨可见。余原稿云：盖共相之自身虽不变，然若表现于个体，则可谓为有变矣。故右之共相，若"有与"即"可谓变"也。变谓何？仍变为右？不过此乃指具体的事例中之右（如此物之右），非右之共相而已。亦可通。不过谓共相可谓为有变，依现在哲学观点言之，此言有语病。

《通变论》曰：

　　曰，右苟变，安可谓右？苟不变，安可谓变？曰，二苟无左又无右，二者左与右，奈何？（同上）

问者不达可变之右乃具体的事例中之右，此右虽变，而右之共相仍不变；故问：右若变，何以仍谓右？若不变，何以谓之变？问者又不达左与右加其数为二，故称为二，故又问：二既非左又非右，何以谓"二者左与右"？《通变论》曰：

　　羊合牛非马，牛合羊非鸡。曰：何哉？（同上）

此谓左与右加其数为二，故称为二。非谓左之共相与右之共相，聚合为一，而成为二也。左之共相与右之共相不能聚合而为二，犹羊之共相与牛之共相不能聚为为马，牛之共相与羊之共相不能聚合而为鸡也。《通变论》曰：

　　曰：羊与牛唯异；羊有齿，牛无齿，而牛之非羊也，羊之非牛也（原作"而牛羊之非羊也，之非牛也"。依孙诒让校改），未可。是不俱有，而或类焉。羊有角，牛有角，牛之而羊也，羊之而牛也，未可。是俱有，而类之不同也。羊牛有角，马无角；马有尾，羊牛无尾，故曰：羊合牛非马也。非马者，无马也。无马者，羊不二，牛不二；而羊牛二；是而羊而牛，非马可也。若举而以是，犹类之不同。若左右，犹是举。（同上）

此历举牛、羊、马之共相，内容不同，故羊之共相与牛之共相，不能聚合而为马也。然羊之共相与牛之共相，虽不能合而为马，而羊之共相与牛之共相相加，其数为二，故曰"羊不二，牛不二，而牛羊二"也。羊牛虽不一类，然不害其相加为二，左右之为二，亦犹是已。故曰："若举而以是，犹类之不同。若左右，犹是举。"《通变论》曰：

牛羊有毛，鸡有羽。谓鸡足一，数足二；二而一，故三。谓牛羊足一，数足四；四而一，故五。羊牛足五，鸡足三，故曰，牛合羊非鸡，非有以非鸡也。与马以鸡，宁马。材不材，其无以类审矣。举是，谓乱名，是狂举。（同上）

此谓牛羊与鸡更不同。鸡足之共相，或"谓鸡足"之言，及实际的鸡之二足为三。若牛或羊足之共相或"谓牛羊足"之言，及实际的牛或羊之四足则数五[注]。故牛之共相与羊之共相不能聚合而为鸡。与其谓牛之共相与羊之共相可合而为鸡，则尚不如谓其可合而为马，盖与鸡比，马犹与牛羊为相近也。故曰"与马以鸡，宁马"也。若必谓羊牛可为鸡，则是"乱名"，是"狂举"也。此篇下文不甚明了；然其大意谓青与白不能为黄，白与青不能为碧，犹"羊合牛非马，牛合羊非鸡"。故曰："黄其马也，碧其鸡也。"盖另举例以释上文之意，

第五章　冯友兰讲名家　269

所谓"他辩"也。

【注】鸡足之共相及实际的鸡足,实不能相加。不过公孙龙派之"辩者"有此说。故《庄子·天下篇》谓辩者有"鸡三足""黄马骊牛三"之说。

"合同异"与"离坚白"

《庄子·德充符》曰:"自其异者视之,肝胆楚越也;自其同者视之,万物皆一也。"盖或自物之异以立论,则见万物莫不异;或自物之同以立论,则见万物莫不同。然此特就个体的物言之耳。一个体本有许多性质,而其所有之性质又皆非绝对的。故泰山可谓为小,而秋毫可谓为大。若共相则不然。共相只是共相,其性质亦是绝对的。如大之共相只是大,小之共相只是小。惠施之观点注意于个体的物,故曰"万物毕同毕异",而归结于"泛爱万物,天地一体"也。公孙龙之观点,则注重于共相,故"离坚白"而归结于"天下皆独而正"。二派之观点异,故其学说亦完全不同。战国时论及辩者之学,皆总而言之曰:"合同异,离坚白。"或总指其学为"坚白同异之辩"。此乃笼统言之。其实辩者之中,当分二派:一派为"合同异";一派为"离坚白"。前者以惠施为首领;后者以公孙龙为首领。

庄子之学,一部分与惠施有契合处。故庄子赞成"合同异",而不赞成"离坚白"。《齐物论》曰:

> 以指喻指之非指,不若以非指喻指之非指也。以马喻马之非马,不若以非马喻马之非马也。天地一指也;万物一马也。

(《庄子》卷一,页二十八)

公孙龙谓"物莫非指,而指非指";此"以指喻指之非指"也。公孙龙又谓"白马非马";此"以马喻马之非马"也。然若"自其同者视之",则指与非指之万物同,而指为非指;马与非马之万物同,而马为非马。如此则"天地一指也,万物一马也"。如此则"天地与我并生,而万物与我为一"矣。

《天下篇》所述辩者学说二十一事

《庄子·天下篇》举"天下之辩者"之辩二十一事（《庄子》卷十，页四十至四十二）。其中有就惠施之观点立论者，有就公孙龙之观点立论者。今将此二十一事，分为二组：一名为"合同异"组，一名为"离坚白"组。

其属于"合同异"组者：

卵有毛。

郢有天下。

犬可以为羊。

马有卵。

丁子有尾。

山出口。

龟长于蛇。

白狗黑。

《荀子·不苟篇》曰:"山渊平,天地比,齐秦袭,入乎耳,出乎口,钩有须,卵有毛,是说之难持者也。而惠施、邓析能之。"(《荀子》卷二,页一)可见此类之说,皆惠施一派之说也。

鸟类之毛谓之羽;兽类之毛谓之毛。今曰"卵有毛",是卵可以出有毛之物也。犬非羊也,而曰"犬可以为羊"。马为胎生之物,而曰"马有卵",是马可以为卵生之物。成玄英云:"楚人呼虾蟆为丁子。"(《庄子疏》)丁子本无尾,而曰"丁子有尾",是丁子可以为有尾之物。山本无口也,而曰"山出口",是山亦可为有口之物也。《荀子》所说"入乎耳,出乎口",杨倞注谓:"或曰,即山出口也,言山有口耳也。"《荀子》谓:"钩有须。"俞樾曰:"钩疑姁之假字。"姁有须,即谓妇人有须也。此皆就物之同以立论。因其所同而同之,则万物莫不同,故此物可谓为彼,彼物可谓为此也。

惠施曰:"天与地卑,山与泽平。""我知天下之中央,燕之北,越之南,是也。"依同理,亦可谓"郢有天下""齐秦袭"矣。

语云:"尺有所短,寸有所长。"因其所长而长之,则"龟可长于蛇"。《释文》引司马彪云:"白狗黑目,亦可为黑狗。"谓白狗白者,因其毛白,因其所白而白之也。若因其所黑而黑之,则"白狗黑"矣。

其属于"离坚白"组者:

鸡三足。

火不热。

轮不辗地。

目不见。

指不至，物不绝。

矩不方，规不可以为圆。

凿不围枘。

飞鸟之影，未尝动也。

镞矢之疾，而有不行不止之时。

狗非犬。

黄马骊牛三。

孤驹未尝有母。

一尺之棰，日取其半，万世不竭。

"鸡三足""黄马骊牛三"者，《公孙龙子·通变论》云："谓鸡足一，数足二，二而一，故三。谓牛羊足一，数足四，四而一，故五。"（《公孙龙子》卷中）《庄子·齐物论》云："一与言为二。"（《庄子》卷一，页三十五）"谓鸡足"即言也。鸡足之共相或"谓鸡足"之言为一，加鸡足二，故三。依同理，谓黄马骊牛一，数黄马骊牛二。"黄马与骊牛"之共相或谓"黄马骊牛"之言，与一黄马，一骊牛，为三。

"火不热"者，公孙龙"离坚白"之说，从知识论及形上学两方面立论。此条若从形上学方面立论，则火之共相为火，热之共相为热。二者绝对非一。具体的火虽有热之性质，而火非即是热。若从知识论方面立论，则可谓火之热乃由于吾人之感觉。热是主观的，在我而不在火。

"轮不辗地"者，轮之所辗者，地之一小部分耳。地之一部分非地，犹之白马非马。亦可谓：辗地之轮，乃具体的轮；其所辗之地，乃具体的地。至于轮之共相则不辗地；而地之共相亦不为轮所辗也。

"目不见"者，《公孙龙子·坚白论》曰："白以目以火见，而火不见，则火与目不见，而神见，神不见而见离。"（《公孙龙子》卷下）吾人之能有见，须有目及光及神经作用。有此三者，吾人方能有见，若只目则不能见也。此就知识论方面言也。若就形上学方面言，则目之共相自是目，火之共相自是火，神之共相自是神，见之共相自是见。四者皆"离"，更不能混之为一。

"指不至，物不绝"者，今本《庄子》作"指不至，至不绝"。《列子·仲尼篇》引公孙龙云："有指不至，有物不绝。"（《列子》，《四部丛刊》本，卷四，页七）"至不绝"当为"物不绝"。盖公孙龙之徒以"指""物"对举，如《公孙龙子·指物论》所说。柏拉图谓概念可知而不可见。盖吾人所能感觉者乃个体，至共相只能知之而不能感觉之；故曰："指不至也。"共相虽不可感觉，而共相所"与"现于时空之物，则继续常有，故曰："物不绝。"

"矩不方，规不可以为圆"者，绝对之方，为方之共相；绝对之圆，为圆之共相。事实上之个体的方物圆物，皆不绝对的方或圆。即个体的矩与规，亦非绝对的方或圆。故若与方及圆之共相比，则"矩不方，规不可以为圆"矣。

"凿不围枘"者，围枘者，事实上个体之凿耳。至于凿之共相，则不围枘也。

"飞鸟之影，未尝动也。镞矢之疾，而有不行不止之时"者，《释文》引司马彪云："形分止，势分行。形分明者行迟，势分明者行疾。"谓飞鸟之影动及飞矢不止者，就其势分而言也。谓飞鸟之影不动及飞矢不行者，就其形分而言也。谓"镞矢之疾，而有不行不止之时"者，兼就其形分与势分而言也。亦可谓动而有行有止者，事实上之个体的飞矢及飞鸟之影耳。若飞矢及飞鸟之影之共相，则不动而无行无止，与一切共相同也。亦可谓：一物于一时间内在两点谓为动。一物于两时间内在一点谓为止。一物于一时间内在一点谓为不动不止。谓"飞鸟之影，未尝动也"者，就飞鸟之影不于一时间内在两点而言也。谓"镞矢之疾，而有不行不止之时"者，就飞矢之于一时间内在一点而言也。此亦指思想中之飞鸟之影与思想中之镞矢而言，与下"一尺之棰"同（末段金岳霖先生说）。

"狗非犬"者，《尔雅》谓："犬未成豪曰狗。"是狗者，小犬耳。小犬非犬，犹白马非马。

"孤驹未尝有母"者，《释文》引李颐云："驹生有母，言孤则无母，孤称立则母名去也。母尝为驹之母，故孤驹未尝有母也。"此亦就孤驹之共相言。孤驹之义，即为无母之驹，故孤驹无母。然事实上之个体的孤驹，则必有一时有母，不得言"孤驹未尝有母"也。

"一尺之棰，日取其半，万世不竭。"此谓物质可无限分割。"一尺之棰"，今日取其半，明日取其半之半，再明日取其半之半之半。如是"日取其半",则虽"万世不竭"可也。然此分割只能对思想中之棰,于思想中行之。若具体的"棰"则不能"日取其半,万世不竭"。盖具体的物,事实上不能将其无限分割也。

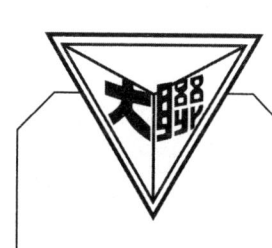

/ 第六章 /
蒋梦麟谈抗战中的国学转折

大学逃难

中日战争爆发以后，原来集中在沿海省份的大学纷纷迁往内地，除了我前面[1]提到过的北大、清华、南开三所大学之外，接近战区以及可能受战争影响的高等学府都逐渐向内地迁移。到抗战快结束时，在内地重建的大学和独立学院，数目当在二十所左右，学生总数约一万六千人。

这些学府四散在内地各省。有的借用庙宇祠堂，有的则借用当地学校的一部分校舍上课。公共建筑找不到时，有的学校就租用私人宅院，也有些学校临时搭了茅棚土屋。所有学校都已尽可能带出来一部分图书仪器，数量当然很有限，然而就是这一点点简陋的设备也经常受到敌机故意而无情的轰炸。

---

[1] 本章节选自蒋梦麟先生的《西潮》，感兴趣的读者可自行查阅。——编者注

许多学生是从沦陷区来的，父母对他们的接济自然断绝了；有些学生甚至与战区里的家庭完全音信不通。有些在沦陷区的家长，虽然明知子弟在内地读书，遇到敌伪人员查问时，宁愿把儿子报成死亡，以免招致无谓的麻烦。后来由政府拨了大笔经费来照顾这些无依无靠的学生。

因为日本侵略是从华北开始的，所以最先受到影响的大学自然是在平津区的学校。平津区陷敌以后，许多教员和学生知道在侵略者的刺刀下绝无精神自由的希望，结果纷纷追随他们的学校向南或其他地方转进。当时政府尚在南京，看到这种情形，便下令在后方成立两个联合大学，一个在长沙，另一个在西北的西安。西北联大包含过去的两个国立大学和两个独立学院。它后来从西安迁到汉中，因为校舍分散，结果多少又恢复了原来各单位的传统。

战事蔓延其他各地以后，原来还能留在原地上课的大学也步我们的后尘内迁了。结果国立中央大学从南京搬到战时首都重庆，浙江大学从杭州搬到贵州，中山大学从广州搬到云南。

我想详细地叙述一下长沙临时大学的情形，它是怎么联合起来的，后来又如何从长沙迁移到昆明。这故事也许可以说明一般大学播迁的情形。

我在前面已谈到，长沙临时大学是原在北平和天津的三所大学奉教育部之命联合而成的。这三所大学就是国立北京大学、国立清华大学和私立南开大学。三所大学的校长成立校务委员会，教职员全部转到临时大学。1937年11月1日在长沙复课，注册学生有从原来三个大学来的约一千二百五十人，以及从其他大学转来的二百二十名借读生。虽然设备简陋,学校还差强人意,师生精神极佳。图书馆图书虽然有限,阅览室却经常座无虚席。但是民国二十七年[1]初,也就是南京失陷以后,情形可不同了。日本飞机把长沙作为轰炸目标之一,在长沙久留是很危险的,结果临时大学在第一学期结束后,经政府核准于二十七年二月底向西南迁往昆明。

从长沙西迁昆明是分为两批进行的,一批包括三百左右男生和少数教授,他们组织了一个徒步旅行团,从湖南长沙穿越多山的贵州省一直步行到云南的昆明。全程三千五百公里,约合一千一百六十哩[2],耗时两月零十天;另外一批约有八百人,从长沙搭被炸得疮痍满目的粤汉路火车到广州,由广州坐船到香港,再由香港转到海防[3],然后又从海防搭滇越铁路到达昆明。他们由火车转轮船,再由轮船转火车,全程约耗十至十四天,视候车候船的时日长短而有不同。另有三百五十名以上的学生则留在长沙,参加了各种战时机构。

搬到昆明以后,"长沙临时大学"即改名"国立西南联合大学",简称"联大"。因为在昆明不能立即找到合适的房子容纳这许多新客,联大当局决定把文学院和法商学院设在云南第二大城蒙自。民国二十七年五月初联大开课时,四个学院的学生总数在一千三百人左右。同年九月间,文学院和法商学院由蒙自迁回昆明,因为当地各中学均已迁往乡间,原有校舍可以出租,房间问题已不如过去那么严

---

[1] 即公元1938年。——编者注

[2] 哩,旧指英里,1英里≈1.609公里。查相关资料,湘黔滇旅行团总行程3500公里,其中步行距离约1160英里,约1866公里。其他出版物有采用约1300公里之说。——编者注

[3] 海防,越南北部沿海城市。——编者注

重。这时适值联大奉教育部之令成立师范学院,真是"双喜临门"。五院二十六系的学生人数也增至两千人。

二十八年[1]九月间,联大规模再度扩充,学生人数已达三千人。联大过去十个月来新建造的百幢茅屋刚好容纳新增的学生。抗战结束时,我们共有五百左右的教授、助教和职员以及三千学生。多数学生是从沦陷区来的。他们往往不止穿越一道火线才能到达自由区,途中受尽艰难险阻,有的甚至在到达大后方以前就丧失了性命。

我的儿子原在上海交通大学读书,战事发生后他也赶到昆明来跟我一起住。他在途中就曾遭遇到好几次意外。有一次,他和一群朋友坐一条小船,企图在黑夜中偷渡一座由敌人把守的桥梁,结果被敌人发现而遭射击。另一次,一群走在他们前头的学生被敌人发现,其中一人被捕,日人还砍了他的头悬挂树上示众。

我有一位朋友的儿子从北平逃到昆明,在华北曾数度穿越敌人火线,好几次都受到敌人射击。他常常一整天吃不到一点东西,晚上还得在夜色掩护下赶好几里路。他和他的兄弟一道离开北平,但是他的兄弟却被车站上的日本卫兵抓走送到集中营去了,因为他身上被搜出了学生身份的证件。他们是化装商店学徒出走的,但是真正的身份被查出以后,就会遭遇严重的处罚。

据说北大文学院的地下室已经变为恐怖的地牢。我无法证实这些传说,不过后来我碰到一位老学生,他在设法逃出北平到达大后方以前,曾经被捕坐了两年牢。据他说,他曾被送到北大文学院地下室

---

[1] 即公元1939年。——编者注

去受"招待"。那简直是活地狱。敌人把冷水灌到他鼻子里，终至使他晕过去。他醒过来时，日本宪兵上村告诉他，北大应该对这场使日本蒙受重大损害的战争负责，所以他理应吃到这种苦头。上村怒不可遏地说："没有什么客气的，犯什么罪就该受什么惩罚！"他曾经连续三天受到这种"招待"，每次都被灌得死去活来。他在那个地牢里还看到过其他的酷刑，残酷的程度简直不忍形诸笔墨。女孩子的尖叫和男孩子的呻吟，已使中国历史最久的学府变为撒旦统治的地狱了。

留在北平的学生在敌人的酷刑下呻吟呼号，在昆明上课的联大则受到敌机的无情轰炸。轰炸行为显然是故意的，因为联大的校址在城外，而且附近根本没有军事目标。校内许多建筑都被炸毁了，其中包括总图书馆的书库和若干科学实验室。联大的校舍约有三分之一被炸毁，必须尽快再建。但是敌机的轰炸并没有影响学生的求学精神，他们都能在艰苦的环境下刻苦用功，虽然食物粗劣，生活环境也简陋不堪。

学术机构从沿海迁到内地，对中国内地的未来发展有很大的影响。大群知识分子来到内地各城市以后，对内地人民的观念思想自然发生潜移默化的作用。在另一方面，一向生活在沿海的教员和学生，对国家的了解原来只限于居住的地域，现在也有机会亲自接触内地的实际情况，使他们对幅员辽阔的整个国家的情形有了较真切的了解。

大学迁移内地，加上公私营工业和熟练工人、工程师、专家和经理人员的内移，的确具有划时代的意义。在战后的一段时期里，西方影响一向无法到达的内地省份，经过这一次民族的大迁徙，未来开发的机会已远较以前为佳。

战时之昆明

北大等校内迁以后，我也随着迁居滇缅路的终点昆明。珍珠港事变爆发以前，我曾一度去过缅甸，并曾数度赴法属印度支那[1]及香港。当时以上数地与昆明之间均有飞机可通。法国对德投降以后，日本不战而下法属印度支那，因此我们就筑了滇缅路与仰光衔接。珍珠港事变以后，缅甸亦陷敌手，我国与法属印度支那的海防以及缅甸的仰光，陆上交通均告断绝，昆明亦陷于孤立状态。租借法案下运华的军火，只好由空运飞越隔绝中印两国的喜马拉雅山的"驼峰"，才免于中断。

抗战期间，我曾数度坐飞机去重庆，也曾一度去过四川省会成都。重庆是战时的首都，位于嘉陵江与长江汇合之处。嘉陵江在北，

---

[1] 指越南。——编者注

长江在南，重庆就建在两江合抱的狭长山地上，看起来很像一个半岛。房子多半是依山势高下而建的，同时利用屋后或屋基下的花岗岩山地挖出防空洞，躲避空袭。日本飞机经年累月、日以继夜地滥炸这个毫无抵抗力的山城，但是重庆却始终屹立无恙。成千累万的房屋被烧毁又重建起来，但是生命损失却不算太大。敌人企图以轰炸压迫战时政府迁出重庆，但是"陪都"却像金字塔样始终雄踞扬子江头，它曾经受过千百年的磨炼考验，自然也能再经千百年的考验。重庆可以充分代表中国抵抗日本侵略的坚忍卓绝的精神。

重庆之西约半小时航程处是平坦的成都市。成都和北平差不多一样广大，街道宽阔，整个气氛也和故都北平相似。成都西北的灌县[1]有两千年前建设的水利系统，至今灌溉着成都平原百万亩以上的肥沃土地。严重的水灾或旱灾几乎从来没有发生过。这块广大丰饶的平原使四川成为"天府之国"，使重庆人民以及驻防省境和附近地区的军队，粮食得以供应无缺。

学校初迁昆明之时，我们原以为可经法属印度支那从欧美输入书籍和科学仪器，但是广州失陷以后，军火供应的干线被切断，军火都改经滇越线运入。滇越铁路军运频繁，非军用品根本无法挤上火车。我们运到越南的图书仪器，只有极少一部分获准载运入滇。

这时候，长江沿岸城市已相继陷入敌手，日军溯江直达宜昌，离长江三峡只是咫尺之遥。最后三峡天险也无法阻遏敌人的侵略狂潮而遭到铁骑的蹂躏。

---

[1] 灌县，即今都江堰市。——编者注

每当战局逆转，昆明也必同时受到灾殃。影响人民日常生活最大的莫过于物价的不断上涨。抗战第二年我们初到昆明时，米才卖法币六块钱一担（约八十公斤），后来一担米慢慢涨到四十元。当时我们的一位经济学教授预言几个月之内必定会涨到七十元。大家都笑他胡说八道，但是后来一担米却真的涨到七十元。法属安南投降和缅甸失陷都严重地影响了物价。

物价初次显著上涨，发生在敌机首次轰炸昆明以后，乡下人不敢进城，菜场中的蔬菜和鱼肉随之减少。店家担心存货的安全，于是提高价格以图弥补可能的损失。若干洋货的禁止进口，也影响了同类货物以及有连带关系的土货的价格。煤油禁止进口以后，菜油的价格也随之提高。菜油涨价，猪油也跟着上涨。猪油一涨，猪肉就急起直追。一样东西涨了，别的东西也跟着涨。物价不断上涨，自然而然就出现了许多囤积居奇的商人。囤积的结果，物价问题也变得愈加严重。钟摆的一边荡得愈高，运动量使另一边也摆得更高。

控制物价本来应该从战事刚开始时做起，等到物价已成脱缰野马之后，再来管制就太晚了。一位英国朋友告诉我，英国农人在第一次世界大战时曾经大发其财，但是第二次大战一开始，农产品就马上受到管制了。这次战争在中国还是第一次大规模的现代战争，所以她对这类问题尚无经验足资借鉴。

昆明的气候非常理想，它位于半热带，海拔约六千呎[1]，整个城有点像避暑胜地。但是因为它的面积大，居民并不认为它是避暑胜

---

[1] 呎，旧指英尺。——编者注

地。昆明四季如春，夏季多雨，阵雨刚好冲散夏日的炎暑；其他季节多半有温煦的阳光照耀着农作密茂的田野。

在这样的气候之下，自然是花卉遍地，瓜果满园。甜瓜、茄子和香橼都大得出奇。老百姓不必怎么辛勤工作，就可以谋生糊口，因此他们的生活非常悠闲自得。初从沿海省份来的人，常常会为当地居民慢吞吞的样子而生气，但是这些生客不久之后也就被悠闲的风气同化了。

昆明人对于从沿海省份涌到的千万难民感到相当头痛。许多人带了大笔钱来，而且挥霍无度，本地人都说物价就是这批人抬高的，昆明城内到处是从沿海来的摩登小姐和衣饰入时的仕女。入夜以后他们在昆明街头与本地人一齐熙来攘往，相互摩肩接踵而过。房租迅速上涨，旅馆到处客满，新建筑像雨后春笋一样出现。被飞机炸毁的旧房子，迅速修复，但是新建的房子究竟还是赶不上人口增加的速度。

八年抗战[1]，昆明已变得面目全非。昔日宁静的昆明城，现已满街是卡车司机，发国难财的商人，以及营造商、工程师和制造厂商。军火卡车在城郊穿梭往返。

自然环境和名胜古迹却依然如昔。昆明湖的湖水仍像过去一样平滑如镜，依旧静静地流入长江，随着江水奔腾两千哩而入黄海。鱼儿和鹅鸭仍像往昔一样遨游在湖中。古木围绕的古寺雄踞山头，俯瞰着微波荡漾的辽阔湖面。和尚还是像几百年前的僧人一样念经诵佛。

---

[1] 指1937年七七事变开始至1945年日军战败投降止的八年全国性抗日战争。1931年九一八事变至1937年七七事变的抗日战争阶段为中国局部抗战。——编者注

遥望天边水际，我常常会想入非非：如果把一封信封在瓶子里投入湖中，它会不会随湖水流入长江，顺流经过重庆、宜昌、汉口、九江、安庆、南京而漂到吴淞江口呢？说不定还会有渔人捡起藏着信件的瓶子而转到浙江我的故乡呢！自然，这只是远适异地的思乡客的一种梦想而已。

纵横的沟渠把湖水引导到附近田野，灌溉了千万亩肥沃的土地。沟渠两旁是平行的堤岸，宽可纵马骋驰；我们可以悠闲地放马畅游，沿着漫长的堤防跑进松香扑鼻的树林，穿越苍翠欲滴的田野。

城里有一座石碑，立碑处据说是明朝最后的一位流亡皇帝被缢身死的故址。石碑立在山坡上，似乎无限哀怨地凝视着路过的行人。这可怜的皇帝曾经逃到缅甸，结果却被叛将吴三桂劫持押回中国。吴三桂原来奉命防守长城抗御清兵，据传说他是为了从闯王李自成手中援救陈圆圆，终于倒戈降清。他为了镇压西南的反抗被派到云南，已经成为阶下囚的永历帝被带到他的面前受审。

"你还有什么话要说没有？"据说吴三桂这样问。

"没有，"明代的末朝皇帝回答说，"唯一我想知道的事是你为什么背叛我的祖上？你受明室的恩泽不能不算深厚吧？"

吴三桂闻言之下，真是心惊胆战，他马上下令绞死这位皇帝。后人在那里立了纪念碑，上刻："明永历帝殉国处"。

离城约十公里处有个黑龙潭。春天里，澄澈的潭水从潭底徐徐渗出，流入小溪浅涧。黑龙潭周围还有许多古寺和长满青苔的大树。明朝末年曾有一位学者和他的家人住在这里。崇祯帝殉国和明朝灭亡的消息传来以后，他就投身潭中自杀了。他的家属和仆人也都跟着跳入潭中，全家人都以身殉国，后来一齐葬在黑龙潭岸旁。西洋人是很难理解这件事的，但是根据中国的哲学，如果你别无办法拯救国家，那么避免良心谴责的唯一方法就是以死殉国。抗战期间，中国军人以血肉之躯抵抗敌人的弹雨火海，视死如归；他们的精神武装就是这种人生哲学。

这个多少依年份先后记述的故事到此暂告段落。后面将讨论中国文化上的若干问题，包括过去的、现在的和未来的；同时我们将讨论若干始终未能解决的全国性问题，这些问题在未来的年月里也将继续存在。

从1842年香港割让到1941年珍珠港事变，恰恰是一世纪。《西潮》所讲的故事，主要就是这一段时期内的事情。英国人用大炮轰开了中国南方的门户，开始向中国输入鸦片和洋货，但同时也带来了西方的思想和科学的种子，终于转变了中国人对人生和宇宙的看法。中国曾经抵抗、挣扎，但是最后还是吸收了西方文化，与一千几百年前吸收印度文化的过程如出一辙。……[1]

中国所走的路途相当迂回，正像曲折的长江，但是她前进的方向却始终未变，正像向东奔流的长江，虽然中途迂回曲折，但是终于经历两千多哩流入黄海。它日以继夜，经年累月地向东奔流，在未来的无穷岁月中也将同样地奔腾前进。不屈不挠的长江就是中国生活和文化的象征。

---

[1] 此处有删减。——编者注

敌机轰炸中谈中国文化

（节选）

东方与西方不同，因为它们的文化不同。但是你仍旧可以找出东西文化之间的相似之点。无论两种文化如何相似，不可能完全相同，每一文化的特点也必有异于他种文化。就西方而论，不同的文化特征使德国人异于英国人，同时也使法国人不同于荷兰人。但是他们之间仍有共通的特征，这些特征使西方国家在文化上结为一体，泛称"西方文化"。这些特征又使他们与东方各国显出不同。因此，文化上的异同，不应该由表面上的类似之点来判断，而应该由个别的基本特征来论定。

在这一篇里，我们将从三方面来讨论中国文化的特征：（一）中国文化之吸收力。（二）道德与理智。（三）中国人的人情。

（一）中国文化之吸收力

大约五十年前，当我还在学校念书的时候，外国人和前进的中国人都常常说，中国很像一块绝少吸收能力，甚至毫无吸收能力的岩石，那也就是说中国文化已经停滞不前，而且成为化石，因此中国已经变得无可救药地保守。她一直我行我素，谁也不能使这位"支那人"改变分毫。

这种说法表面上似乎言之成理，但是结果却证明完全错误。从五口通商开始，至1894年中日战争为止，中国似乎一直在抗拒西方影响。但是在以前的几百年内，她曾经吸收了许多先后侵入她生活之中的外来东西。

在音乐方面，现在所谓的"国乐"，实际上多半是用起源于外国的乐器来弹奏的。胡琴、笛和七弦琴，都是几百年前从土耳其斯坦[1]传入的。我们现在仍旧保留着中国的古琴，但是只有极少数人能够欣赏，至于能弹古琴的人就更少了。

从外国介绍到中国的食品更不计其数：西瓜、黄瓜、葡萄和胡椒是好几百年前传入中国的；甘薯、落花生、玉蜀黍则是最近几百年传入的；在最近的几十年中，洋山芋、番茄、花菜、白菜和堇菜也传入中国了。[2]切成小块，用酱油红烧的西方牛排，也已经变为一道

---

[1] 此指中亚原土厥人活动地带。此处陈述与史不符，笛和七弦琴为中原传统乐器、历史久远，非外部传入。胡琴则源自西北游牧民族。——编者注

[2] 以上各种事物传入中国记载多有误。除笛、七弦琴非外来之物外，传入时间也多有误。如西瓜、黄瓜、葡萄等很早就在新疆等地种植，传入中原也远在千年以前。胡椒至少在唐时已传入中国。花生近年有说法认为中国也是起源地之一。马铃薯（洋山芋）、番茄在中国已有数百年历史，白菜宋人已有记载，等等。——编者注

中国菜。锅巴虾仁加番茄汁更是一种新花样。中菜筵席有时也要加上冰淇淋、咖啡和金山橙子。柑橘原是中国的土产，后来出洋赴美，在加利福尼亚经过园艺试验家褒朋克改良后，带着新的头衔又回到了本乡，与中国留学生从美国大学带着硕士、博士的头衔学成归国的情形差不多。中国柑橘还在很久很久以前传到德国，想不到柑橘到了德国却变成了苹果，因为德国人把柑橘叫作"中国苹果"。

凡是值得吸收的精神食粮或知识养分，不论来自何方，中国总是随时准备欢迎的。明朝时，耶稣会教士把天文、数学和圣经传到中国。大学士徐光启，不但从他们学习天算，而且还信仰了天主，把他在上海徐家汇的住宅作为天主教活动中心。我们从耶稣会教士学到西方的天文学，有些人因此而成为天主教徒。五口通商以后，徐家汇天文台一直是沿海航行的指针。

明末清初有位学者黄梨洲，他非常佩服耶稣会教士传入的天文学。他曾说过这样一句话，中国有许多学问因自己没有好好地保存，所以有不少已经流到外国去了。他有一次告诉一位朋友说："就天文学而论，我们与西方学者比起来，实在幼稚得很。"可见中国学者是如何虚怀若谷！

事实上正因为她有伟大的吸收能力，中国才能在几千年的历史过程中历经沧桑而屹立不坠。世界上没有任何文化能够不随时吸收外国因素而可维系不坠。我想这是不必历史家来证明的。西方各国文化间的相互依存关系和相互影响，彰彰在人耳目，无庸争辩。但是东方文化与西方文化间的相互作用却比较不太明显。剑桥大学的尼邓教授曾经告诉我，火药的膨胀性导致蒸汽机的发明，而儒家的性善学说则影响了法国大光明时代学派的思想。许多东西曾经悄无声息地从东方流传到西方。至于这些东西究竟是什么，我想还是让西洋人自己来告诉我们吧。

但是我们除了音乐、食物之类以外，并没有经由西面和北面陆上边界吸收其他的东西。这些区域里的民族，所能提供的精神食粮事实上很少，因此我们转而求诸印度。在艺术方面，我国的绘画和建筑都有佛教的影响，佛教思想在中国哲学方面更占着重要的地位，佛教经典甚至影响了中国文学的风格和辞藻。

在耶稣会教士到达中国之前好几百年，中国人已经吸收了佛教的道德观念，但是对佛教的超世哲学却未加理睬。佛教传入中国虽已有千百年的历史，而且千千万万的佛教寺庙也占据着城市和山区的最好位置，但是佛教的基本哲学和宗教在中国人的思想里仍然是陌生的。学者们对佛教保持友善或容忍的态度，一般老百姓把它当作中国的诸多宗教之一来崇拜。但是它始终还是外国的东西。在重实用的中国人看起来，佛教的超知识主义并无可用。超知识主义所以能在中国存在，是因为它含有道德教训，同时遇到苦难的时候，可以作精神上的避风港。中国人只想把外国因素吸收进来充实自己的思想体系，但是他们绝不肯放弃自己的思想体系而完全向外国投降。

中国人凭借容忍的美德，对于无法吸收的任何思想体系都有巧妙的应付办法。他们先吸收一部分，让余留的部分与本国产物和平共存。因此亿万人口中的一部分就接纳了外国的思想文化，成为佛徒、回教[1]徒，或基督教徒，大家和睦相处，互不干扰。

中国历史上最有趣味的两件事，一件是关于道家思想的。我们把它劈成两半。一半为老庄哲学，以此立身，为任自然而无为；以此治国为无为而治。另一半成为道教，起于东汉张道陵之五斗米道。流入特殊社会而成帮会，两千年来，揭竿而起，改朝换代，都是与帮会有关系的。流入通俗社会则成道教。既拜神也拜佛，台湾之"拜拜"即此。通俗所迷信之阎罗王，本为印度婆罗门教冥府之司狱吏，由佛教于无意中传来中国而入了道教。至轮回之说，入了道教而亦忘其来源矣。

第二件是把佛教也劈成两半。宗教部分入了道教，哲学部分则合道家而入了儒家。老子之无为主义，凑合了佛家之无为主义，使佛学在中国思想系统里生了根。故宋儒常把老佛并称。

自宋以来之儒家，可以说没有不涉猎道家哲学与佛学的。儒家之洒脱思想，实因受其影响而来。

中国之学人，以儒立身，以道处世，近年以来加上了一项以科学处事。美国本年6月份《幸福》杂志，以幽默的口气，谓台湾有人对美国人说，台湾的建设靠三子：一孔子，二老子，三鬼子。问什么叫鬼子，则笑谓洋鬼。

现在让我们再回头看一看过去五十年间西方文化传入中国的情形。在衣着方面过去三十年间西化的趋势最为显著。呢帽和草帽已经取代旧式的帽子和头巾。昔日电影中所看到的辫子已失去了踪迹。女

---

[1] 回教是伊斯兰教在我国的旧称，1956年以后统称伊斯兰教。——编者注

人都已烫了头发，短裙、丝袜和尼龙袜已使中国妇女有机会显示她们的玉腿。女人的足更已经历一次重大的革命，西式鞋子使她们放弃了几千年来的缠足恶习，结果使她们的健康大为改善。健康的母亲生育健康的子女，天足运动对于下一代的影响至为明显。现代的儿童不但比从前的儿童健康，而且远较活泼，不但行动比较迅速，心智也远较敏锐。

在社交方面，男女可以自由交际，与过去授受不亲的习俗适成强烈的对照。民法中规定，婚姻不必再由父母安排；青年男女成年以后，有权自行选择对象。男女同校已经成为通例，男女分校倒成了例外。

在住的方面，一向左右屋基选择的风水迷信已经渐为现代的建筑理论所替代。在若干实例中，古代的艺术风格固然因其华丽或雄伟而保留了下来，但是大家首先考虑的还是阳光、空气、便利、舒适、卫生等要件。现代房屋已经装置抽水马桶、洋瓷浴盆和暖气设备。硬背椅子和硬板床已经渐为沙发及弹簧床垫所取代。

中国菜肴花样繁多，因为我们随时愿意吸收外国成分。西菜比较简单，我想主要是因为不大愿意采用外国材料的缘故。不错，茶是好几世纪以前从中国传入欧洲的。香料也是由东方传去。哥伦布就是为了找寻到印度的通商捷径而无意中发现新大陆的。有人告诉我，渥斯特郡辣酱油[1]也是从中国酱油发展而来的。但是除此以外，西菜始终很少受东方的影响。美国的"杂碎"店固然数以万计，而且美国人

---

[1] 渥斯特郡辣酱油，今通译为伍斯特郡酱，是一种英国调味料。——编者注

也很喜欢"杂碎",但是除此以外,他们就很少知道别的中国菜了。

中国却一直不断地在吸收外国东西,有时候经过审慎选择,有时候则不分皂白,乱学一气——不但食物方面如此,就是衣着、建筑、思想、风俗习惯等等也是如此。吸收的过程多半是不自觉的,很像一棵树通过树根从土壤吸收养分。吸收养分是成长中树木的本能,否则它就不会再长大。

中国由新疆输入外国文化并加吸收的过程很缓慢,千余年来只点点滴滴地传入了少许外国东西。因此她是逐步接受这些东西的,有时间慢慢加以消化,大体上这是一种不自觉的过程,因此并未改变中国文化的主流,很像磁石吸收铁屑。铁屑聚集在磁石上,但是磁石的位置并未改变。

由华东沿海输入的西方文化,却是如潮涌至,奔腾澎湃,声势慑人;而且是在短短五十年之内涌到的。西方文化在法国革命和工业革命之后正是盛极一时,要想吸收这种文化,真像一顿饭要吃下好几天的食物。如果说中国还不至于胀得胃痛难熬,至少已有点感觉不舒服。因此中国一度非常讨厌西方文化,她惧怕它,诅咒它,甚至踢翻饭桌,懊丧万分地离席而去,结果发现饭菜仍从四面八方向她塞过来。中国对西方文化的反感,正像一个人吃得过饱而闹胃痛以后对食物的反感。1898年的康梁维新运动,只是吃得过量的毛病;1900年的"义和团之乱",则是一次严重而复杂的消化不良症,结果中国硬被拖上手术台,由西医来开刀,这些西医就是八国联军。这次医药费相当可观,共计四亿五千万两银子,而且她几乎在这次手术中丧命。

张之洞"中学为体,西学为用"的主张,事实上也不过是说:

健全的胃比它所接受的食物对健康更重要。因此中国很想稳步前进，不敢放步飞奔。但是西方文化的潮流却不肯等她。西潮冲激着她的东海岸，泛滥了富庶的珠江流域和长江流域，并且很快弥漫到黄河流域。虽然她最近闹了一场严重的胃病，她也不得不再吃一点比较重要的食物。

到了1902年，胃口最佳的学生已为时代精神所沾染，革命成为新生的一代的口头禅。他们革命的对象包括教育上的、政治上的、道德上的，以及知识上的各种传统观念和制度，过去遗留下来的一切，在这班青年人看起来不过是旧日文化的骸骨，毫无值得迷恋之处。他们如饥如渴地追求西方观念，想借此抵消传统的各种影响。

五口通商后不久，中国即已建立兵工厂、码头、机器厂和外语学校，翻译了基本科学的书籍，而且派学生留学美国。因为她在抵抗西方列强的保卫战中屡遭败北，于是决定先行建立一支海军。一支小型的海军倒是真的建立起来了，结果却在1894年被日本所毁灭。日本是无法容忍中国有海军的。

海军既然建不成，中国就进一步进行政治、陆军和教育上的改革。北京的清朝政府开始准备采取西方的立宪政制，建立了新的教育制度，组织了现代化的军队和警察，并且派遣了大批学生出洋留学。这可算是中国文化有史以来首次自觉地大规模吸收外国文明，其结果对往后国民生活发生了非常深远的影响。

最重要的是教育上的改革，因为这些改革的计划最完善，眼光最远大，而且是针对新兴一代而发的，传统观念对这班年轻人的影响最小。后来这班年龄相若的学生逐渐成长而在政府中掌握大权，他们又采取了更多的西洋方法，使较年轻的一代有更佳的机会吸收新的观念思想。这年轻的一代接着握权以后，他们又进一步从事西化工作，更多的新措施也随之介绍到政府、军队和学校等部门。因此新兴的每一代都比前一代更现代化。

1919年北京的学生运动，北大教授所强调的科学和现代民主观念，以及胡适教授所提倡的文学革命，只是自觉地致力吸收西方思想的开端，这种努力在过去只限于工业和政治方面。这次自觉的努力比较更接近中国文化的中心，同时中国文化史也随之转入新页。因为中国正想借此追上世界潮流。中国文化把罗盘指向西方以后，逐渐调整航线，以期适应西方文化的主流。在今后五十年内，它在保持本身特点的同时，亦必将驶进世界未来文化共同的航道而前进。

到目前为止，中国已经从西化运动中获得很多好处。妇女与男子享受同等的社会地位，享受结婚和再嫁的自由，并且解放缠足，这就是受到西方尊重妇女的影响而来的。西方医药也已阻遏了猖獗的时疫，麻醉药的应用已使千万病人在施行手术时免除痛苦。机器和发明已经改进了生产技术，对于人民的生活提供了重大的贡献。现代作战武器增加了杀伤的能力，因而也招致了更大的生命损失。现代科学已经拓宽了知识范围；中国的历史、哲学和文学的研究工作已采用了科学方法。大家一向信守不疑的迷信，也因科学真理的启示而渐渐失势。我们吸收西方思想的能力愈强，我国的文化亦将愈见丰富。中国的现代化工作愈广泛彻底，则与中国国民生活着不解缘的贫穷和疾病两大祸患亦将随之逐渐消灭。在这一方面，我认为现代化运动和西化运动，即使并非完全相同，也是不可分的，因为现代化运动肇始于西化，而且已经毫无间断地向前迈进。中国无法取此而舍彼。

西方被迫现代化，多少有点像中国之被迫西化。现代发明浪潮所经之处，随即改变了生产的方式，招致分配和控制的问题，并进而引起其他新的问题。人类必须适应日新月异的环境，进步就是由环境的不断改变和人类适应新的环境产生的。你不妨看一看法国革命以后的欧洲情形，你或许会发现自从罗马帝国以来，欧洲大陆在表面上几无多大改变。但是你如果再仔细看看工业革命以后五十年来的欧洲情形，你一定会发现许多显著的变化。再隔五十年之后，你又会发现整个欧洲大陆和美洲都已经遍布了铁路网，一列列的火车则像千万条蜈蚣爬行在铁路上。烟囱高耸入云的工厂像蜂房一样集中在工业大城里。装载工业成品的轮船在港口穿梭进出，准备把工厂产品运送到世界的每一角落。

半世纪以前，这些轮船曾经把自来火[1]、时辰钟、洋油灯[2]、玩具，以及其他实用和巧妙的外国货带到中国。我童年时代在安宁的乡村里就曾经玩过这些洋货。我们天真而不自觉地吸收这些新鲜的玩意儿，实际上正是一次大转变的开端，这次转变结果使中国步上现代化之途，同时也经历了相伴而生的苦难、扰攘、危险，以及旧中国恬静生活的迅速消逝。

中国在此以前所吸收的外国东西，不论是自觉的或是不自觉的，都曾使人民生活更见充实丰富，而且并未导致任何纷扰。但是自

---

[1] 自来火，指火柴，当时也叫"洋火"或"洋取灯"。——编者注

[2] 洋油灯，指煤油灯。——编者注

从西方工业制品和思想制度传入以后，麻烦就来了。正像现代的磺胺药品[1]，它们固然可以治病，但是有时候也会引起严重的副作用，甚至致人于死。中国所面临的问题就是如何吸收西方文化而避免严重的副作用。此项工作有赖于实验与科学研究，因为实验和科学研究是推动心理、社会、工业各项建设的基本工具。不过这些工具仍然是西方的产物。

（二）道德与理智

我在加州大学伦理学班上初次读到希腊哲学家的著作时，我开始觉得中国古代思想家始终囿于道德范围之内，希腊哲学家则有敏锐深刻的理智。后来我读了更多有关希腊生活和文化的书籍以后，更使我深信古代中国思想和古希腊思想之间，的确存在着这种鲜明的对照，同时我相信就是东西文化分道扬镳的主要原因。这种说法也许过于武断，但是据我后来的经验来说，我并未发现有予以修正的必要，而且我至今仍如此深信不疑。

我从美国留学回来以后，曾不断努力使国人了解发展理智的重要，无论是上课或写作，我总是经常提到苏格拉底、柏拉图和亚里士多德等名字，以致若干上海小报讥讽我是"满口柏拉图、亚里士多德的人"。我发现并没有多少人听我这一套，结果只好自认失败而放弃了这项工作，同时改变策略转而鼓吹自然科学的研究。事实上这是一

---

[1] 磺胺药品，一类用于预防和治疗细菌感染性疾病的药物，应用广泛，但可能引起过敏或肾脏损伤等。——编者注

种先后倒置的办法，我不再坚持让大家先去看看源头，反而引大家先去看看水流。他们看到水流以后，自然而然会探本穷源。

有人曾经请教一位著名的中国科学家，为什么中国未曾发展自然科学。他提出四个理由：第一，中国学者相信阴阳是宇宙中相辅相成的两大原则。第二，他们相信金、木、水、火、土，五行是构成宇宙的五大要素，并把这种对物质世界的分析应用到人类生活以及医药方面。第三，中国人的粗枝大叶，不求甚解。这是精确计算的大敌。第四，中国学者不肯用手，鄙夷体力劳动。

这些很可能都是自然科学发展的障碍，但是即使没有这些障碍，我也不相信自然科学就能发展起来，因为我们根本就没有注意到这方面的工作。

我们中国人最感兴趣的是实用东西。我在美国时常常发现，如果有人拿东西给美国人看，他们多半会说："这很有趣呀！"碰到同样情形时，中国人的反应却多半是："这有什么用处？"这真是中国俗语所谓智者见智，仁者见仁。心理状态的不同，所表现的兴趣也就不同了。我们中国对一种东西的用途，比对这种东西的本身更感兴趣。

中国思想对一切事物的观察都以这些事物对人的关系为基础，看它们有无道德上的应用价值，有无艺术价值，是否富于诗意，是否切合实用。古希腊的科学思想源于埃及与巴比伦。巴比伦的天文学和埃及的几何学，和中国天文数学一样，都以实际应用为目的。但是希腊学者具有重理知的特性，他们概括并简化各种科学原则，希望由此求出这些科学的通理。这种追求通理的过程为天然律的发现铺平了道路。

对希腊人而言,一共有两个世界,即官觉世界与理性世界。官觉有时会弄玄虚;所以哲学家不能信赖他的官觉的印象,而必须发展他的理性。柏拉图坚主研究几何学,并不是为了几何学的实际用途,而是想发展思想的抽象力,并训练心智使之能正确而活泼地思考。柏拉图把思想的抽象力和正确的思考能力应用在伦理与政治上,结果奠定了西方社会哲学的基础;亚里士多德把它们应用在研究具体事物的真实性上,结果奠定了物质科学的基础。

亚里士多德相信由官觉所得知识的真实性。他并有惊人的分析的理智力,他的这种理智力几乎在任何学问上都留有痕迹。他认为正确的知识不但需要正确地运用理性,同时也牵涉官觉的正确运用;科学的进步则同时仰赖推理能力和观察能力的发展。亚里士多德从应用数学演绎出若干通则,研究与探讨这些原则是一种心智的锻炼,他便由此训练出一种有力而深刻的理智力。凭着这种训练有素的理智力以及官觉的正确运用,他创造了一套成为现代化科学基础的知识系统。使西方思想系统化的逻辑和知识理论,也同是这种理智锻炼的产物。

中国思想集中于伦理关系的发展上。我们之对天然律发生兴趣,只是因为它们有时可以作为行为的准则。"四书"之一的《大学》曾经提出一套知识系统,告诉我们应该先从格物着手,然后才能致知。知识是心智发展的动力。

到此为止,我们所谈的还是属于知识方面的。讨论再进一步以后,道德的意味就加强了。心智发展是修身的一部分,修身则是齐家的基础。齐家而后方能治国,国治而后方能平天下。从格物致知到平天下恰恰形成一个完整的，非常实际的，道德上的理想体系。在中国人看起来，世界和平绝非梦想，而是实际的道德体系。因为国家的安定必然是与国际和平密切关联的。离开此目标的任何知识都是次要的或无关痛痒的。

在这种学问态度之下，查问地球究竟绕日而行，抑或太阳绕地球而运行，原是无关痛痒的事。

再说，我们何苦为沸水的膨胀而伤脑筋？瓦特实在太傻了！我们中国人倒是对沸水的嘶嘶声更感兴趣，因为这种声音可以使我们联想到煮茗待客的情调。那该多么富于诗意！

苹果落地是自然的道理，中国人可以在这件事情中找出道德意义。他们会说，一样东西成熟了，自然就掉下来。因此，你如果好好地做一件事情，自然就会得到应有的结果，为此多伤脑筋毫无好处。如果你家花园里的苹果不是往地下落，而是往天上飞，那倒可能使中国人惴惴不安，认为老百姓即将遭逢劫难。彗星出现，或者其他习见情形失常，中国人就是如此解释的。只有牛顿这种人才会从苹果落地想到地心吸力上面去。

我一度鼓吹发展理智，结果徒劳无功，原因不言而喻。这些古希腊人物和他们的学说对中国有什么用？在我们中国人的眼光里，自然科学的价值只是因为它们能够产生实际的用途。希腊哲学家离现代自然科学太远了，他们还有些什么实际用途呢？我们中国人对科学的用途是欣赏的，但是对为科学而科学的观念却不愿领教。中国学者的座右铭就是"学以致用"。

在这样的心理状态之下，中国未能发展纯粹科学是毫不足奇的，因为纯粹科学是知识兴趣的表现，而非实际应用的产物。我们曾经建造长城和运河，也曾建设伟大的水利工程；我国建筑式样的宏丽，我们的宫殿和庙宇，都曾获得举世人士的激赏。这些工程足与世界上最伟大的工程成就相提并论。但是它们并不是纯粹科学的基础上发展而来的。因此它们无论如何伟大，也没有进一步发展的可能，直到现代工程技术输入以后，才见转机。如果没有纯粹科学，现代工程科学根本无法达到目前的巅峰状态。中国人所发明的指南针和火药曾使全世界普受其利，但是发现火药爆炸的膨胀原理，把这原理应用于沸水，并进而发明蒸汽机的，结果还是西洋人。

在中国，发明通常止于直接的实际用途。我们不像希腊人那样肯在原理原则上探讨；也不像现代欧洲人那样设法从个别的发现中归纳出普遍的定律。现代欧洲人的这种习性是从古希腊继承而来的，不过较诸希腊时代更进步而已。中国人一旦达到一件新发明的实用目的，就会马上止步不前；因此中国科学的发展是孤立无援的，也没有科学思想足为导向的明灯。科学发展在中国停滞不进，就是因为我们太重实际。

我并不是说中国人不根据逻辑思考，而是说他们的思想没有受到精密的系统的训练。这缺点已经反映在中国哲学、政治组织、社会组织，以及日常生活之中。世界其余各地的人民普遍享受现代科学的光明和工业社会的福利以后，这种缺点在中国已经更见显著。

除了重实际之外，我们中国人还充满着强烈的道德观念。也可以说正因为我们注重道德，我们才重实际。因为道德系指行为而言，行为则必然要凭实际结果来判断。希腊人在物理学和形而上学方面曾有离奇的幻想和推测，但是我们对行为却不可能有同样的幻想和推测。

有时候我们也可能闯出重实际重道德的思想常规，但是我们一旦发觉离开伦理范围太远时，我们马上就会收回心灵的触角。宋代的朱子就曾有一次超越道德的范围。他从山顶上发现的贝壳而推断到山脉的成因。他认为山势的起伏显示千万年以前的山脉一定是一种流体，山顶上的贝壳正可以证明，目前的山峰一度曾是深渊之底。至于这种流体何时凝结为山脉，如何凝结为山脉，以及海底如何突出水面而成高峰等等问题，他却无法解答了。他的推断也就到此为止，深恐冒险前进要栽筋斗。在朱子之前以及朱子之后都曾有过同样的观察自然的例子，但是中国思想家在理论方面的探讨一向是谨慎的，唯恐远离伦理关系的范围。

中国人当然不是缺乏理智的民族，但是他们的理智活动却局限于道德与实用的范围。他们像蚕一样作茧自缚，自立智识活动的界限。他们深爱他们的道德之茧，而且安居不出。中国人的生活就是一种乐天知命的生活。中国哲学的目标是安定。求进步？算了吧——进步势将招致对现状的不满，不满现状则会破坏安定，中国人很满意现实世界，从来不想对大自然做深入的探讨。中国未曾发展自然科学，只是因为她根本无意于此。

希腊人却大不相同。亚里士多德的思想可以上天入地，无远弗届。整个宇宙都是希腊理智活动的范围。希腊人觉得运用理智，本身就是一种快乐。他们不管它是否切合实际，也不管它与道德伦理有没有关系。据说古希腊数学家欧几里得的一位学生曾经这样问过老师:"我学这些东西能得到些什么呢?"欧几里得吩咐他的仆人说:"既然他一定要从所学的里面得到些东西,你就给他六个铜板让他走吧。"希腊人甚至对道德也发展了一套伦理学,以理智的研究来检讨道德的正确性。苏格拉底就是因此而招致了麻烦,被控以危险的研究毒害青年的心灵。

自然科学之能发展到目前的阶段,首先归功于希腊人对大自然的观念以及对有系统的智力训练的爱好,中间经过文艺复兴、宗教革命、法国革命,后来又受到工业革命的大刺激。工业革命使工具和技术逐渐改进。西欧在自然科学的后期发展中,从未忽视科学的实际用途。不断的发明和发现更进一步刺激了科学研究。理论科学和应用科学齐头并进,而相辅相成。

五口通商以后,现代科学开始涓涓滴滴地流传到中国时,引起中国学者注意的还是科学的实用价值。他们建立了兵工厂和轮船码头。他们附带翻译了基本科学的书籍。究竟是太阳绕地球运行或者是地球绕太阳运行,他们仍未感觉兴趣。在他们看起来,那是无足轻重的,因为无论谁绕谁转,对人都没有实际的影响。三百多年前耶稣会教士把天文数学传到中国时,学者们马上发生兴趣,因为这些科学可以纠正当时中国日历上的许多错误。不但计算日子、月份、年份缺不得日历,就是播种收获,日历也是不可或缺的。

20世纪初叶,进化论传入中国。我国学者马上发现它的实用的道德价值。应用"物竞天择,适者生存"这项天然律,他们得到一项结论,知道世界各国正在互相竞争以求生存,而且经过天择之后只有适者才能生存。中国会不会是适者?她会不会生存呢?她必须竞争,为生存而竞争！进化论如需证据，只要看街头大狗和小狗打架，小狗会被大狗咬死，小虫碰到大虫，小虫会被大虫吃掉的事实。俗语说："大虫吃小虫，小虫吃眯眯虫。"这已经足够证明"物竞天择，适者生存"的正确性了，又何必向达尔文讨证据呢？他们就这样轻易地为达尔文的科学研究披上了一件道德的外衣。下面就是他们道德化的结果，他们说："弱肉强食。"中国既然是弱国，那就得当心被虎视眈眈的列强吃掉才行。

进化论的另一面则被应用于历史上，照中国过去学者的历史观，世运是循环的。受了达尔文学说影响以后，他们相信世运是依直线进行的，不进则退，或者停住不动。这种历史观的转变，对中国学者对进步这一观念发生了重大的影响。

阴阳和五行等观念显然是从直接观察大自然得来，拿这些观念来理性化宇宙的变幻和人类的行为已经绰有余裕。我们不必做精密的计算，更不必动手。我猜想，中国学者如果有兴趣从事体力劳动，他们宁愿去制作实用的东西，或者美丽的艺术品，而不愿在科学实验室里从事试验。大家仍旧只根据自己的兴趣去思想，去行动。磁针永远是指向磁极的。

这样的心理状态自然不是纯粹科学的园地。不过中国已在慢慢地、不断地改变她的态度，她已经从运用科学进而研究纯粹科学，从纯粹科学进而接触到新的思想方法，最后终于切实修正了她的心理状态。我们已经在道德宇宙的墙上开了一扇窗子，凭窗可以眺望长满科学与发明果实的理智的宇宙。

这种心理状态的改变已经使大自然有了新的价值，从此以后，大自然不再仅仅是道德家或诗人心目中的大自然，而且是纯粹科学家心目中的大自然。对现代中国人而言，宇宙不仅是我国先贤圣哲心目中的道德宇宙，而且是古希腊人心目中的理智宇宙。

道德家观察大自然的目的在于发现有利伦理道德的自然法则。科学家观察大自然则是为了发现自然法则，满足知识上的兴趣，也就是为知识而求知识。中国所吸收的现代科学已经穿越她那道德宇宙的藩篱，近代中国学人正深入各处探求真理。他们的思想愈来愈大胆，像一只小舟在浩瀚的海洋上扬帆前进搜寻秘密的宝藏。这种知识上的解放已经使年轻的一代对某些传统观念采取了批评的态度，对道德、政治和社会习俗予以严厉的检讨，其影响至为深远。年纪较大的一代忧虑宁静的道德乐园将被毁灭，惋叹太平盛世渐成过去，年轻的一代则为建筑新的知识之宫而竟日忙碌。

我想这就是西方对中国的最大贡献。

在相反的一方面，把中国的学问加以整理研究，也可能对现代科学世界提供重大的贡献，希腊人研究巴比伦和埃及科学的结果就是如此。近年来对中国建筑、医学和实用植物学的初步科学研究已经有了可喜的成绩。

世界各国的文化奠基于不同的宇宙观。中国人所想的是一个道德的宇宙，并以此为基础而发展了他们的文化。希腊人所想的是一个理智的宇宙，也以此为基础发展了他们的文化。今日欧洲人的道德观念导源于基督教教义——一个上帝所启示的道德的宇宙。但中国人的道德宇宙是自然法则所启示的。基督徒努力想在地球上建立一个天国，中国人却只想建立一个和平安定的王国。

中国道德观念本诸自然，基督的道德观念则本诸神权；在中国人看起来，神只是大自然的一部分，在基督徒看起来，大自然却是上帝所创造的。由此可见基督教教条与科学之间的矛盾必然是很严重的，西方历史已经一再证明如此；科学与中国的道德观念之间的矛盾却比较缓和，因为二者的出发点都是大自然，所不同的只是发展的方向。

有人说过，基督教思想是天国的或神国的，中国思想是为人世的，希腊思想是不为人世的，换言之，即越出人世以外的。引导人类发现自然法则的就是这种超越人世的思想。自然法则是现代科学的基础。有了现代科学，然后才有现代发明。这种不为人世的思想在科学上应用的结果，如果说未为世界带来和平与安定，至少也已为世界带来繁荣。

据我个人的看法，欧洲文化的发展过程就是基督教的道德宇宙与希腊的理智宇宙之间的一部斗争史。文艺复兴、宗教革命和法国革命，都不过是长久淹没在道德宇宙下的理智宇宙的重现而已，这些运动事实上只是同一潮流中的不同阶段。最后工业革命爆发，理智宇宙经过几百年的不断发展，终于涌出水面，奔腾澎湃，横扫全球。工业革命狂潮的前锋，在我童年时代前后已经突然冲到中国；它冲破了我们的道德宇宙，破坏了我们的安定生活；《西潮》所讲的正是这些故事。

道德宇宙不可能产生理智宇宙的果实，理智宇宙也不可能产生道德宇宙的果实。科学之果只能在理智之园成长，在基督教教条或中国的道德观念之下，不可能产生任何科学。

不错，我们发现古时的墨子也有过科学思想，但是那只是他哲学体系中无关紧要的一部分，这些科学思想只是行星的卫星，墨子的哲学体系基本上仍旧是属于道德方面的。

科学的发展有赖于人们全力以赴，需要对超越人世以外的真理持有梦寐以求的热忱；并且有赖于不屈不挠无休无止的思维和不偏不倚的精神去探索真理；无论身心，均须不辞劳瘁，愈挫愈奋。换一句话说，科学是人的整个灵魂从事知识活动的结果。仅凭玩票的态度，或者偶尔探讨大自然的奥秘，或者意态阑珊，不求甚解，绝不可能使人类荣获科学的桂冠。

在现代科学影响之下，中国正在建立起一个新的道德体系。扬弃了迷信和那些对大自然似是而非的推断，经过理智探究的考验，并受到社会科学结论的支持，这些结论是根据对社会的实地调查而获得的。

在另一方面，我们绝不可忘记中国旧的道德体系，这个旧体系是经过千百年长期的经验和历代不断的努力而建立起来的，建立过程中所运用的方法或工具包括四书五经、一般文学、雕刻、音乐、家庭、戏剧、神佛、庙宇，甚至玩具，这个道德体系曾使中国人诚实可靠，使中国社会安定平静，并使中国文化历久不衰。道德观念如忠、孝、仁、义、诚、信、中庸、谦冲、诚实等等，都曾对中国人的心情个性有过重大贡献。现代科学所导致的知识上的忠实态度，自将使几千年来道德教训所产生的这些美德更为发扬光大。

一片新的知识园地将与新的道德观念同时建立起来，以供新中国富于创造能力天才的发展。我们将在儒家知识系统的本干上移接西方的科学知识。儒家的知识系统从探究事物或大自然出发,而以人与人的关系为归趋;西方的科学知识系统也同样从探究事物或大自然出发,但以事物本身之间的相互关系为归趋,发展的方向稍有不同。

道德宇宙与理智宇宙将和在西方一样在中国平行并存,一个保持安定,一个促成进步。问题在于我们是否能觅得中庸之道。

(三)中国人的人情

我们说,学以致用,那么所谓"用"又是什么呢?这里有两大原则:第一是有益于世道人心,第二是有益于国计民生。这是为世俗所熟知的,亦即《左传》里所说的"正德利用厚生"。这两大原则是先贤圣哲几千年来训诲的总结,他们所说所论最后总是归结到这两点。学者们从先贤学到这些原则,然后又把所学传播给老百姓。老百姓在这种影响之下已逐渐而不自觉地形成一种重常识与重人情的心理。他们根据上述两大原则,随时要问这样东西有什么用,那样东西有什么用。

轮船火车传到中国时,大家都很愿意搭乘,因为它们走得比较快。他们采用洋油灯,因为洋油灯比较亮。电话电报使消息传递更为便利,而且不像邮寄或者专差送递那样迟缓。有了钟表以后,可以不必看太阳就知道正确的时刻。大家购买西方货品,因为它们能够满足日常生活中的实际需要。

传教士到了中国以后,到处设立学校和医院。中国人异口同声地说:这些人真了不起啊,他们为患病者诊疗,又使贫穷的子弟受教育。当中国人上礼拜堂听福音时,许多人的眼睛却瞅在医院和学校上面。他们的手里虽然拿着《圣经》，眼睛却偷偷地瞅着牧师从西方故乡带来的实用货品。我父亲与当地的一位牧师交了朋友，因为这位牧师替我们修好了抽水机，并且还送给我们咳嗽糖和金鸡纳霜。他非常诚实，而且对邻居很客气。最后一点非常重要，因为中国人不但实际，而且最重道德。那么，他们所宣扬的宗教怎么样？哦，那是一个好宗教，它是劝人为善的。那么，他们的上帝呢？哦，当然，当然。你说他们的上帝吗？他是个好上帝呀。我们要把它与其他好神佛一齐供奉在庙宇里。我们应崇拜它，在它的面前点起香烛。但是它不肯与你们的偶像并供在庙宇里又怎么办呢？那么，我们就给它也塑个偶像吧！不行，那怎么可以？它是无所不能，无所不在的。上帝就在你身上，而不是在偶像上。哦，是的，是的。不过它不在我身上时，也许喜欢托身在偶像上呢。不，它住在天堂。是，是，我知道，其他神佛不也都是住在天上吗？不过，他也许愿意到下界来玩玩，拿庙宇作旅馆暂住，那时候我们就可以在庙宇里祭拜它了。不行，它是独一无二的神——你崇拜它，就不能崇拜其他的神佛。

这可使中国人颇费踌躇了。最后他们说，好吧，你们崇拜你们的上帝，我们还是崇拜我们的神佛算了。"信者有，不信者无。"中国对宗教的包容并蓄，其故在此。

西方人所了解的现代法律观念在中国尚未充分发展。中国人以为最好是不打官司。不必诉诸法律就能解决纠纷不是很好吗？还是妥协算了！让我们喝杯茶，请朋友评个理，事情不就完了？这样可以不必费那么多钱，不必那么麻烦，而且也公平得多。打官司有什么用？你常常可以在县城附近的大路旁边看到一些石碑，上面刻着"莫打官司"四个大字。

这或许就是中国人不重法律的原因。但是现代工商业发达以后，社会也跟着变得复杂了，处理复杂的社会关系的法律也成为必需的东西，法律成为必需时，通达人情的中国人自将设法发展法律观念。但是，如果能凭饮杯茶，评个理就解决事端，法院的负担不是可以减轻了吗？

"己所不欲，勿施于人。"批评家说这是消极的，"己之所欲，施之于人"才算积极。不错，这说法很正确。但是中国人基于实际的考虑，还是宁愿采取消极的作风。你也许喜欢大蒜，于是你就想强迫别人也吃大蒜，那是积极的做法。我也许觉得大蒜味道好，别人却未必有同样的感觉；他们也许像太太小姐怕老鼠一样怕大蒜。如果你不爱好臭味冲天的大蒜，难道你会高兴别人硬塞给你吃吗？不，当然不。那么，你又何必硬塞给别人呢？这是消极的，可是很聪明。因为坚持积极的办法很可能惹出麻烦，消极的作风则可避免麻烦。

以直报怨，以德报德。自然，更高的理想应该是爱敌如己。但是历史上究竟有多少人能爱敌如己呢？这似乎要把你的马车赶上天边的一颗星星，事实上，那是达不到的。以直报怨则是比较实际的想法。所以中国人宁舍理想而求实际。

音乐有没有用处？当然很有用。它可以陶冶性情，可以移风易俗。

艺术有没有用处？当然很有用。艺术可以培养人民的高尚情操，有益于世道人心。花卉草木、宫殿庙宇、山水名画、诗词歌赋、陶瓷钟鼎、雕塑篆刻等等都足以启发人的高尚情操。

一个人为什么必须诚实呢？因为你如果不诚实，不可靠，人们就不会相信你，你在事业上和社交上也会因此失败，不诚实是不合算的。诚实不但是美德，它的实际效果对人与人之间的关系也有很大的价值。

中国人爱好幽默。为什么？因为幽默的话不会得罪人；而且你可从幽默中觅得无限的乐趣。你如果常常提些无伤大雅而有趣的建议，你一定可以与大家处得更好。幽默使朋友聚晤更觉融洽，使人生更富乐趣。

有恒为成功之本。只要有恒心，铁杵磨成针。

有一个夏天下午，杜威教授、胡适之先生和我三个人，在北平西山看到一只屎蜣螂正在推着一个小小的泥团上山坡。它先用前腿来推，然后又用后腿，接着又改用边腿。泥团一点一点往上滚，后来不知怎么一来，泥团忽然滚回原地，屎蜣螂则紧攀在泥团上翻滚下坡。它又从头做起，重新推着泥团上坡，但结果仍旧遭遇同样的挫败。它一次接一次地尝试，但是一次接一次地失败。适之先生和我都说，它的恒心毅力实在可佩。杜威教授却说，它的毅力固然可嘉，它的愚蠢却实在可怜。这真是智者见智，仁者见仁。同一东西却有不同的两面。这位杰出的哲学家是道地的西方子弟，他的两位学生却是道地的东方子弟。西方惋叹屎蜣螂之缺乏智慧，东方则赞赏它之富于毅力。

中国人多半乐天知命。中国人如有粗茶淡饭足以果腹，有简陋的房屋足以安身，有足够的衣服可以御寒，他就心满意足了。这种安于俭朴生活的态度使中国亿万人民满足而快乐，但是阻滞了中国的进步。除非中国能够工业化，否则她无法使人民达到高度的物质繁荣。或许在今后的一段长时间内，她的亿万人民仍须安贫乐道。

中国人深爱大自然，这不是指探求自然法则方面的努力，而是指培养自然爱好者的诗意、美感或道德意识。月下徘徊，松下闲坐，静听溪水细语低吟，可以使人心神舒坦。观春花之怒放感觉宇宙充满了蓬勃的精神；见落叶之飘零则感觉衰景的凄凉。

中国人从大自然领悟到了人性的崇高。北京有一个天坛，是用白色大理石建造的，这个天坛就是昔日皇帝祭天之所。一个秋天的夜晚，万里无云，皓月当空，银色的月光倾泻在大理石的台阶上，同时也弥漫了我四周的广大空间。我站在天坛的中央，忽然之间我觉得自己已与天地融而为一。

这次突然升华的经验使我了解中国人为什么把天、地、人视为不可分的一体。他们因相信天、地、人三位一体，使日常生活中藐不足道的人升入庄严崇高的精神境界。茫无边际的空间、灿烂的太阳、澄明的月亮、浩繁的星辰、葱翠的树木、时序的代谢、滋润五谷的甘霖时雨、灌溉田地的江河溪涧、奔腾澎湃的海浪江潮、高接云霄的重峦叠嶂，这一切的一切，都培养了人的崇高精神。人生于自然，亦养于自然；他从大自然学到好好做人的道德。大自然与人是二而为一的。

大自然这样善良、仁慈、诚挚，而且慷慨，人既然是大自然不可分的一部分，人的本性必然也是善良、仁慈、诚挚，而且慷慨的。中国人的性善的信念就是由此而来。邪恶只是善良的本性堕落的结果。中国伟大的教育家和政治家始终信赖人的善良本性，就是这个缘故。伟大政治家如孙中山先生，伟大教育家如蔡孑民[1]先生，把任何人都看成好人，不管他是张三、李四，除非张三或李四确实证明是邪恶的。他们随时准备饶恕别人的过错，忘记别人的罪愆。他们的伟大和开明就在这里。所以我国俗语说"宰相腹内可撑船"，又用"虚怀若谷"来形容学者的气度。

大自然是中国的国师。她的道德观念和她的一切文物都建筑于大自然之上。中国文化既不足以控制自然，她只好追随自然。中西之不同亦即在此。道德家和诗人的责任是追随自然，科学家的责任则是控制自然。中国年轻一代在西方文明影响之下，已经开始转变——从诗意的道德的自然欣赏转变到科学的自然研究。中国此后将不单凭感觉和常识的观察来了解自然，而且要凭理智的与科学的探讨来了解自然。中国将会更真切地认识自然，更有效地控制自然，使国家臻于富强，使人民改善生活。

有人以为科学会破坏自然的美感，其实未必如此。我现在一面握笔属稿，一面抬头眺望窗外，欣赏着花园中在雨后显得特别清新的松树和竹丛。在竹丛的外边，我还可以看到长江平静徐缓地在重庆山城旁边流过。大自然的美感使我心旷神怡。但是我如果以植物学观点来观察树木，我会想到它们细胞的生长、树液的循环，但是这种想法并不至于破坏我的美感。如果我以地理学的观点来看长江，我可能想到挟带污泥的江水之下的河床，亿万年之前，这河床或许只是一块干

---

[1] 蔡孑民，即蔡元培，号孑民。——编者注

燥的陆地，也可能是深海之底。这些思想虽然在我脑海掠过，但是长江优美的印象却始终保留在我心里，甚至使我产生更丰富的联想。如果说对于细胞作用的知识足以破坏一个人对松树或竹丛的美感，那是不可想象的。我觉得科学的了解只有使大自然显得更奇妙更美丽。

中国人因为热爱大自然的美丽，同时感觉大自然力量之不可抗拒，心里慢慢就形成了一种强烈的宿命论。无论人类如何努力，大自然不会改变它的途径。因此，洪水和旱灾都不是人力所能控制的，人们不得不听任命运的摆布。既然命中注定如此，他们也就不妨把它看得轻松点。天命不可违，何必庸人自扰？我们发现中国的许多苦力也笑容满面，原因在此。苦难是命中注定的，何不逆来顺受？

抗战期间，中国人民表现了无比的忍受艰难困苦的能力，秘密就在此。尽力而为之，其余的听天由命就是了。你最好乐天知命，秋天的明月、六月的微风、春天的花朵、冬天的白雪，一切等待你去欣赏，不论你是贫是富。

二次大战期间看现代文化

（节选）

现代文化肇始于欧洲，美国文化不过是欧洲文化的一支而已。中国文化是中华民族自己发展出来的，历史悠久，而且品级很高。现代思潮从欧美涌到后，中国才开始现代化。在过去五十年内，她已经逐渐蜕变而追上时代潮流，在蜕变过程中曾经遭受许多无可避免的苦难。中国已经身不由主地被西潮冲到现代世界之中了。

"现代文化"是个笼统的名词。它可以给人许多不同的印象。它可以指更多更优良的作战武器，使人类互相残杀，直至大家死光为止。它也可以指更优越的生产方法，使更多的人能够享受安适和奢华，达到更高的生活水准。现代文化也可以指同时促成现代战争和高级生活水准的科学和发明。它可以代表人类追求客观真理，控制自然的欲望，也可以指动员资源和财富的交通建设和组织制度。对民主国家而言，它可以代表民主政治；对极权国家而言，它又可以代表极权政治。

　　这一切的一切，或者其中的任何一项，都可以叫现代文化——至于究竟什么最重要，或者什么最标准，似乎没有任何两个人的意见会完全相同。那么，在过去多灾多难的五十年中，中国究竟在做些什么呢？她可以说一直在黑暗中摸索，有时候，她似乎已掉进陷阱，正像一只苍蝇被蜜糖引诱到灭亡之路。有时候，她又似乎是被一群武装强盗所包围，非逼她屈服不可。她自然不甘屈服，于是就设法弄到武器来自卫。总而言之，她一直在挣扎，在暗中摸索，最后发现了"西方文化"的亮光，这亮光里有善也有恶，有祸也有福。

　　哪些是她应该努力吸收的善因，哪些又是她必须拒斥的祸根呢？这问题似乎没有一致的结论，个人之间与团体之间都是如此。她所遭遇的祸患，也可能在后来证明竟是福祉。……[1]在另一方面，她接纳的福祉在后来却又可能夹带着意想不到的祸患。例如我们因为过分相信制度和组织，竟然忘记了人格和责任感的重要。因缺乏对这些品德的强调而使新制度新组织无法收效的例子已经屡见不鲜。

　　少数以剥削他人为生的人，生活水准确是提高了。汽车进口了，但是他们从来不设法自己制造。事实上要靠成千的农夫，每人生产几百担谷子，才能够赚换一辆进口汽车的外汇。现代都市里的电灯、无线电、抽水马桶等等现代物质享受，也必须千千万万农夫的血汗来偿付。我们以入超[2]来提高生活水准，结果使国家愈来愈贫困。

---

[1] 此处有删减。——编者注

[2] 贸易逆差的旧式说法。——编者注

但是生活水准是必须提高的，因此而产生的祸害只有靠增加生产来补救。为了增加生产，我们必须利用科学耕种、农业机械和水利系统。

这种工作势将引起其他新的问题。我们吃足了现代文化的苦头，然而我们又必须接受更多的现代文化。我们如果一次吃得太多，结果就会完全吐出来。1900年的"义和团之乱"就是一个例子；如果我们吃得太少，却又不够营养。现代文化在中国所产生的影响就是这样。无论如何，中国还是不得不跟着世界各国摸索前进。

西方在过去一百年中，每一发明总是导致另一发明，一种思想必定引发另一种思想，一次进步之后接着必有另一次进步，一次繁荣必定导致另一次繁荣，一次战争之后必有另一次战争。唯有和平不会导致和平，继和平而来的必是战争。这就是这个世界在现代文化下前进的情形。中国是否必须追随世界其余各国亦步亦趋呢？

大家都在担忧发生第三次世界大战，如果另一次大战争真的发生的话，很可能仍像第一次大战一样爆发于东欧和中欧，也可能像第二次大战一样爆发于中国的东三省。中欧的人民想在别处找个生存空间，至于中国的东北，则是别国人民想在那里找生存空间。中欧是个人口稠密的区域，境内的纷扰很容易蔓延到其他区域；东三省则是辽阔的真空地带，很容易招惹外来的纷扰。二者都可能是战争的导火线，战争如果真的发生，势将再度牵涉整个世界，未来浩劫实不堪设想。

确保东方导火线不着火的责任，自然要落在中国的肩膀上。因此今后二三十年间，中国在政治、社会、经济和工业各方面的发展，对于世界和平自将发生决定性的影响。一个强盛兴旺的中国与西方列强合作之下，即使不能完全消弭战争的危机，至少也可以使战争危机大为减低。西方列强如能与中国合作，不但同盟国家均蒙其利，即对整个世界的和平亦大有裨益。西方国家在今后五六十年内至少应该协助中国发展天然资源，在今后二十年内尤其需要协助中国进行经济复员和社会重建的工作。

在西方潮流侵入中国以前，几百年来的祸患可说完全导源于满洲和蒙古。甲午中日战争之后，日本一跃而为世界强国，遂即与帝俄抢夺满洲的控制权，终至触发日俄之战。日本处心积虑，想利用东三省作为征服全中国的跳板，结果发生九一八事变。如果唐朝灭亡以后的历史发展能够给我们一点教训的话，我们就很有理由相信，东三省今后仍系中国的乱源，除非中国成为强大富足的国家，并且填补好满洲的真空状态。

在建立现代民主政治和工业的工作上，中国需要时间和有利的条件从事试验。这些条件就是和平和安全。国内和平有赖于国家的统一。国家安全则有赖于国际间的了解。只有在东北成为和平中心时，中国才有安全可言。

我们必须从头做起，设法把广大的东北领土从战乱之源转化为和平的重镇。在这件艰巨的工作上，我希望全世界——尤其是美国、英国和苏俄——能够与中国合作。如果它们肯合作，这件工作自然会成功，那不但是中国之福，也是全世界之福。

1921年，我承上海市商会及各教育团体的推选，并受广州中山先生所领导的国民党政府的支持，曾以非官方观察员身份列席华盛顿会议。翌年我又到欧洲访问现代文化的发祥地。那时刚是第一次世界大战结束后不久，欧洲各国正忙于战后复员，主要的战胜国则忙于确保永久和平。但是当时似乎没有一个国家意识到，实际上他们正在帮着散布下一次大战的种子。

法国已经精疲力竭，渴望能有永久和平。它目不转睛地监视着莱茵河彼岸，因为威胁它国家生存的危机就是从那里来的。法国的防御心理后来表现在马其诺防线上，它认为有了这道防线，就可以高枕无忧，不至于再受德国攻击了。秦始皇（前259—前210）筑长城以御鞑靼，法国则筑马其诺防线以抵御德国的侵略。但是中国的祸患结果并非来自长城以外，而是发于长城之内，法国及其"固若金汤"的防线，命运亦复如是。

英国忙于欧洲的经济复兴，并在设法维持欧陆的均势。战败的德国正在休养将息。帝俄已经覆亡。一种新的政治实验正在地广人众的苏俄进行。这就是第一次世界大战后的欧洲政治情势。

美国因为不愿卷入欧洲纷扰的旋涡，已经从多事的欧陆撤退而召开华盛顿会议，九国公约就是在这次会议中签订的。此项公约取代了英日同盟。所谓山东问题，经过会外磋商后，亦告解决，日本对华的"二十一条"要求终于静悄悄地被放进坟墓。巴黎和会中曾决定把青岛赠送给日本，所谓山东问题就是因此而起的。中国人民对巴黎和会的愤慨终于触发了学生运动，在中日关系上发生了深远的影响，同时在此后二十年间，对中国政治和文化上的发展也有莫大的影响。巴黎和会的决定使同情中国的美国政界人士也大伤脑筋，终至演化为棘手的政治问题。共和党和民主党都以打抱不平自任，承诺为中国伸雪因凡尔赛和约而遭受的冤抑。因此，美国固然从欧洲脱身，却又卷入了太平洋的旋涡。二十年后的珍珠港事变即种因于此。

美国虽然是国际联盟的倡导者，结果却并未参加国联的实际活动；法国唯一的愿望是避免纠纷，防御心理弥漫全国；英国的注意力集中在维持欧陆均势上面；结果国际联盟形同虚设。它只会喑喑狂吠却从来不会咬人。但是会员本身无法解决的问题，还是一股脑儿往国际联盟推，结果国联就成了国际难题的垃圾堆。中国无法应付东北问题的困难时，也把这些难题推到国联身上，因为日本是国联的会员国。法国对沈阳事变漠不关心，英国所关切的只是欧洲大陆的均势，唯恐卷入远东纠纷，因此国联连向日本吠几声的胆量都没有，结果只懒洋洋地打了几个呵欠，如果说那是默认既成事实，未始不可。

国联虽然一事无成，却是一个很有价值的教训。世界人士可以从它的失败中学习如何策划未来的和平。国联诞生于美国之理想，结果因会员国间利益之冲突，以及列强间的野心而夭折。

凡尔赛和约订立后约二十年间，世局演变大致如此。由凡尔赛和约播下的战争种子在世界每一角落里像野草一样蔓生滋长，这些野草终于着火燃烧，火势遍及全球。

但是政治究竟只是过眼云烟，转瞬即成历史陈迹。恒久存在的根本问题是文化。我们无法否认欧洲已经发展了现代科学和民主制度，为人类带来了许多幸福。

在我看起来，德国是个遍地是望远镜、显微镜和试验管的国家。它的发明日新月异，突飞猛进。上海人甚至把高级舶来品统称为"茄门货"（德国货）。德国人在物质发明上的确称得起能手，但是在人事关系上却碌碌无能。我想，这或许就是他们无法与其他国家和睦相处的原因。他们透过望远镜或显微镜看人，目光焦点不是太远就是太近，因而无法了解人类的行为和情感。他们不可能把国际关系或人类情绪放到试管里去观察它们的反应。在人类活动的广大领域里，德国人常常抓不到人性的要点或缺点。他们已经发展了其他民族望尘莫及的特殊才智，但是欠缺常识。他们的特长使他们在科学上穷根究底，对世界提供了许多特殊的贡献；但是他们在常识方面的欠缺，却使德国和其他国家同受其害。

英国人刚刚与德国人相反。他们是个常识丰富的民族，也是应付人事关系的能手。他们对国际事务的看法以及有关的政策富于弹性和适应性。他们从来不让绳子拉紧到要断的程度。如果拉着绳子另一端的力量比较强，英国人就会放松一点免得绳子拉断。如果拉着另一端的力量比较弱，英国人就会得寸进尺地把绳子拉过来，直至人家脱手为止。但是他们绝不会放弃自己拿着的这一端——他们会坚持到底，不顾后果。在国际关系和殖民政策上，英国人的这种特性随处可见。

英国人的特性中，除了弹性和适应性之外，同时还有容忍、中庸、体谅、公平以及妥协的精神。他们的见解从来不走极端，而且始终在努力了解别人的观点，希望自己能因此迁就别人，或者使别人来接受他们自己的观点。他们爱好言论自由和思想自由，憎恶无法适应不同情况的刻板规律。

英国的拘谨矜持几乎到了冷酷的程度，这是英国人最受其他民族讨厌的一种特性，而且常常因此引起猜疑误会。这种特性使英国人丧失了许多朋友。但是当你对他们有较深的认识时，或者说当他们对你了解较深时，你就会愿意与他们交朋友了。

这许多特性凑合在一起时，英国的民主政治才成为可能。因为民主不是抽象的东西，也不是天上掉下来的，民主政治包含着民主先进国家的所有特长。翻开英国的宪政史，你会发现其中充满了偏执、迫害、腐败和残忍的史实。许多生命，包括一位君主，曾经为民主牺牲。英国实行民主的经验的确值得我们好好研究。

不过，我们必须记住一项事实：英国的民主政治在联合王国达成统一之后才迅速发展，美国的民主政治也是在南北战争之后才突飞猛进。历史告诉我们：只有统一与安全同时并进时，有组织的民主政治才能实现。英国幸而是小岛组成的王国，四围有海洋保护着。在古代，外国侵入英国是不容易的，因此英国人得以永久安全，有足够的时间从事民主实验。在民主的孕育和实验期间，英国的生存始终未受外来侵略的威胁。

美国的情形也很相似。北美大陆本身就是一个大岛，周围的海洋使它不受外来的侵略。从英国来的早期殖民者带来爱好自由的种子，这些种子遂即滋长为自由大树，海洋则保护了这些大树，免受外来侵略者的斧斤之扰。经过约一百年的发荣滋长，美国的民主已经根深蒂固，不但人事方面普遍进行实验，即在物质方面也是如此，换一句话说，科学研究之风已吹遍美洲的每一角落。美国的民主固然由英国模型发展而来，美国的科学却受德国之惠不浅。

美国的高等教育制度是英国学院和德国大学的混合体。打个比喻，美国的学术服装是由一件英国袍子和一顶德国帽子凑合而成的。美国大学里男女学生的友好相处与交际自由，建立了自由研究的基础。知识不受严格的管制，人与人的关系是经由学生团体的自由接触而学到的，年轻一代的目光并未受到望远镜、显微镜或试验管的局限，凡是有兴趣的人都可以接受一种普遍文化的陶冶。

在大学部和研究院里，美国学生普遍接受研究方法的训练。德国学者的彻底精神普受赞许与提倡，但是这种彻底精神直到我进大学的时代才充分发挥。第一次世界大战期间，中国旧国旗中的红黄蓝白黑五色一度只剩下黑白两色。理由是德国颜料因战事关系已经无法再输入中国。纽约一位美国化学家告诉我，在德国，通常是好几位专家共同研究一种颜料，在美国却是一位化学家同时研究好几种颜料。这是二十多年前的事了，目前的情况已经有了改变，因为在过去二三十年间，美国人民已经深获德国彻底精神的诀窍。

英国民主和德国精神在美国携手并进，相得益彰。美国以其丰富的天然资源，强大的组织能力，以及对大规模建设的热诚，已经一跃而登民主国家的首座。有一天，重庆的美国大使馆举行酒会，会中一位英国外交官对我说："英国美国化了，俄国美国化了，中国也美国化了。"

"英国在哪一方面美国化了呢？"我问道。

"好莱坞电影就是一个例子。"他回答说。

"那么俄国呢——你是不是指大工业？"

"是的。"

这使我联想到中国的政治制度、教育制度、社会改革和工业发展，这一切都带着浓厚的美国色彩。但是我并没有忘记：中国也已使冲激着她海岸的汪洋染上了她自己的色彩。

这位英国外交官用手指着缀有四十八颗星星[1]的美国国旗，带点幽默地转身问站在他身边的一位美国高级将领说："这上面是六行星星，每行八颗。如果你们增加一个新的州时，你们预备怎么安排？"

"呃，我想它们排成七行，每行七颗星就成了。但是你问这个干什么？你心里所想的是哪一个新的州？"

"英格兰。"这位外交官回答说。我们大家都笑了。这当然只是一个笑话，但是从笑话里，我们可以看出时代的潮流。

……[2]全世界虽然历经战争惨祸，国际乌云之中已经透露出一线曙光了。希望这一线曙光，在大战胜利之后，能够渐渐扩大而成为光芒万丈的霁日。

美国已经决意参加未来的国际和平组织，它已经英勇地参加战斗，为永久和平而战斗。历史上的一个新时代正在形成中。中、美、英、苏俄如能合力谋求和平，再由一个有效的世界组织来维护和平，永久和平并非不可能的。

就中国而论，在未来二十年或者三十年里，她尤须加倍努力，从事建设和复兴。今后二三十年将是中国的兴衰关头。我们的努力能否成功，要看我们有无远大眼光，有无领导人才，以及盟国与我们合作的程度而定。盟国与我们合作的程度，又要看我们国内的政治发展以及我们对国际投资所采取的政策而定。战争的破坏，敌骑的蹂躏，更使我们的复兴工作倍形困难。

---

[1] 1958年，阿拉斯加和夏威夷正式成为美国第49个州和第50个州，美国国旗上的星星也改为50颗。——编者注

[2] 此处有删减。——编者注

在另一方面，中国必须完成双重的任务：第一是使她自己富强。第二是协力确保世界和平。在儒家的政治哲学里，世界和平是最终的目的。中山先生根据儒家哲学，也把世界和平定为他的三民主义的目标。

我们如果能够渡过这二三十年的难关，自然就可以驾轻就熟，继续进行更远大的改革和建设，为中国创造辉煌的将来，到那时候，中国自然就有资格协助世界确保永久的和平了。

……[1]

现在我们中国人一提到唐朝文化，不禁眉飞色舞，心向往之，满望能恢复旧日的光荣。唐朝的文化比起后来宋朝禁欲主义的文化要近人情得多。如果我们能从唐朝文化得到些灵感与鼓舞，也未始不是一件好事。从唐人的绘画里，我们深深赞叹唐人体格的强健。唐朝的音乐、舞蹈、诗歌、绘画和书法都有登峰造极的成就，后代少能望其项背。

但是中国要想回到历史上的这个辉煌时代是不可能的。千百年来我们一直在努力恢复过去的光荣，但是我们的文化却始终在走下坡。因为环境已经改变了。唐代文化赖以滋长的肥沃土壤，已经被历代祸乱的浪潮冲刷殆尽，但是我们如果能避免重蹈唐代灭亡的覆辙，转向在艺术、科学、军事、政治、卫生、财富各方面均有高度成就的现代文明国家如美国等学习，我们或许会发现唐代的光荣将有重临的一日。在维护和平的工作上，中国的职责将是相当重大的。中国的历

---

[1] 此处有删减。——编者注

史上曾经有过不少次的战争,但是这些战争多半属于国内革命的性质。对外的比较少,国内战争多半是被压迫的农民和苦难人民反抗腐败的政府所引起。至于对外战争,性质上也是防御多于攻击。……[1]

孔子的忠孝、仁爱、信义、和平的教训和孟子的民主观念,都使中国适于做一个不愿欺凌其他民族的现代民主国家。中国在战后必须强调的是现代科学和民主政治;科学方面应注重生产方法的应用,民主方面应强调国家的统一。科学和民主是现代进步国家的孪生工具,也是达成强盛、繁荣和持久和平的关键。

中国人民深通人情,特别注重待人接物的修养,生活思想习于民主,这一切都使中国具备现代民主国家的坚强基础。我们在前面已经提到,中国的民主社会组织相当松泛。中国人对于个人自由的强烈爱好,并未能与现代社会意识齐头并进。强烈的家族观念已经阻滞了使个人结合为广大团体的过程。不过这种褊狭的观念正在迅速衰退;现代社团已经在大城市里相继出现;进一步工业化之后,家族关系自将愈来愈松弛,个人社会化的程度也将愈来愈深。

在知识方面,中国人看待事物的态度使她深通人情,但是也使她忽视概括与抽象的重要。她以诗人、艺术家和道德家的心情热爱自然,因而胸怀宽大,心平气和。但是这种对自然的爱好尚未推展到对自然法则的研究,人类要控制自然,必须靠这些法则作武器。以中国文化同化能力之强,她必定能慢慢地吸收西方在科学上的贡献;以中国天然资源之富,人民智慧之高,科学的发展将使她前途呈现无限光

---

[1] 此处有删减。——编者注

明。物质文明发展之后，她的道德和艺术更将发扬光大；她的文学和哲学也将在现代逻辑方法和科学思想影响下更见突出而有系统。

在这个初步的和平与繁荣的新基础上，中国将可建立新的防卫力量来维护和平。只有战斗中的伙伴才有资格成为和平时期的伙伴。中国八年抗战[1]对世界和平的贡献，已使举世人士刮目相看。

现代科学，特别是发明和工业上的成就，将与中国的艺术宝藏和完美道德交织交融。一种新的文化正在形成，这种新文化对世界进步一定会提供重大的贡献。

---

[1] 这里指1937年七七事变到1945年日军战败投降之间的全国性抗日战争。——编者注

万里长征，辞却了五朝宫阙，暂驻足衡山湘水，又成离别。绝徼移栽桢干质，九州遍洒黎元血。尽笳吹，弦诵在山城，情弥切。

千秋耻，终当雪。中兴业，须人杰。便一成三户，壮怀难折。多难殷忧新国运，动心忍性希前哲。待驱除仇寇，复神京，还燕碣。

西南联大进行曲（部分）
罗庸、冯友兰　作

图书在版编目（CIP）数据

西南联大国学课 / 汤用彤等著. —成都：天地出版社，2022.4
ISBN 978-7-5455-6742-7

Ⅰ.①西… Ⅱ.①汤… Ⅲ.①国学—通俗读物 Ⅳ.①Z126-49

中国版本图书馆CIP数据核字（2021）第252274号

本书部分文字作品稿酬已委托中国文字著作权协会转付，敬请相关著作权人联系。电话：010-65978917，传真：010-65978926，E-mail: wenzhuxie@126.com。

XINAN LIANDA GUOXUEKE
西南联大国学课

出 品 人	杨　政
作　　者	汤用彤　等
责任编辑	杨永龙　曹志杰
封面设计	今亮后声
内文排版	麦莫瑞文化
责任印制	王学锋

出版发行	天地出版社
	（成都市槐树街2号　邮政编码：610014）
	（北京市方庄芳群园3区3号　邮政编码：100078）
网　　址	http://www.tiandiph.com
电子邮箱	tianditg@163.com
经　　销	新华文轩出版传媒股份有限公司
印　　刷	北京旺都印务有限公司
版　　次	2022年4月第1版
印　　次	2022年4月第1次印刷
开　　本	880mm×1230mm　1/32
印　　张	11
字　　数	250千字
定　　价	58.00元
书　　号	ISBN 978-7-5455-6742-7

版权所有◆违者必究
咨询电话：（028）87734639（总编室）
购书热线：（010）67693207（营销中心）

如有印装错误，请与本社联系调换